Die zivilrechtliche Haftung von Shortseller-Aktivisten aus der vormitgliedschaftlichen Treuepflicht

Europäische Hochschulschriften Recht
European University Studies in Law
Publications Universitaires Européennes de Droit

Band/Volume 6833

Yusuf Ziya Karaman

Die zivilrechtliche Haftung von Shortseller-Aktivisten aus der vormitgliedschaftlichen Treuepflicht

PETER LANG
Berlin · Bruxelles · Chennai · Lausanne · New York · Oxford

Bibliografische Information der Deutschen Nationalbibliothek
Die Deutsche Nationalbibliothek verzeichnet diese Publikation in der Deutschen Nationalbibliografie; detaillierte bibliografische Daten sind im Internet über http://dnb.d-nb.de abrufbar.

Zugl.: Köln, Univ., Diss., 2024

DE-38
ISSN (Print) 3052-8291
ISSN (eVersion) 3052-8305
ISBN 978-3-631-93334-3 (Print)
ISBN 978-3-631-93400-5 (ePDF)
ISBN 978-3-631-93401-2 (ePUB)
DOI 10.3726/b22688

Verlegt durch Peter Lang GmbH, Berlin (Deutschland)

info@peterlang.com

Diese Publikation wurde begutachtet.

www.peterlang.com

Meinen Eltern, meiner Frau sowie meinem Sohn und meinen Geschwistern
Iyi ki varsınız!

Inhaltsverzeichnis

Danksagung

An dieser Stelle möchte ich meinen besonderen Dank nachstehenden Personen aussprechen, ohne deren Mithilfe die Anfertigung dieser Promotionsschrift niemals zustande gekommen wäre:

Mein Dank gilt zunächst Frau Prof. Dr. Dr. h.c. Barbara Dauner-Lieb, meiner Doktormutter, für die Betreuung dieser Arbeit, das freundliche Feedback und die wertvollen Denkanstöße, die mir einen kritischen Zugang zu dieser Thematik eröffnet haben.

Ich danke Herrn Prof. Dr. Martin Henssler für die hilfsbereite und wissenschaftliche Betreuung als Zweitgutachter.

Des Weiteren möchte ich mich bei Akif Kus (Richter am Amtsgericht Düsseldorf) für die kritische Auseinandersetzung mit meinem Themenkomplex und die Durchsicht meiner Arbeit bedanken.

Mit tief empfundener Dankbarkeit und inniger Verbundenheit widme ich meiner geliebten Ehefrau, Özlem Karaman, meinen aufrichtigen Dank für ihre unermüdliche, in jeder Hinsicht bereichernde Unterstützung sowie für ihr grenzenloses Verständnis, das sie mir während der gesamten Anfertigung dieser Doktorarbeit entgegengebracht hat. Ihr Beistand – in Momenten der Zuversicht ebenso wie in Zeiten der Zweifel – war für mich eine unverzichtbare Quelle der Kraft und Inspiration.

Meinen ganz besonderen Dank richte ich an meine lieben Eltern, Ercan und Sevinç Karaman, die mir mit ihrer unerschütterlichen Liebe, ihrer bedingungslosen Unterstützung und ihrem grenzenlosen Vertrauen meinen bisherigen Lebensweg ermöglicht haben. Sie haben mich nicht nur gefördert und ermutigt, sondern mir auch jene Werte vermittelt, die mich bis hierher getragen haben. Ihnen, die in jeder Phase meines Lebens stets an meiner Seite standen, widme ich diese Arbeit in allererster Linie – aus tiefster Dankbarkeit und von Herzen.

Einleitung

In den finsteren Schatten der Finanzwelt, wo die Linien zwischen Gier und Gerechtigkeit verschwimmen, entfalten sich dramatische *Shortseller*-Attacken. In den letzten Jahren haben sie die soziale Aufmerksamkeit und die juristischen Diskussionen in ihren Bann gezogen. Doch nichts ließ die Welt so sehr erbeben wie die skandalösen Geschehnisse rund um die Wirecard-AG. Hier wurden – im Nachhinein betrachtet zutreffende[1] und doch explosiv wirkende – Anschuldigungen über Bilanzmanipulationen und Korruption von der *Financial Times*[2] und der anonymen Webseite *Zatarra*[3] veröffentlicht.

---

1 „Aufstieg und Fall von Wirecard", Süddeutsche Zeitung vom 13.02.2023, abrufbar unter https://www.sueddeutsche.de/wirtschaft/wirecard-zusammenfassung-aufstieg-und-fall-1.5750529; „Wirtschaftsprüfer über Wirecard: ‚Umfassender Betrug'", FAZ.NET vom 25.06.2020, abrufbar unter https://www.faz.net/aktuell/wirtschaft/digitec/wirtschaftspruefer-ey-ueber-wirecard-umfassender-betrug-16832480.html.

2 „Bafin verdächtigt „FT"-Journalisten im Fall Wirecard", FAZ.NET vom 16.04.2019, abrufbar unter https://www.faz.net/aktuell/finanzen/bafin-verdaechtigt-ft-journalisten-im-fall-wirecard-16144310.html; „Bis auf die Nachkommastelle", Süddeutsche Zeitung vom 04.11.2020, abrufbar unter https://www.sueddeutsche.de/wirtschaft/nahaufnahme-bis-auf-die-nachkommastelle-1.5105050; „Die wichtigsten Akteure im Drama um Wirecard", Der SPIEGEL vom 19.06.2020, abrufbar unter https://www.spiegel.de/wirtschaft/unternehmen/wirecard-die-wichtigsten-akteure-im-finanzskandal-a-a2dc0405-74e7-4d8a-ba20-23e04f199e94.

3 „Wette auf den Absturz", Der SPIEGEL vom 29.4.2016, abrufbar unter https://www.spiegel.de/wirtschaft/wette-auf-den-absturz-a-305e6844-0002-0001-0000-000144545911; „Zatarra erhebt neue Vorwürfe gegen Wirecard", finance-magazin vom 08.03.2016, abrufbar unter https://www.finance-magazin.de/finanzierungen/kapitalmarkt/zatarra-erhebt-neue-vorwuerfe-gegen-wirecard-31495/; „Zweifelhafter Analystenreport prügelt

Diese Enthüllungen lösten einen wütenden Sturzflug des Aktienkurses aus und trieben das Unternehmen schließlich in die dunklen Abgründe der Insolvenz.[4] Auch andere Giganten wie Ströer[5], Aurelius[6] und ProsiebenSat.1 Media[7] wurden in der Vergangenheit durch negative Berichte und skrupellose Leerverkäufe an den Rand des Abgrunds gedrängt.[8] Die Zukunft mag düster erscheinen, denn neue Shortseller-Attacken in Deutschland sind trotz zwischenzeitlich gedämpfter Wellen keineswegs ausgeschlossen.[9]

Wirecard-Aktie herunter“, Handelsblatt vom 24.02.2016, abrufbar unter https://www.handelsblatt.com/finanzen/maerkte/aktien/betrugsvorwuerfe-zweifelhafter-analystenreport-pruegelt-wirecard-aktie-herunter/13010756.html.

4 Ausführlich hierzu *Mülbert/Sajnovits*, BKR 2019, 313, 314.

5 „Zweifelhafte Studien bewegen Kurse“, FAZ.NET vom 21.04.2016, abrufbar unter https://www.faz.net/aktuell/finanzen/aktien/zweifelhafte-studie-loest-kurssturz-der-stroeer-aktie-aus-14192032.html; „Der Mann, der die Kurse fallen lässt“, FAZ.NET vom 24.04.2016, abrufbar unter https://www.faz.net/aktuell/finanzen/investor-carson-block-bringt-stroeers-aktienkurs-zum-absturz-14195589/carson-block-greift-stroeer-an-14195593.html; „Wenn Short-Seller Kampagnen starten“, Börsen-Zeitung vom 09.07.2016, abrufbar unter https://www.boersen-zeitung.de/unternehmen-branchen/wenn-short-seller-kampagnen-starten-0e25f9f0-6384-4b4d-a5d9-9772e51afa76; Zu dieser Aufzählung *Graßl/Nikoleyczik*, AG 2017, 49 Fn. 1.

6 „Shortseller tritt Kurslawine bei Aurelius los“, finance-magazin vom 28.03.2017, abrufbar unter https://www.finance-magazin.de/finanzierungen/kapitalmarkt/shortseller-tritt-kurslawine-bei-aurelius-los-34046/; „Geschäftsmodell Unruhestifter“, FAZ.NET vom 15.04.2017, abrufbar unter https://www.faz.net/aktuell/finanzen/aggressive-investoren-geschaeftsmodell-unruhestifter-14963824.html; „Leerverkäufer nehmen Aurelius aufs Korn“, Börsen-Zeitung vom 29.03.2017, abrufbar unter https://www.boersen-zeitung.de/unternehmen-branchen/leerverkaeufer-nehmen-aurelius-aufs-korn-9a46bcf4-55a3-411c-b864-8dddb0c4baeb.

7 „ProSiebenSat.1 wehrt sich gegen Shortseller-Attacke“, finance-magazin vom 06.03.2018, abrufbar unter https://www.finance-magazin.de/finanzierungen/kapitalmarkt/prosiebensat-1-wehrt-sich-gegen-shortseller-attacke-36261/; „Der Börsenabsteiger“, FAZ.NET vom 15.03.2018, abrufbar unter https://www.faz.net/aktuell/finanzen/finanzmarkt/pro-sieben-aktie-das-sollten-anleger-zum-dax-absteiger-wissen-15495549.html; „Dax-Abstieg und mögliche Short-Attacke – Pro Sieben Sat 1 in Bedrängnis“, Handelsblatt vom 06.03.2018, abrufbar unter https://www.handelsblatt.com/unternehmen/it-medien/medienbranche-dax-abstieg-und-moegliche-short-attacke-pro-sieben-sat-1-in-bedraengnis/21039866.html.

8 Vgl. hierzu *Mülbert/Sajnovits*, BKR 2019, 313 ff.; *Möllers*, NZG 2018, 649; *Bayram/Meier*, BKR 2018, 55; *Wentz*, WM 2019, 196, 204; *Schockenhoff/Culmann*, AG 2016, 517.

9 *Wentz*, WM 2019, 196, 204.

Diese finsteren Strategen des Shortselling agieren, indem sie zunächst Leerverkäufe in eine Aktie tätigen, gefolgt von bösartigen Enthüllungen über das Zielunternehmen, die darauf abzielen, den Aktienkurs zu Fall zu bringen. Am Ende decken sie sich zu günstigeren Preisen mit den Aktien ein, um ihre *Short*-Positionen zu schließen – ein teuflisches Spiel von „*Trash and Cash*".[10] Während die Shortseller dabei erhebliche Gewinne einstreichen, drohen den Zielunternehmen und deren Aktionären massive Verluste.[11] Für die gepeinigten Unternehmen und deren Gesellschafter stellt sich die brennende Frage nach Kompensationsansprüchen wegen Reputationsschäden und gefallenen Marktwerten. Doch während die europäische Leerverkaufsverordnung (VO 236/2012/EU[12], nachfolgend: LeerverkaufsVO) lediglich ungedeckte Leerverkäufe verbietet (hierzu unter Teil 1:§ 1V.3.b)bb)), gibt es keinerlei klare Haftungsregelungen. Vertragliche Ansprüche scheitern an (vor-)vertraglichen Schuldverhältnissen, da verschiedene Intermediäre zwischengeschaltet sind, und eine Haftung nach § 823 Abs. 2 BGB scheitert an der Schutzgesetzqualität der Regelungen der europäischen Leerverkaufs- und Marktmissbrauchsverordnung. Die Möglichkeit einer Haftung nach § 826 BGB ist äußerst selten und schwer nachweisbar (hierzu unter Teil 2:§ 2VIII.).

In dieser düsteren Welt scheint die Haftung aus der gesellschaftsrechtlichen Treuepflicht naheliegend.[13] Doch Shortseller sind zu dem Zeitpunkt, an dem die vernichtenden Berichte erscheinen, (noch) keine Aktionäre. Aufgrund der Möglichkeit einer Lokalisierungszusage nach Art. 12 Abs. 1 lit. c) der LeerverkaufsVO müssen sie es auch nie sein (näher in Teil 1:§ 1V.). In diesem scheinbar ausweglosen Szenario begibt sich diese Arbeit in die Tiefen des Shortseller-Aktivismus. Sie wirft einen Blick auf die aktuellen rechtlichen Rahmenbedingungen und taucht schließlich tief in die Frage ein, ob und wie eine Haftung aus der vormitgliedschaftlichen Treuepflicht möglich ist. Dabei erweisen sich bereits die Grundlagen der gesellschaftsrechtlichen Treuepflicht als ein Dickicht, in dem sich die Pfade der juristischen Meinungen

---

10 *Mülbert/Sajnovits*, BKR 2019, 313, 315; *Mülbert*, ZHR 182 (2018), 105; *Graßl/Nikoleyczik*, AG 2017, 49–60, 51.

11 Vgl. *Schockenhoff/Culmann*, AG 2016, 517.

12 Verordnung (EU) Nr. 236/2012 des Europäischen Parlaments und des Rates vom 14. März 2012 über Leerverkäufe und bestimmte Aspekte von Credit Default Swaps.

13 Teilweise wird sie auch als „Treupflicht" bezeichnet, gemeint ist dasselbe. In dieser Arbeit wird einheitlich der Begriff „Treuepflicht" verwendet.

verzweigen und teilweise im Dunkel der Unklarheit verlieren. Das Lesen und Verstehen dieser komplexen und anspruchsvollen Materie gleicht einer epischen Schlacht. Die Herausforderung liegt darin, diesen undurchdringlichen Dschungel zu durchqueren und daraus feste rechtliche Grundlagen herauszuschälen, auf denen eine dogmatische Argumentation aufbauen kann. Nur dann, wenn dieser Pfad gemeistert wird, kann mit klarem Verstand erörtert werden, ob die Treuepflicht in den vormitgliedschaftlichen Bereich ausgedehnt werden kann.

TEIL 1

Untersuchungsgegenstand

§1 Einführung und Grundlagen

I. Shortseller-Aktivismus – ein kurzer Überblick

Dem in dieser Arbeit einheitlich zu verwendendem Begriff des Shortseller-Aktivismus liegt das eingangs erwähnte Phänomen der Leerverkäufe zugrunde, welche in besonderer Weise gewinnbringend – so zumindest die Hoffnung – genutzt werden. Synonym zu den Leerverkäufern wird der angelsächsische Ausdruck *Shortseller*[14] verwendet, der Leerverkauf dabei als *short sale*[15] bezeichnet.[16] Der Shortseller-Aktivismus geht über diesen schlichten Leerverkauf hinaus und meint zusätzliche Aktionen der Shortseller (häufig Hedgefonds)[17], die sich gewinnmaximierend auswirken sollen.

Doch um einen Schritt zurückzugehen: Leerverkäufe sind eine Art des Aktienhandels, die sich von dem „üblichen" Aktiengeschäft erheblich unterscheiden. Die wohl bekanntere und „übliche" Methode zur Generierung eines Gewinns ist der Aktienkauf über einen Finanzdienstleister (englisch: *Broker*) zum Zeitpunkt t_1 und der spätere Verkauf zum Zeitpunkt t_2. Die Differenz zwischen dem Börsenkurs der Aktie zu den Zeitpunkten t_1 und t_2 ist – abzüglich Steuern – der Gewinn des Aktionärs (Gewinn = $t_2 - t_1$). Einem solchen Gewinn liegt dabei die Annahme zugrunde, dass der Aktienkurs im Verkaufszeitpunkt (t_2) größer ist als im Zeitpunkt des Kaufs (t_1). Im umgekehrten Fall verzeichnet der Aktionär einen Verlust, sodass ein Verkauf nicht unbedingt sinnvoll wäre; es sei denn, die Aktien werden verkauft, da ein noch stärkerer und irreversibler Kurssturz droht – ein prominentes Beispiel aus jüngerer Zeit dürfte der o.g. Kurs der Wirecard-AG sein. Um dem im Idealfall aber über die Zeit steigenden Kurs einen weiteren positiven

---

14 Vgl. bspw. *Commandeur*, AG 2020, 575 ff.; *Wentz*, WM 2019, 196 ff.; *Mülbert/Sajnovits*, BKR 2019, 313 ff.; *Möllers*, NZG 2018, 649 ff.; *Mülbert*, ZHR 182 (2018), 105 ff.

15 Vgl. zu dieser Bezeichnung *Trüg*, NJW 2009, 3202; *Hakenberg*, in: Weber, Rechtswörterbuch, 2022, Leerverkauf; Hingegen wird mit *long sale* ein gewöhnlicher Kauf bezeichnet. Privatinvestoren sind grundsätzlich *„long"*, *Trüg*, Die Finanzkrise, das Wirtschaftsstrafrecht und die Moral, 2010, S. 290, 301.

16 Teilweise wird statt der Schreibweise „Shortseller" auch die Alternative „Short-Seller" oder „Short (S)seller" verwendet; hierzu siehe nur die Nachweise in Fn. 1. Dies scheint aber willkürlich zu sein und hat keine inhaltliche Auswirkung. Daher wird in dieser Arbeit einheitlich die erstgenannte Schreibweise („Shortseller") verwendet.

17 *Laurer*, Kreditwesen 2008, 980.

Effekt zu geben, bemühen sich verstärkt verschiedene Aktionärsgruppen (Hedgefonds, Family Offices, Investment Fonds, Private-Equity-Investoren, Aktionärsvereinigungen, aber auch einzelne Kleinaktionäre)[18] durch gezielte Praktiken. Auch hierbei handelt es sich um einen Aktivismus, der jedoch in Abgrenzung zum Shortseller-Aktivismus als *Shareholder*-Aktivismus bezeichnet wird.[19] Ziel des „freundlichen" Shareholder-Aktivismus kann es unter anderem sein, den Aktienkurs so hoch wie möglich zu treiben, wovon alle Aktionäre profitieren.[20]

Dieser Profitgedanke wirkt sich beim Shortseller-Aktivismus aber nur einseitig aus, denn nur die Shortseller profitieren von den fallenden Kursen, nicht hingegen die Zielgesellschaft und auch nicht dessen Aktionäre. Charakteristisch für Shortseller-Attacken ist dabei das Vorgehen in vier Schritten: Im ersten Schritt findet eine Aktienleihe bei einem Broker mit der Vereinbarung eines Rückgabeziels statt. Im zweiten Schritt werden die Aktien des Zielunternehmens zum aktuellen Kurs leer verkauft, der Shortseller geht also eine *short*-Position ein. Passive Shortseller begnügen sich an dieser Stelle mit der Hoffnung sinkender Kurse, während aktivistische Shortseller im dritten Schritt versuchen, durch das Verbreiten negativer Informationen über die Zielgesellschaft eine negative Kursentwicklung herbeizuführen.[21] Dies kann durch das Veröffentlichen von Analyseberichten, sog. *Research Reports*, aber auch über die Presse oder soziale Medien (insb. *Twitter*) erfolgen.[22]

Shortseller-Aktivisten bezwecken mit den negativen Berichten, dass (insbesondere institutionelle) Anleger ihre Aktien in großem Volumen verkaufen und es hierdurch zu einem Kurssturz kommt. Dies erreichen sie dadurch,

---

18 *Graßl/Nikoleyczik*, AG 2017, 49–60, 50; *Schockenhoff/Culmann*, ZIP 2015, 297.

19 Vgl. hierzu ausführlich *Schockenhoff/Culmann*, ZIP 2015, 297 ff., die auch innerhalb dieser Gruppe zwischen „feindlichen" und „freundlichen" aktiven Aktionären differenzieren; Im Einzelnen auch *Graßl/Nikoleyczik*, AG 2017, 49–60; Zum Begriff auch *Bunz*, NZG 2014, 1049, 1050.

20 *Schockenhoff/Culmann*, ZIP 2015, 297, 298; In diese Richtung auch *Graßl/Nikoleyczik*, AG 2017, 49–60, 49, 50; Vgl. auch *Engert*, ZIP 2006, 2105, 2105, 2113; *Thaeter/Guski*, AG 2007, 301.

21 Vgl. *Schockenhoff/Culmann*, ZIP 2015, 297, 298; *Graßl/Nikoleyczik*, AG 2017, 49–60, 51; Zum Unterschied zwischen eines passiven Anlegers und eines aktiven Aktionärs auch *Bunz*, NZG 2014, 1049, 1050.

22 *Poelzig*, ZHR 184 (2020), 697, 700, 701; *Mülbert*, ZHR 182 (2018), 105; *Graßl/Nikoleyczik*, AG 2017, 49–60, 53; Vgl. auch *Bunz*, NZG 2014, 1049, 1051.

dass die negativen Informationen darauf ausgerichtet sind, den Unternehmens- und damit den Aktienkurs als überbewertet erscheinen zu lassen.[23] Freilich wird kein (professioneller) Anleger daran interessiert sein, zu viel Geld in überbewertete Aktien investiert zu haben und vor Sorge von Verlusten schnellstmöglich seine Aktien veräußern. In ihren Veröffentlichungen prangern Shortseller-Aktivisten unter anderem aussichtslose Geschäftsmodelle, undurchsichtige Unternehmensstrukturen, Versäumnisse bei der Corporate Governance, Compliancethemen sowie Finanzkennzahlen an und werfen dem Zielunternehmen häufig Bilanzfälschungen vor. Dabei sind die Shortseller-Aktivisten auf das Vertrauen der Anleger angewiesen: Je mehr Anleger von der Richtigkeit der Berichte ausgehen, desto wahrscheinlicher ist die Veräußerung vieler Aktien und desto größer ist damit der Beitrag zum Kurssturz.[24]

Im vierten und letzten Schritt stellt der Shortseller nach Eintritt des Kurssturzes seine *short*-Positionen glatt. Hierzu deckt er sich mit den im Kurs gesunkenen Aktien der Zielgesellschaft ein, mit denen er seine Verpflichtung aus dem Leerverkauf bzw. dem Deckungsgeschäft erfüllen kann.[25] Hierbei handelt er unter Umständen konträr zu seiner veröffentlichten Bewertung der Wertlosigkeit des Unternehmens.[26]

II. Kreis der Shortseller

Shortseller sind in der Regel Hedgefonds.[27] Dies wiederum sind spezielle Investmentfonds, die im Rahmen ihrer Anlagestrategien kaum Beschränkungen unterliegen und durch Kreditaufnahme (Hebelwirkung bzw. *Leverage*) und Leerverkäufe kurzfristig hohe Renditen anstreben (vgl. § 283 Abs. 1

---

23 *Poelzig*, ZHR 184 (2020), 697, 701; *Graßl/Nikoleyczik*, AG 2017, 49–60, 53.

24 *Poelzig*, ZHR 184 (2020), 697, 701.

25 *Mülbert*, ZHR 182 (2018), 105; *Stelling*, Anlegerschutz, 2014, S. 202.

26 *Poelzig*, ZHR 184 (2020), 697, 701.

27 Vgl. *Schmies*, Die Regulierung von Hedgefonds, 2010, 49, 50; *Bunz*, NZG 2014, 1049, 1050; *Schiessl*, ZIP 2009, 689, 690; Allgemein zu Hedgefonds als aktivistische Aktionäre *Engert*, ZIP 2006, 2105 ff.; *Schockenhoff/Culmann*, ZIP 2015, 297, 298, 299, 300 bzgl. Leerverkäufe durch den Hedgefonds Elliott bei der Übernahme von Celesio und Kabel Deutschland sowie Aktivitäten des englischen The Children's Fund bei der Deutsche Börse AG im Jahre 2005; *Döding*, ZGR 2021, 956 ff.

KAGB).[28] Privatanleger dürfen sich an Hedgefonds nicht beteiligen, sondern lediglich in Dach-Hedgefonds (§§ 295 ff. KAGB) investieren.[29] Dies sind alternative Investmentfonds, sog. AIF (vgl. § 225 Abs. 1 KAGB), die Anteile oder Aktien von Hedgefonds anlegen, denen aber der Einsatz von Leverage und Leerverkäufen untersagt ist, § 225 Abs. 1 S. 3 KAGB.[30] Ob Privatanleger selbst einen Leerverkauf tätigen können, hängt von deren Bankverträgen ab. In Deutschland wird die Möglichkeit von „echten" Leerverkäufen nur von einzelnen Brokern angeboten, wohingegen in den USA Leerverkäufe durch private Anleger deutlich häufiger vorkommen.[31] Inzwischen bieten viele Online-Broker[32] in Deutschland aber die Möglichkeit an, „synthetische Leerverkäufe" zu tätigen, z.B. über den Handel mit Derivaten wie Optionsscheinen oder Differenzkontrakten, „Contracts for Difference" (sog. CFDs).[33] Da sich diese Art des *Shortselling* nur auf den Aufbau von Short-Positionen durch derivative Finanzinstrumente und nicht in Aktien bezieht, sich also

---

28 *Hakenberg*, in: Weber, Rechtswörterbuch, 2022, Hedgefonds; *Eckhold/Balzer*, in: Assmann/Schütze/Buck-Heeb, Hdb-KapAnlR, 5. Aufl. 2020, 2. Teil, 7. Kap., § 22 Rn. 59; Vgl. auch *Patzner/Schneider-Deters*, in: Patzner/Döser/Kempf, Investmentrecht, 3. Aufl. 2017, § 283 KAGB mit Verweis auf die Gesetzesbegründung zu § 283 des Gesetzesentwurfs der Bundesregierung: „Entwurf eines Gestezes zur Umsetzung der Richtlinie 2011/61/EU über die Verwalter alternativer Investmentfonds (AIFM-Umsetzungsgesetz - AIFM-UmsG)" vom 6. Februar 2013; Ausführlich zum Begriff des Hedgefonds *Schmies*, Die Regulierung von Hedgefonds, 2010, 31 ff; *Schiessl*, ZIP 2009, 689; *Veil/Templer*, ZIP 2021, 981, 988; *Siedenschwann-Harrer*, in: Mülbert/Früh/Seyfried, Bank- und KapitalmarktR, 6. Aufl. 2022, Investmentgeschäft im Sinne des KAGB Rn. 16.183.

29 *Hakenberg*, in: Weber, Rechtswörterbuch, 2022, Hedgefonds; *Arnold*, ZHR 2021, 281, 283; Zum Beteiligungsverbot an Spezialfonds *Siedenschwann-Harrer*, in: Mülbert/Früh/Seyfried, Bank- und KapitalmarktR, 6. Aufl. 2022, Investmentgeschäft im Sinne des KAGB Rn. 16.172.

30 *Arnold*, ZHR 2021, 281, 283.

31 *Trüg*, Die Finanzkrise, das Wirtschaftsstrafrecht und die Moral, 2010, S. 290, 304 Fn. 55; *Wilken/Bertus*, BB 2019, 2754, wonach der Zugang zu Leerverkäufen den einfachen Privatanlegern regelmäßig versperrt ist.

32 Z.B. eToro (https://www.etoro.com/de/trading/short-selling/), Alvexo (https://www.alvexo.com/files/pdf/de/TC.pdf), Libertex (https://libertex.com/de/blog/was-ist-ein-differenzkontrakt-cfd), Skilling (https://skilling.com/eu/de/what-is-cfd-trading/) und Trade Republic.

33 Vgl. Comdirect Magazin, abrufbar unter https://magazin.comdirect.de/finanzwissen/anlegen-und-investieren/leerverkaeufe#wie-kann-man-als-privatanleger-shorten.

lediglich am Basiswert orientiert,[34] besteht keine Vergleichbarkeit mit dem klassischen Leerverkauf in Aktien (insbesondere besteht auch kein Verbot ungedeckter Leerverkäufe)[35], sodass hierauf nicht weiter eingegangen wird.

III. Definition des Leerverkaufs in Finanzinstrumente

Der Begriff des Leerverkaufs bezieht sich in dieser Arbeit durchgehend auf den Leerverkauf in Finanzinstrumente, insbesondere in Aktien. Nach teilweiser Literatur wird hierbei ein Leerverkauf angenommen, wenn der Shortseller ein Wirtschaftsgut (z.B. Wertpapier) verkauft, welches er im Verkaufszeitpunkt nicht hat bzw. besitzt, in der Absicht, es später billiger erwerben zu können.[36] Demnach wird auf das fehlende Eigentum bzw. den fehlenden Besitz abgestellt. Richtigerweise kommt es aber nicht auf das Fehlen der tatsächlichen Eigentümerstellung, sondern auf eine wirtschaftliche Betrachtungsweise, mithin das wirtschaftliche Eigentum an.[37] Die Untauglichkeit des Eigentums im sachenrechtlichen Sinne ergibt sich bereits daraus, dass die Börsenzulassung im regulierten Markt (§ 32 BörsG) keine Verbriefung voraussetzt, die Emissionen des Bundes im elektronischen Schuldbuch verbucht werden.[38] Die Rechtsfigur des wirtschaftlichen Eigentums ist dem deutschen Sachenrecht zwar fremd, steht aber in Einklang mit europarechtlichen Vorgaben (hierzu

---

34 *Hakenberg*, in: Weber, Rechtswörterbuch, 2022, Derivate; *Mülbert/Sajnovits*, in: Assmann/Schneider/Mülbert, Wertpapierhandelsrecht, 7. Aufl. 2019, Art. 12 VO (EU) Nr. 236/2012 Rn. 22.

35 *Mülbert/Sajnovits*, in: Assmann/Schneider/Mülbert, Wertpapierhandelsrecht, 7. Aufl. 2019, Art. 12 VO (EU) Nr. 236/2012 Rn. 22.

36 M.w.N. *Trüg*, Die Finanzkrise, das Wirtschaftsstrafrecht und die Moral, 2010, S. 290, 307; *Trüg*, NJW 2009, 3202; Vgl. *Hakenberg*, in: Weber, Rechtswörterbuch, 2022, Leerverkauf; Vgl. auch *Schäfer*, in: Assmann/Schütze/Buck-Heeb, Hdb-KapAnlR, 5. Aufl. 2020, 2. Teil, 6. Kap., § 21 Rn. 1; *Zieschang*, in: Park, Kapitalmarktstrafrecht, 5. Aufl. 2020, § 263 StGB Rn. 131.

37 Vgl. *Trüg*, NJW 2009, 3202; *Zieschang*, in: Park, Kapitalmarktstrafrecht, 5. Aufl. 2020, § 263 StGB Rn. 131; M.w.N. *Schäfer*, in: Assmann/Schütze/Buck-Heeb, Hdb-KapAnlR, 5. Aufl. 2020, 2. Teil, 6. Kap., § 21 Rn. 1; *Mülbert/Sajnovits*, in: Assmann/Schneider/Mülbert, Wertpapierhandelsrecht, 7. Aufl. 2019, Art. 2 VO (EU) Nr. 236/2012 Rn. 7, wo die Verwendung des Begriffes Rechtsinhaberschaft statt Eigentum im sachenrechtlichen Sinne vorgeschlagen wird.

38 *Mülbert/Sajnovits*, in: Assmann/Schneider/Mülbert, Wertpapierhandelsrecht, 7. Aufl. 2019, Art. 2 VO (EU) Nr. 236/2012 Rn. 7; *Mülbert/Sajnovits*, ZBB 2012, 266, 270.

sogleich). Für das wirtschaftliche Eigentum kommt es nach Art. 3 Abs. 1 S. 3 Delegierte Verordnung (EU) Nr. 918/2012[39] darauf an, wer das mit dem Erwerb eines Finanzinstruments verbundene wirtschaftliche Risiko trägt.[40]

1. Leerverkaufsdefinitionen im Kapitalanlagegesetzbuch (KAGB)

In eine ähnliche Richtung gehen auch die Leerverkaufsdefinitionen der §§ 205, 265, 267 und 283 Abs. 1 S. 1 Nr. 2 KAGB. Nach diesen liegt ein Leerverkauf vor, wenn die Vermögensgegenstände im Zeitpunkt des Geschäftsabschlusses „nicht zum inländischen OGAW gehören“ (§ 205 S. 1 KAGB), „nicht zum geschlossenen inländischen Publikums-AIF gehören“ (§ 265 S. 1 KAGB), „nicht zum Spezial-AIF gehören“ (§ 276 Abs. 1 Hs. 1 KAGB) bzw. „nicht zum AIF gehören (Leerverkauf)“ (§ 283 Abs. 1 S. 1 Nr. 2 KAGB).[41] Das Wort „gehören“ geht weiter als die Begriffe „haben“ oder „besitzen“, sodass es auf eine wirtschaftliche Betrachtung ankommen dürfte.[42]

2. Der Leerverkauf nach der Europäischen Leerverkaufsverordnung VO (EU) Nr. 236/2012

Eine juristische Definition enthält seit dem 1. November 2012 Art. 2 Abs. 1 lit. b) LeerverkaufsVO. Danach bezeichnet „Leerverkauf“ im Sinne dieser Verordnung im Zusammenhang mit Aktien oder Schuldinstrumenten einen Verkauf von Aktien oder Schuldinstrumenten, die sich zum Zeitpunkt des Eingehens der Verkaufsvereinbarung nicht im Eigentum des Verkäufers befinden (**Alternative 1**), einschließlich eines Verkaufs, bei dem der Verkäufer

---

39 Delegierte Verordnung (EU) Nr. 918/2012 der Kommission vom 5. Juli 2012 zur Ergänzung der Verordnung (EU) Nr. 236/2012 des Europäischen Parlaments und des Rates über Leerverkäufe und bestimmte Aspekte von Credit Default Swaps im Hinblick auf Begriffsbestimmungen, die Berechnung von Netto-Leerverkaufspositionen, gedeckte Credit Default Swaps auf öffentliche Schuldtitel, Meldeschwellen, Liquiditätsschwellen für die vorübergehende Aufhebung von Beschränkungen, signifikante Wertminderungen bei Finanzinstrumenten und ungünstige Ereignisse, C (2012) 4529 final, ABl. EU Nr. L 274, S. 1 ff.

40 *Mülbert/Sajnovits*, in: Assmann/Schneider/Mülbert, Wertpapierhandelsrecht, 7. Aufl. 2019, Art. 2 VO (EU) Nr. 236/2012 Rn. 8.

41 *Schäfer*, in: Assmann/Schütze/Buck-Heeb, Hdb-KapAnlR, 5. Aufl. 2020, 2. Teil, 6. Kap., § 21 Rn. 1.

42 Vgl. zu den einzelnen Ansichten - ohne dass es hier auf eine genaue Einordnung ankommt - *München*, in: Assmann/Wallach/Zetzsche, KAGB, 2. Aufl. 2023, § 205 Rn. 7.

zum Zeitpunkt des Eingehens der Verkaufsvereinbarung die Aktien oder Schuldinstrumente geliehen hat oder eine Vereinbarung getroffen hat, diese zu leihen, um sie bei der Abwicklung zu liefern (**Alternative 2**).

Der Eigentumsbegriff im Sinne dieser Alternative 1 ist in der LeerverkaufsVO selbst nicht bestimmt. Allerdings hat die Europäische Kommission im Wege ihrer Verordnungsermächtigung nach Art. 2 Abs. 2 LeerverkaufsVO – insbesondere zu präzisieren, wann eine natürliche oder juristische Person für die Zwecke der Begriffsbestimmung für Leerverkäufe als Eigentümer eines Finanzinstruments gilt –die Delegierte Verordnung (EU) Nr. 918/2012[43] erlassen, dem ein *technical advice*[44] der Europäischen Wertpapier- und Marktaufsichtsbehörde (ESMA)[45] vorausging.[46] Aus Art. 3 Abs. 1 Delegierte Verordnung Nr. 918/2012 ergibt sich, dass es für die Eigentümerstellung auf das rechtliche oder wirtschaftliche Eigentum ankommt (*legal or beneficial ownership*). Nach dessen Satz 3 ist wirtschaftlicher Eigentümer derjenige Anleger, der das mit dem Erwerb eines Finanzinstruments verbundene wirtschaftliche Risiko trägt.

Sollten jedoch die rechtliche und die wirtschaftliche Eigentümerstellung auseinanderfallen, ist letztere maßgeblich. Dieser Vorrang ergibt sich bereits aus der oben genannten Alternative 2 des Art. 2 Abs. lit. 1 b) LeerverkaufsVO, die auch solche Fälle als Leerverkauf erfasst, in denen der Verkäufer

---

43 Delegierte Verordnung (EU) Nr. 918/2012 der Kommission vom 5.7.2012 zur Ergänzung der Verordnung (EU) Nr. 236/2012 des Europäischen Parlamentes und des Rates über Leerverkäufe und bestimmte Aspekte von Credit Default Swaps im Hinblick auf Begriffsbestimmungen, die Berechnung von Netto-Leerverkaufspositionen, gedeckte Credit Default Swaps auf öffentliche Schuldtitel, Meldeschwellen, Liquiditätsschwellen für die vorübergehende Aufhebung von Beschränkungen, signifikante Wertminderungen bei Finanzinstrumenten und ungünstige Ereignisse, C (2012) 4529 final, ABl. EU Nr. L 274, S. 1 ff.; s. dazu ESMA's. technical advice on possible Delegated Acts concerning the regulation on short sales and certain aspects of credit default swaps – Final Report ((EC) No 236/2012), ESMA 2012/263, vgl. hierzu *Saliger*, in: Park, Kapitalmarktstrafrecht, 5. Aufl. 2020, § 120 WpHG Rn. 9 Fn. 31.

44 *ESMA*'s technical advice on possible Delegated Acts concerning the regulation on short sales and certain aspects of credit default swaps - Final Report ((EC) No 236/2012), ESMA 2012/263.

45 Engl.: *European Securities and Markets Authority*. Webseite abrufbar unter https://www.esma.europa.eu/.

46 *Mülbert/Sajnovits*, in: Assmann/Schneider/Mülbert, Wertpapierhandelsrecht, 7. Aufl. 2019, Art. 2 VO (EU) Nr. 236/2012 Rn. 41, 42.

(Shortseller) die Finanzinstrumente vor dem Verkauf im Wege der Wertpapierleihe geliehen hat.[47] Denn rechtlicher Eigentümer ist nach der Valutierung der Wertpapierleihe – wegen der Ausgestaltung als Sachdarlehen i.S.d. §§ 607 ff. BGB (hierzu sogleich mehr unter IV.2.) – der Entleiher, also der Shortseller, während das wirtschaftliche Eigentum wegen des wirtschaftlichen Risikos beim Verleiher (also dem Broker) verbleibt.[48] Dies gilt insbesondere dann, wenn während der Darlehenslaufzeit keine Vermögensrechte aus den Wertpapieren zur Ausübung entstehen oder wenn die Vermögensrechte vertraglich dem Verleiher zugeordnet werden.[49]

a) Ausnahmen vom Leerverkaufsbegriff nach der LeerverkaufsVO

Art. 2 Abs. 1 lit. b) i) bis iii) LeerverkaufsVO enthält allerdings drei Ausnahmen vom Leerverkaufsbegriff. So umfasst die Begriffsbestimmung (deklaratorisch) nicht den Verkauf seitens einer der Parteien einer Rückkaufvereinbarung (*Repo, Sale and Purchase Agreement*), bei der die eine Partei der anderen ein Wertpapier zu einem festgesetzten Kurs verkauft und die andere Partei sich verpflichtet, dieses Wertpapier zu einem späteren Zeitpunkt zu einem ebenfalls festgesetzten Kurs zurückzukaufen (lit. i). Ferner ist (deklaratorisch) die Übertragung von Wertpapieren im Rahmen einer Wertpapierleihe-Vereinbarung (lit. ii) von der Begriffsbestimmung ausgenommen. Hinsichtlich des Shortseller-Aktivismus bedeutet dies, dass die Wertpapierleihe (im Sinne eines Sachdarlehens, § 607 BGB) im Verhältnis *Broker – Shortseller* keinen Leerverkauf darstellt, sondern erst im Verhältnis *Shortseller – Käufer* ein Leerverkauf in Betracht kommt. Auch wenn der Wortlaut von „Übertragung" spricht, ist von der Ausnahme nicht nur das Verfügungs- sondern gerade auch das

---

47 *Mülbert/Sajnovits*, in: Assmann/Schneider/Mülbert, Wertpapierhandelsrecht, 7. Aufl. 2019, Art. 2 VO (EU) Nr. 236/2012 Rn. 9.

48 *Mülbert/Sajnovits*, in: Assmann/Schneider/Mülbert, Wertpapierhandelsrecht, 7. Aufl. 2019, Art. 2 VO (EU) Nr. 236/2012 Rn. 9; *Mülbert/Sajnovits*, ZBB 2012, 266, 270; *Lohsse*, in: BeckOGK, BGB, § 607 Rn. 18.

49 *Mülbert/Sajnovits*, ZBB 2012, 266, 270; Vgl. auch *Hopt*, in: Hopt, HGB, 42. Aufl. 2023, T. Wertpapierdarlehen, Pensions- und Repogeschäfte Rn. T1: „Der Verleiher wird idR durch schuldrechtliche Abrede mit dem Entleiher so gestellt, als sei er noch Inhaber der Papiere (Ausgleichszahlungen in Höhe der Bruttodividenden oder Zinszahlungen, die während der Laufzeit auf das Papier entfallen)".

Verpflichtungsgeschäft erfasst.[50] Schließlich fällt unter die sachliche Ausnahme (konstitutiv)[51] auch der Abschluss eines Terminkontrakts oder eines anderen Derivatekontrakts über den Verkauf von Wertpapieren zu einem bestimmten Kurs zu einem künftigen Zeitpunkt (lit. iii).

b) Ausnahmen vom Leerverkaufsbegriff nach der Delegierte Verordnung (EU) Nr. 918/2012

Art. 3 Abs. 2 Delegierte Verordnung (EU) Nr. 918/2012 regelt drei ergänzende Ausnahmen vom Leerverkaufsbegriff, wobei diesen nur deklaratorische Bedeutung zukommt, da der Verkäufer jeweils ohnehin als wirtschaftlicher Eigentümer gesehen werden kann.[52] Hiernach umfasst der Begriff „Leerverkauf“ nicht den Verkauf von Finanzinstrumenten, die im Rahmen einer Wertpapierleihe oder eines Repo-Geschäfts (*Repurchase Agreement*) übertragen worden sind, sofern die Wertpapiere entweder zurückgegeben werden oder die übertragende Partei die Wertpapiere zurückfordert, so dass das Geschäft bei Fälligkeit abgewickelt werden kann (lit. a). Gemeint ist also etwa der Fall, dass A seine Wertpapiere im Rahmen einer Wertpapierleihe an B überträgt und sodann an C verkauft. Nach Maßgabe der obigen Ausführungen bleibt A wirtschaftlicher Eigentümer der Wertpapiere, während B „lediglich“ rechtlicher Eigentümer wird. Bereits im Verkaufszeitpunkt an C muss feststehen, dass A die Wertpapiere von B rechtzeitig „zurückerhält“, um sie bei Fälligkeit an C übertragen zu können.[53] Wie dies festzustellen ist, regelt die Verordnung hingegen nicht.[54]

---

50 *Mülbert/Sajnovits*, in: Assmann/Schneider/Mülbert, Wertpapierhandelsrecht, 7. Aufl. 2019, Art. 2 VO (EU) Nr. 236/2012 Rn. 12; *Weick-Ludewig/Sajnovits*, WM 2014, 1521, 1523.

51 *Mülbert/Sajnovits*, in: Assmann/Schneider/Mülbert, Wertpapierhandelsrecht, 7. Aufl. 2019, Art. 2 VO (EU) Nr. 236/2012 Rn. 13.

52 *Mülbert/Sajnovits*, in: Assmann/Schneider/Mülbert, Wertpapierhandelsrecht, 7. Aufl. 2019, Art. 2 VO (EU) Nr. 236/2012 Rn. 14; *Mülbert/Sajnovits*, ZBB 2012, 266, 270.

53 Vgl. *Mülbert/Sajnovits*, in: Assmann/Schneider/Mülbert, Wertpapierhandelsrecht, 7. Aufl. 2019, Art. 2 VO (EU) Nr. 236/2012 Rn. 20, wonach maßgeblicher Zeitpunkt der Beurteilung, ob ein Leerverkauf vorliegt, jener des Geschäftsabschlusses ist.

54 Vgl. *Mülbert/Sajnovits*, ZBB 2012, 266, S. 270 Fn. 33: „Wie im Zeitpunkt des Verkaufs (ex ante) festzustellen ist, dass der Verkäufer das Eigentum in der Zukunft rechtzeitig zurückerhalten haben wird, bleibt das Geheimnis des Verordnungsgebers.“.

Eine weitere Ausnahme bildet der Verkauf eines Finanzinstruments durch eine natürliche oder juristische Person, die das Finanzinstrument vor dem Verkauf erworben (in Deutschland durch vorzeitige Depotgutschrift)[55], zum Zeitpunkt des Verkaufs aber nicht empfangen hat, sofern das Finanzinstrument zu einem Zeitpunkt geliefert wird, der die fälligkeitsgerechte Abwicklung des Geschäfts gewährleistet (lit. b). Nach der ESMA entspricht es gerade der üblichen Marktpraxis in den Mitgliedstaaten, dass der Käufer während dieses Zeitraums die Wertpapiere bereits weiter verkaufen kann.[56]

Als letzte Ausnahme nennt die Delegierte Verordnung den Verkauf eines Finanzinstruments durch eine natürliche oder juristische Person, die eine Option oder einen ähnlichen Anspruch auf dieses Finanzinstrument ausgeübt hat, sofern das Finanzinstrument zu einem Zeitpunkt geliefert wird, der die fälligkeitsgerechte Abwicklung des Geschäfts gewährleistet (lit. c).

3. Fazit zur Leerverkaufsdefinition

Festzuhalten bleibt, dass für das Vorliegen eines Leerverkaufs nicht danach zu fragen ist, wer die rechtliche (bzw. formaljuristische) Eigentümerstellung innehat, sondern wem die Wertpapiere wirtschaftlich zuzuordnen sind.[57]

---

55 M.w.N. *Mülbert/Sajnovits*, in: Assmann/Schneider/Mülbert, Wertpapierhandelsrecht, 7. Aufl. 2019, Art. 2 VO (EU) Nr. 236/2012 Rn. 16.

56 *ESMA*'s technical advice on possible Delegated Acts concerning the regulation on short sales and certain aspects of credit default swaps - Final Report ((EC) No 236/2012), ESMA 2012/263, S. 8 Rz. 6: „*Under the civil law or securities law of some Member States, the ownership of a financial instrument is not transferred immediately after the sale of that financial instrument. The buyer receives ownership only when the settlement has taken place and the financial instrument is booked to his account. During that time (usually 2 or 3 days) the purchaser has the "economical ownership". During this period, he is able to sell the securities in all Member States. In some Member States, the purchaser is legally considered to sell his "entitlement" to the financial instrument. It is a common market practice to be able to sell securities that one has purchased without having yet received delivery of those securities. Without the ability to do so, financial markets would not work properly, because it would be impossible to buy and sell securities within a short timeframe. Therefore the possibility to sell financial instruments before the settlement (of a previous buy) has taken place, without the transaction being considered to be a short sale, must be maintained*“; *Mülbert/Sajnovits*, in: Assmann/Schneider/Mülbert, Wertpapierhandelsrecht, 7. Aufl. 2019, Art. 2 VO (EU) Nr. 236/2012 Rn. 16.

57 *Saliger*, in: Park, Kapitalmarktstrafrecht, 5. Aufl. 2020, § 120 WpHG Rn. 9; *Schlimbach*, Leerverkäufe, 2015, 108 f; *Schäfer*, in: Assmann/Schütze/Buck-Heeb, Hdb-KapAnlR, 5. Aufl. 2020, 2. Teil, 6. Kap., § 21 Rn. 1; *Zimmer/Beisken*, WM 2010, 485.

Hieran anknüpfend werden Leerverkäufe heute daher wirtschaftlich definiert als „Transaktionen, bei denen dem Verkäufer nach Vertragsschluss eine offene, wertvariable Verbindlichkeit in Aktien oder anderen Finanzinstrumenten verbleibt, der eine wertkonstante Forderung in Geld gegenübersteht".[58] Bei einem Leerverkauf begibt sich der Shortseller als Verkäufer durch den Aktienverkauf demnach in eine wirtschaftliche Position, in der er bei sinkendem Aktienkurs einen Gewinn erzielt und bei steigendem Aktienkurs einen Verlust erleidet.[59]

4. Der Leerverkauf aus ökonomischer Betrachtung

Diese Einordnung entspricht letztlich dem ökonomischen Verständnis von Leerverkäufen, da es hiernach nicht auf die eigentumsrechtliche Position (sachenrechtlicher Ansatz) des Shortsellers im Verkaufszeitpunkt nicht ankommt.[60] Vielmehr werden aus den Austauschvereinbarungen (Verpflichtungsgeschäfte) resultierende Verbindlichkeiten und Forderungen betrachtet.[61] Denn ökonomisch betrachtet bemisst sich ein Leerverkauf nicht entscheidend anhand der Frage der Eigentümerstellung bzw. des Besitzes des (leer) verkauften Wertes zum Zeitpunkt des Vertragsschlusses.[62]

a) Die *short*-Position als wertvariable Verbindlichkeit

Relevant ist vielmehr die sogenannte *short*-Position – diese hat ein Marktteilnehmer (der Shortseller) inne, wenn er von sinkenden Kursen (bzw. den Wertveränderungen) eines Finanzinstruments profitieren kann.[63] Die *short*-

---

[58] M.w.N. *Schäfer*, in: Assmann/Schütze/Buck-Heeb, Hdb-KapAnlR, 5. Aufl. 2020, 2. Teil, 6. Kap., § 21 Rn. 1; *Schlimbach*, Leerverkäufe, 2015, S. 8 ff.; *Riederer/Weick-Ludewig*, WM 2016, 1005 ff.

[59] *Tyrolt/Bingel*, BB 2010, 1419.

[60] *Trüg*, Die Finanzkrise, das Wirtschaftsstrafrecht und die Moral, 2010, S. 290, 307.

[61] *Laurer*, Kreditwesen 2008, 980, 981, 982.

[62] *Trüg*, Die Finanzkrise, das Wirtschaftsstrafrecht und die Moral, 2010, S. 290, 307; *Schlimbach*, Leerverkäufe, 2015, S. 10.

[63] *Laurer*, Kreditwesen 2008, 980, 982; *Schlimbach*, Leerverkäufe, 2015, S. 10; *Tyrolt/Bingel*, BB 2010, 1419; vgl. hierzu auch Art. 3 Abs. 2 Leerverkaufsverordnung (VO 236/2012/EU), wonach eine „Short-Position" definiert wird als der Leerverkauf eines entsprechenden Schuldinstruments oder ein Bezugsrecht hierauf oder eine Transaktion, „die sich auf ein solches anderes Finanzinstrument bezieht und deren Wirkung oder eine deren Wirkungen darin besteht, dass diese natürliche oder juristische Person, die

Position stellt dabei eine (offene) wertvariable Verbindlichkeit[64] dar: offen, weil die Verpflichtung zur Lieferung des Finanzinstruments zum Fälligkeitstermin noch zu erfüllen ist[65] und wertvariabel, weil die Höhe der Verbindlichkeit von der Wertenwicklung (z.B. Börsenkurs) des Finanzinstruments abhängig ist.

Aus Käufer- und Verkäuferposition stehen sich dabei Verbindlichkeiten und Forderungen spiegelbildlich gegenüber: Der Käufer geht durch den Kauf zunächst eine wertkonstante Verbindlichkeit (Geld) ein, der eine wertveränderliche (bzw. - variable) Forderung (z.B. Aktie) gegenübersteht. Dem Verkäufer hingegen erwächst genau umgekehrt eine variable Position in Form einer wertverändernden Verbindlichkeit (z.B. in der Aktie), der eine wertkonstante Forderung gegenübersteht.[66]

Im ökonomischen Sinne liegt nach alledem ein Leerverkauf vor, wenn unter Berücksichtigung der möglichen bisherigen Position eine offene wertvariable Verbindlichkeit (*short*-Position) in der Aktie verbleibt (schuldrechtlicher Ansatz).[67] Würde man hingegen auf den sachenrechtlichen Ansatz abstellen (also darauf, dass zum Zeitpunkt des Verkaufsversprechens kein Eigentum an der Aktie vorliegt), würde dies bedeuten, dass Konstellationen erfasst werden, die ökonomisch keinen Leerverkauf darstellen, wie beispielswiese der Verkauf einer gekauften Aktie, die bei Vertragsschluss noch nicht übereignet ist; und zugleich würden Konstellationen wie der Leerverkauf mittels Wertpapierdarlehen (aufgrund bestehender Eigentümerstellung) nicht erfasst sein, obwohl es sich um einen Leerverkauf handelt.[68]

b) Die *long*-Position

In Abgrenzung zur *short*-Position handelt es sich bei einer *long*-Position um den Kauf eines Terminkontrakts (also Recht auf Lieferung des Wertes, Pflicht

---

diese Transaktion eingeht, im Falle einer Kurs- oder Wertminderung der Aktie bzw. des Schuldinstruments einen finanziellen Vorteil erzielt."

64 In Abgrenzung hierzu wäre eine wertkonstante Verbindlickeit z.B. Geld, vgl. *Laurer*, Kreditwesen 2008, 980, 982.

65 M.w.N. *Schlimbach*, Leerverkäufe, 2015, S. 10.

66 *Laurer*, Kreditwesen 2008, 980, 982.

67 *Trüg*, Die Finanzkrise, das Wirtschaftsstrafrecht und die Moral, 2010, S. 290, 307; *Schlimbach*, Leerverkäufe, 2015, S. 10.

68 *Laurer*, Kreditwesen 2008, 980, 982; *Schlimbach*, Leerverkäufe, 2015, S. 11.

auf Abnahme und Zahlung) – beide Vertragspartner sind verpflichtet, den Vertrag zu erfüllen, wobei der Kaufpreis bei Vertragsschluss festgelegt wird (unbedingtes Termingeschäft).[69] Anders als die *short*-Position, profitiert die *long*-Position von steigenden Preisen im Kassamarkt.[70] Von Art. 3 Abs. 2 der LeerverkaufsVO wird die *long*-Position[71] definiert als das Halten eines entsprechenden Schuldinstruments[72] oder ein Bezugsrecht hierauf oder eine Transaktion, „die sich auf ein solches anderes Schuldinstrument bezieht und deren Wirkung oder eine deren Wirkungen darin besteht, dass der Positionsinhaber im Falle einer Kurs- oder Wertsteigerung des Schuldinstrumentes einen finanziellen Vorteil erzielt".[73]

IV. Erscheinungsformen des Leerverkaufs

Leerverkäufe haben unterschiedliche Erscheinungsformen, wobei im Grunde zwei Alternativen denkbar sind, die sich bereits aus der o.g. Begriffsdefinition (s. Teil 1:§ 1III.2.) ergeben:

Entweder verkauft der Shortseller die Aktien, ohne sich vorher selbst mit diesen eingedeckt zu haben. Er schließt also zunächst nur das Verpflichtungsgeschäft (§ 433 BGB) ab und deckt sich erst in einem zweiten Schritt mit den betreffenden Aktien ein, um das Verpflichtungsgeschäft in einem dritten

---

69 *Schüwer*, in: Zerey, Finanzderivate, 4. Aufl. 2016, § 1 Funktionen und Einsatz von Finanzderivaten Rn. 4.

70 *Schüwer*, in: Zerey, Finanzderivate, 4. Aufl. 2016, § 1 Funktionen und Einsatz von Finanzderivaten Rn. 5; *Wehowsky*, in: Häberle, Erbs/Kohlhaas, Strafrechtliche Nebengesetze, 2022, § 30i WpHG Rn. 3; *Tyrolt/Bingel*, BB 2010, 1419.

71 Dort geschrieben als „Long-Position".

72 Im Volltext hießt es dort: „Im Sinne dieser Verordnung bedeutet eine Long-Position im ausgegebenen Aktienkapital oder in den ausgegebenen öffentlichen Schuldtiteln eine Position, die resultiert aus (a) dem Halten einer von einem Unternehmen begebenen Aktie oder eines von einem öffentlichen Emittenten ausgegebenen Schuldinstruments, (b) dem Eintritt einer natürlichen oder juristischen Person in eine Transaktion, durch die ein anderes Finanzinstrument als ein unter Buchstabe a genanntes Instrument geschaffen wird oder die sich auf ein solches anderes Finanzinstrument bezieht und deren Wirkung oder eine deren Wirkungen darin besteht, dass diese natürliche oder juristische Person, die diese Transaktion eingeht, im Falle einer Kurs- oder Wertsteigerung der Aktie bzw. des Schuldinstruments einen finanziellen Vorteil erzielt."

73 *Schäfer*, in: Assmann/Schütze/Buck-Heeb, Hdb-KapAnlR, 5. Aufl. 2020, 2. Teil, 6. Kap., § 21 Rn. 17.

Schritt auch alsbald erfüllen zu können. Dies stellt einen ungedeckten Leerverkauf dar und ist inzwischen gem. Art. 12 Abs. 1 LeerverkaufsVO verboten (hierzu gleich mehr).

Oder aber der Shortseller beschafft sich die betreffenden Aktien zunächst im Wege einer Wertpapierleihe, geht dann Verpflichtungs- und Verfügungsgeschäft mit dem Broker des Käufers ein und kauft schließlich nach der Veröffentlichung negativer Berichte (sog. *Research Reports*) und dem daraufhin gefallenen Kurs die Aktien am Markt „zurück", um sie dem Verleiher absprachegemäß zurückzuführen. Dies ist die klassische Art des Shortselling und nicht per se verboten.

1. Der Leerverkauf mittels zwischenzeitlichen Kaufs – Alternative 1 (*coverbuy*)

Die erstgenannte Alternative kann als sog. *coverbuy*[74] bezeichnet werden und deckt sich mit der bereits erwähnten 1. Alternative des Art. 2 Abs. 1 lit. b) LeerverkaufsVO (s. Teil 1:§ 1III.2.). Der Leerverkauf ist dabei nicht speziell auf das Aktiengeschäft zugeschnitten, sondern ist grundsätzlich bei allen Arten von lieferbaren Waren möglich. Auch ist der Leerverkauf nicht per se rechtlich unzulässig und ist sogar auch außerhalb der Finanzmärkte üblich.[75] Durch einen Kaufvertrag i.S.d. § 433 BGB wird lediglich die Verpflichtung begründet, zu einem vereinbarten Zeitpunkt den verkauften Gegenstand zu übergeben und das Eigentum zu verschaffen (§ 433 Abs. 1 BGB). Der Käufer muss im Gegenzug dem Verkäufer den vereinbarten Kaufpreis zahlen und die gekaufte Sache abnehmen (§ 433 Abs. 2 BGB). Mithin ist es vertragsrechtlich nicht erforderlich, dass der Verkäufer bereits im Zeitpunkt des Vertragsschlusses (rechtlicher) Eigentümer der Kaufsache ist. Aus Sicht des Käufers handelt es sich damit um einen gewöhnlichen Kaufvertrag.[76]

Zur Erfüllung seiner Pflicht aus § 433 Abs. 1 BGB muss sich der Shortseller in den sogenannten Fällen des *coverbuys* die verkauften Aktien erst einmal selbst beschaffen. Denn kennzeichnend für diese Form des Leerverkaufs ist, dass der Shortseller im Verkaufszeitpunkt noch gar keinen physischen Zugriff

---

74 Zu diesem Begriff *Trüg*, Die Finanzkrise, das Wirtschaftsstrafrecht und die Moral, 2010, S. 290 ff.

75 *Schröder*, HdB Kapitalmarktstrafrecht, 4. Aufl. 2020, Kap. 3 Rn. 420.

76 *Trüg*, Die Finanzkrise, das Wirtschaftsstrafrecht und die Moral, 2010, S. 290, 303; *Laurer*, Kreditwesen 2008, 980, 981.

auf die gerade verkauften Aktien hat. Hat der Shortseller die verkauften Aktien beschafft, sich also mit diesen eingedeckt (Deckungsgeschäft), kann er im nächsten Schritt mit seinem Vertragspartner – sofern nicht andere Intermediäre zwischengeschaltet sind: dem Käufer – das Erfüllungsgeschäft eingehen.[77] Seit Einführung der Leerverkaufsverordnung besteht nach Art. 12 LeerverkaufsVO jedoch ein Verbot ungedeckter Leerverkäufe (näher sogleich unter Teil 1:§ 1V.3.). Ein Leerverkauf ist dabei ungedeckt, wenn sich der Shortseller die entsprechenden Aktien bzw. Schuldtitel weder geliehen hat (Abs. 1 a), noch einen vertraglich oder eigentumsrechtlich unbedingt durchsetzbaren Anspruch auf Übertragung des Eigentums an diesen hat (Abs. 1 b) und auch nicht über die Zusage eines Dritten verfügt, damit er die verkauften Aktien bzw. Schuldtitel bei Fälligkeit verfügbar machen kann, sog. Lokalisierungszusage (Abs. 1 c).[78] Zudem verlangt der Wortlaut der Norm, dass die Deckung spätestens in dem Moment des Leerverkaufs vorliegen muss. Ein Verstoß gegen Art. 12 Abs. 1 LeerverkaufsVO führt jedoch nicht zur Nichtigkeit des Leerverkaufs, sodass jedenfalls in der Theorie *coverbuy*-Geschäfte weiterhin rechtlichen Bestand haben und sich Shortseller „nur“ wegen einer Ordnungswidrigkeit nach § 120 Abs. 6 Nr. 3, Abs. 13 WpHG verantworten müssen.[79]

2. Der Leerverkauf mittels Wertpapierdarlehen – Alternative 2 (*security lending*)

Alternativ zum *coverbuy* kann sich der Shortseller mit einer Wertpapierleihe eindecken, sogenanntes *security lending*[80]. Dies ist zugleich die in Art. 2 Abs. 1 lit. b) LeerverkaufsVO genannte 2. Alternative (s. Teil 1:§ 1III.2.). Da die Abwicklung mittels *coverbuy* einen ungedeckten Leerverkauf darstellt, dürfte im Grunde allein die Wertpapierleihe noch von praktischer Relevanz sein und ist daher Gegenstand dieser Arbeit. Die Wertpapierleihe stellt ein Sachdarlehen

---

77 Vgl. *Trüg*, Die Finanzkrise, das Wirtschaftsstrafrecht und die Moral, 2010, S. 290, 308; *Laurer*, Kreditwesen 2008, 980, 982.

78 *Tröger*, in: Schulze/Janssen/Kadelbach, Europarecht, 4. Aufl. 2020, § 21 Finanzdienstleistungsrecht Rn. 204.

79 *Schlimbach*, Leerverkäufe, 2015, 159, 165; *Veil/Templer*, ZIP 2021, 981, 983.

80 Zum Begriff vgl. *Trüg*, Die Finanzkrise, das Wirtschaftsstrafrecht und die Moral, 2010, S. 290, 308; *Hopt*, in: Hopt, HGB, 42. Aufl. 2023, T. Wertpapierdarlehen, Pensions- und Repogeschäfte Rn. T1.

i.S.d. §§ 607 ff. BGB dar. Ebenso wie beim Gelddarlehensvertrag (§ 488 BGB) handelt es sich um ein Dauerschuldverhältnis. Charakteristisch ist das Element der Gebrauchsüberlassung auf Zeit durch den vorleistungspflichtigen Darlehensgeber.[81] Die Leistungspflicht des Darlehensgebers bezieht sich auf die Überlassung einer oder mehrerer vertretbarer Sachen. Nach § 607 Abs. 1 S. 2 BGB ist der Darlehensnehmer zur Zahlung eines Darlehensentgelts und bei Fälligkeit zur Rückerstattung von Sachen gleicher Art, Güte und Menge verpflichtet. Hierin liegt zugleich das Abgrenzungskriterium zur Miete, Leihe und Wiederkauf, Wiederverkauf und Rückkauf – diese beziehen sich stets auf eine bestimmte vermietete (§ 546 Abs. 1 BGB), verliehene (§ 604 Abs. 1 BGB) oder verkaufte (§ 456 BGB) Sache.[82] Die Abgrenzung zum Leihvertrag ist dabei von außerordentlicher Bedeutung, weil in der Terminologie der Praxis einige Geschäfte als „Leihe" (insb. „Wertpapierleihe") oder als „Tausch" bezeichnet werden, obwohl ihnen Sachdarlehensverträge zugrunde liegen oder zumindest liegen können.[83] Die ist auch der Grund, weshalb in dieser Arbeit stellenweise von „Wertpapierleihe" oder „Aktienleihe" die Rede ist; gemeint ist aber stets ein (Wertpapier-)Sachdarlehensvertrag i.S.d. §§ 607 ff. BGB.

Art. 3 Abs. 2 Rahmenvertrag für Wertpapierdarlehen des Bundesverbandes deutscher Banken sowie Art. 3 Abs. 2 a) Rahmenvertrag für Finanzgeschäfte der Bankenvereinigung der Europäischen Union sehen vor, dass mit der Lieferung der Wertpapiere das (rechtliche) Eigentum an diesen auf den Darlehensnehmer (Entleiher) übergeht.[84] Mittels dieser darlehensweise an ihn übereigneten Wertpapiere erfüllt der Shortseller seinen Leerverkauf. Die rechtliche Ausgestaltung der verschiedenen Wertpapierdarlehensgeschäfte unterscheidet sich dabei erheblich. So ist es möglich, dass der Sachdarlehensvertrag unmittelbar zwischen Darlehensgeber (Verleiher) und Darlehensnehmer (Entleiher bzw. Shortseller) zustande kommt (sogenanntes „Direktgeschäft" oder „Prinzipalmodell")[85] oder dass der Betreiber des Wertpapierdarlehensprogramms[86]

---

[81] *Berger*, in: MünchKommBGB, 9. Aufl. 2023, § 607 Rn. 3; Ausführlich hierzu *Zimmermann*, Das Aktiendarlehen, 2014, 101 f.

[82] *Berger*, in: MünchKommBGB, 9. Aufl. 2023, § 607 Rn. 4.

[83] *Berger*, in: MünchKommBGB, 9. Aufl. 2023, § 607 Rn. 4.

[84] M.w.N. *Berger*, in: MünchKommBGB, 9. Aufl. 2023, § 607 Rn. 26.

[85] Zum Ganzen *Teuber*, in: Ellenberger/Bunte, BankR-Hdb, 6. Aufl. 2022, § 85 26 ff; *Acker*, Die Wertpapierleihe, 2. Aufl. 1995, S. 33–38.

[86] Z.B. die Clearstream (Tochtergesellschaft der Deutsche Börse Gruppe) oder Euroclear.

selbst in den Vertrag eingebunden ist (Drei-Parteien-Geschäft).[87] In der Praxis wird die Wertpapierleihe regelmäßig durch das wertpapierdepotführende Institut durchgeführt, das bei einem geeigneten Anbieter am Markt die betreffende Stückzahl der durch ihren Kunden leer zu verkaufenden Wertpapiere darlehensweise auf Rechnung des Kunden erlangt[88] – sogenanntes Agentengeschäft.[89] Erst wenn der Darlehensrückgabeanspruch fällig ist, muss sich der Shortseller eindecken, indem er einen Wertpapierkauf tätigt.[90] Die Wertpapierleihe bewirkt für den Shortseller, dass der kassagegeschäftliche Leerverkauf wirtschaftlich betrachtet zu einem Zeitgeschäft verlängert wird (Zum Kassa- und Termingeschäft sogleich). Im Vergleich zur o.g. Alternative 1 bietet die Wertpapierleihe die Möglichkeit eines längeren Kreditengagements, vorausgesetzt es besteht eine entsprechende vertragliche Vereinbarung mit dem Darlehensgeber.[91] Während Wertpapierleihsysteme überwiegend von Zentralverwahrern (DKV, Cedel, Euroclear, Clearstream Banking AG)[92] im Rahmen des Effektengiros angeboten werden, gibt es vereinzelt auch Großbanken (Poolsystem der Deutschen Bank) mit einem solchen Angebot.[93] Die Übertragung im Effektengiroverkehr bedeutet, dass die Abwicklung „stückellos" erfolgt, also die Wertpapiere nicht als Sachen i.S.d. § 90 BGB übereignet werden. Vielmehr wird der entsprechende Miteigentumsanteil am Sammelbestand der Wertpapiersammelbank (§ 6 Abs. 1 DepotG) übertragen.[94] Mithin werden die Wertpapiere nicht physisch bewegt, sondern auf den Depotkonten der verfügenden Parteien umgebucht. Aber auch der Miteigentumsanteil unterliegt den allgemeinen Vorschriften über das Alleineigentum an Sachen (§ 1008 BGB), sodass die Gutschrift im Effektengiroverkehr sowohl

---

87 *Berger*, in: MünchKommBGB, 9. Aufl. 2023, § 607 Rn. 7; Im Einzelnen hierzu auch *Gesell*, Wertpapierleihe, 1995, S. 17 f.; *Lohsse*, in: BeckOGK, BGB, § 607 Rn. 22.

88 *Trüg*, Die Finanzkrise, das Wirtschaftsstrafrecht und die Moral, 2010, S. 290, 308.

89 *Teuber*, in: Ellenberger/Bunte, BankR-Hdb, 6. Aufl. 2022, § 85 Rn. 27; *Acker*, Die Wertpapierleihe, 2. Aufl. 1995, S. 39–44.

90 Vgl. hierzu *Ekkenga*, in: MünchKommHGB, 4. Aufl. 2019, Teil 2, P. Effektengeschäft Rn. 50, 74.

91 *Trüg*, Die Finanzkrise, das Wirtschaftsstrafrecht und die Moral, 2010, S. 290, 309.

92 S. auch *Kumpan*, in: Hopt, HGB, 42. Aufl. 2023, § 1 DepotG Rn. 7.

93 *Hopt*, in: Hopt, HGB, 42. Aufl. 2023, T. Wertpapierdarlehen, Pensions- und Repogeschäfte Rn. T3.

94 *Berger*, in: MünchKommBGB, 9. Aufl. 2023, § 607 Rn. 26; *Canaris*, Bankvertragsrecht, 2. Aufl. 1981, Rn. 2018 ff.

die Einigung als auch die Übergabe (Abschluss eines Verwahrvertrags als Besitzmittlungsverhältnis) i.S.d. § 929 S. 1 BGB beinhaltet.[95]

Da Leerverkäufe und Unterlegung mittels Wertpapierleihe innerhalb kürzester Zeit abgewickelt werden („reflexartige Arbeitsabläufe"), besteht aus Sicht der Anleger gerade ein Reiz für Leerverkäufe. Denn so kann die Hebelwirkung über Fremdkapital ausgenutzt werden.[96] Es handelt sich also um einen wertvariablen Darlehensgegenstand, sodass die Höhe der „Rückzahlung" *ex ante* unsicher ist.[97]

3. Ausgestaltung als Kassa- oder Termingeschäft

Leerverkäufe können als Kassa- und als Termingeschäfte getätigt werden.[98] Unter Kassageschäften versteht man Sofortgeschäfte (auch: Spotgeschäfte), die anders als beim Terminhandel unmittelbar nach Abschluss zu erfüllen sind. Nach den einheitlichen Bedingungen für Geschäfte an den deutschen Wertpapierbörsen (Börsenusancen) müssen Lieferung, Abnahme und Bezahlung spätestens zwei Börsentage nach Geschäftsabschluss erfolgen.[99]

Im Gegensatz hierzu erfolgt die Erfüllung von Termingeschäften (Derivate) zeitlich verzögert, um sich so entweder vor Verlusten aus Schwankungen der Marktkurse zu schützen (*hedging*) oder von Kursschwankungen zu profitieren und damit Differenzgewinne zu erzielen (Spekulation).[100] Eine Definition findet sich in § 2 Abs. 3 Nr. 1 WpHG. Prägend für Termingeschäfte sind danach die zeitliche Verzögerung bei der Erfüllung und die unmittelbare oder mittelbare Abhängigkeit vom Preis oder Maß eines Basiswerts. Je nach Basiswert handelt es sich um Finanz-, Waren- oder Devisetermingeschäfte.[101] Unterschieden wird weiter zwischen dem bedingten und

---

95 *Berger*, in: MünchKommBGB, 9. Aufl. 2023, § 607 Rn. 26; *Canaris*, Bankvertragsrecht, 2. Aufl. 1981, Rn. 2018 ff.; *Dieckmann*, in: Seibt/Buck-Heeb/Harnos, BeckOK, WpHG, § 33 Rn. 64, 65.

96 *Trüg*, Die Finanzkrise, das Wirtschaftsstrafrecht und die Moral, 2010, S. 290, 309.

97 *Laurer*, Kreditwesen 2008, 980, 984.

98 *Dornis*, in: BeckOGK, IPR, Internationales und europäisches Finanzmarktrecht B. IV. 2. a) Rn. 289; *Trüg*, Die Finanzkrise, das Wirtschaftsstrafrecht und die Moral, 2010, S. 290, 303

99 *Park*, in: ders., Kapitalmarktstrafrecht, 5. Aufl. 2020, §§ 49, 26 Abs. 1 BörsG Rn. 15.

100 *Poelzig*, in: Joost/Strohn, HGB, 4. Aufl. 2020, Vorb. WpHG 23.

101 *Sagasser/Leuschner*, in: Assmann/Schütze/Buck-Heeb, Hdb-KapAnlR, 5. Aufl. 2020, 5. Teil, § 27 Rn. 1052.

dem unbedingten Termingeschäft. Hat der Käufer das Recht, jedoch nicht die Verpflichtung, zu einem späteren Zeitpunkt ein Geschäft, beispielsweise den Kauf oder Verkauf eines Wertpapiers, zu vorab festgelegten Konditionen abzuschließen, handelt es sich um ein bedingtes Termingeschäft (so bei Optionsgeschäften). Beim unbedingten Termingeschäft hingegen gehen die Vertragsparteien bereits bei Abschluss des Geschäfts die feste Verpflichtung ein, zu einem späteren Zeitpunkt zu einem im Voraus vereinbarten Preis eine bestimmte Menge[102] zu erwerben oder zu liefern (sog. Festgeschäfte).[103] Der weltweit größte Terminmarkt ist die Eurex (früher: Deutsche Terminbörse, DTB) mit Sitz in Eschborn, eine deutsch-schweizerische Tochtergesellschaft der Deutsche Börse AG.[104] Darüber hinaus gibt es einen außerbörslichen OTC-(*over-the-counter*)-Derivatemarkt, auf dem im Wesentlichen Banken und andere Finanzinstitutionen bilateral mit Finanztermingeschäften handeln.[105]

Der Begriff des Leerverkaufs in Finanzinstrumente bezieht sich allein auf Geschäfte an Kassamärkten, sodass ein Leerverkauf in diesen stets ein Kassageschäft ist.[106] Bei genauerer Betrachtung handelt es sich beim Leerverkauf – z.B. von Wertpapieren im Wege der Wertpapierleihe – sogar um eine Kombination aus drei Kassageschäften: Wertpapierdarlehen, Wertpapierverkauf und Wertpapierkauf. Mangels eines hinausgeschobenen Erfüllungszeitpunkts (s.o.) kommt eine Einstufung als (Finanz-)Termingeschäft nicht in Betracht.[107] Dies folgt außerdem bereits aus der Definition des Art. 2 Abs. 1

---

[102] Gemeint sind eine bestimmte Menge an Waren (Aktien, Anleihen, Gold, Öl etc.) oder Werten (Dollar, Index, Zinssatz), vgl. *Sagasser/Leuschner*, in: Assmann/Schütze/Buck-Heeb, Hdb-KapAnlR, 5. Aufl. 2020, 5. Teil, § 27 Rn. 1052.

[103] *Rauh*, in: Beck'sches Steuer- und Bilanzrechtslexikon, 62. Ed., 2023, Termingeschäfte Rn. 3; *Sagasser/Leuschner*, in: Assmann/Schütze/Buck-Heeb, Hdb-KapAnlR, 5. Aufl. 2020, 5. Teil, § 27 Rn. 1052.

[104] *Poelzig*, in: Joost/Strohn, HGB, 4. Aufl. 2020, Vorb. WpHG 23; *Rauh*, in: Beck'sches Steuer- und Bilanzrechtslexikon, 62. Ed., 2023, Termingeschäfte Rn. 1; *Groß*, in: Joost/Strohn, HGB, 4. Aufl. 2020, § 2 BörsG Rn. 19.

[105] *Poelzig*, in: Joost/Strohn, HGB, 4. Aufl. 2020, Vorb. WpHG Rn. 23; *Schwark*, in: Schwark/Zimmer, Kapitalmarktrecht, 5. Aufl. 2020, § 48 BörsG Rn. 40; *Dornis*, in: BeckOGK, IPR, Internationales und europäisches Finanzmarktrecht A. I. 2. b) Rn.7 ff.

[106] *Schlimbach*, Leerverkäufe, 2015, 8, 9; Vgl. auch *Ekkenga*, in: MünchKommHGB, 4. Aufl. 2019, Teil 2, P. Effektengeschäft Rn. 74; *Laurer*, Kreditwesen 2008, 980, 982.

[107] *Melzer*, BKR 2003, 366, 370.

lit. b) iii) LeerverkaufsVO (s. Teil 1:§ 1III.2.). Mithin muss der Shortseller die Deckung zeitnah zum Vertragsschluss herbeiführen.[108]

V. Gedeckter und ungedeckter Leerverkauf

Wie bereits oben angerissen wird zwischen gedecktem und ungedecktem Leerverkauf differenziert. Hiermit wird grob betrachtet der Zeitpunkt beschrieben, zu dem das leer verkaufte Finanzinstrument beschafft wurde, um die Lieferpflicht zu erfüllen, also den Zeitpunkt des Deckungsgeschäfts[109] bzw. die Beschaffbarkeit des Finanzinstruments.

1. Gedeckter Leerverkauf (*covered short sale*)

Hat der Shortseller zum Zeitpunkt des Vertragsschlusses die fristgerechte Lieferung des Finanzinstruments bereits sichergestellt, handelt es sich um einen gedeckten Leerverkauf (sog. *covered short sale*). Die Deckung durch eine Wertpapierleihe (s.o.) zählt auch hierzu, ebenso wie die Zusage eines Dritten über die fristgerechte Lieferung (Lokalisierungszusage bzw. *locate agreement*).[110]

Aus Art. 12 Abs. 1 und Art. 13 Abs. 1 LeerverkaufsVO ergibt sich, dass ein gedeckter Leerverkauf bei solchen Verkäufen einer Aktie bzw. eines Schuldtitels vorliegt, die sich zum Zeitpunkt des Eingehens der Verkaufsvereinbarung entweder durch eine bereits vollzogene Wertpapierleihe oder alternative Vorkehrungen (z.B. Pensionsgeschäfte, Repurchase Agreements, Buy and Sell back Agreements)[111] bereits im Eigentum des Shortsellers befinden (Art. 12 Abs. 1 lit. a) bzw. Art. 13 Abs. lit. 1 a) LeerverkaufsVO) oder sich zwar nicht im Eigentum des Shortsellers befinden, aber durch eine Leihvereinbarung oder durch einen vertragsrechtlich oder eigentumsrechtlich unbedingt durchsetzbaren Anspruch (Art. 12 Abs. 1 lit. b) bzw. Art. 13 Abs. 1 lit. b) LeerverkaufsVO), oder eine Lokalisierungsbestätigung eines Dritten nach

---

[108] *Schlimbach*, Leerverkäufe, 2015, S. 9.

[109] Vgl. bspw. *Schlimbach*, Leerverkäufe, 2015, S. 11.

[110] *Trüg*, Die Finanzkrise, das Wirtschaftsstrafrecht und die Moral, 2010, S. 290, 311; *Zimmermann*, Das Aktiendarlehen, 2014, S. 59; *Schlimbach*, Leerverkäufe, 2015, S. 12; *Bruns*, DStR 2010, 2061, 2065.

[111] *Mülbert/Sajnovits*, in: Assmann/Schneider/Mülbert, Wertpapierhandelsrecht, 7. Aufl. 2019, Art. 12 VO (EU) Nr. 236/2012 Rn. 32, 33.

Art. 12 Abs. 1 lit. c) LeerverkaufsVO bzw. eine Lokalisierungszusage im Sinne des Art. 13 Abs. 1 lit. c) LeerverkaufsVO „gedeckt“ bzw. abgesichert sind.[112]

In Erwägungsgrund 19 der LeerverkaufsVO wird das *locate agreement* definiert als die Bestätigung eines Dritten, dass er die Aktie bei Fälligkeit für die Abwicklung des Geschäfts verfügbar machen kann. In Art. 6 der Durchführungsverordnung (VO 827/2012)[113] werden sodann die hierfür erforderlichen Zusagen und Maßnahmen näher bestimmt.

Erfolgt die Eindeckung qua Wertpapierleihe erst nach Abschluss des Leerverkaufs, handelt es sich nach Maßgabe der vorstehenden Ausführungen jedoch um einen ungedeckten Leerverkauf, sog. *naked short sale*.[114]

2. Ungedeckter Leerverkauf (*naked short sale*)

Umgekehrt zum gedeckten Leeverkauf besteht faktisch die Möglichkeit, dass der Shortseller zum Zeitpunkt des Vertragsschlusses noch kein Deckungsgeschäft getätigt, also eine fristgerechte Lieferung des Finanzinstruments nicht sichergestellt hat – er ist mithin noch nicht Eigentümer der Wertpapiere (sog. *naked short sale*).[115] Kennzeichnend für diese Art des Leerverkaufs ist folglich, dass die Eindeckung mit dem entsprechenden Finanzinstrument erst nach (schuldrechtlichem) Abschluss des Leerverkaufs erfolgen soll.[116] Die Möglichkeit zu diesem Vorgehen eröffnet sich dabei durch die jeweiligen

112 *Tritschler*, Die Regulierung von Leerverkäufen, 2015, S. 29.

113 Durchführungsverordnung (EU) Nr. 827/2012 der Kommission vom 29. Juni 2012 zur Festlegung technischer Durchführungsstandards in Bezug auf die Verfahren für die Offenlegung von Nettopositionen in Aktien gegenüber der Öffentlichkeit, das Format, in dem der Europäischen Wertpapier- und Marktaufsichtsbehörde Informationen zu Netto-Leerverkaufspositionen zu übermitteln sind, die Arten von Vereinbarungen, Zusagen und Maßnahmen, die angemessen gewährleisten, dass Aktien oder öffentliche Schuldtitel für die Abwicklung des Geschäfts verfügbar sind, und die Daten, zu denen die Ermittlung des Haupthandelsplatzes einer Aktie erfolgt, sowie den Zeitraum, auf den sich die betreffende Berechnung bezieht, gemäß der Verordnung (EU) Nr. 236/2012 des Europäischen Parlaments und des Rates über Leerverkäufe und bestimmte Aspekte von Credit Default Swaps.

114 *Trüg*, Die Finanzkrise, das Wirtschaftsstrafrecht und die Moral, 2010, S. 290, 310; *Laurer*, Kreditwesen 2008, 980, 984.

115 *Trüg*, Die Finanzkrise, das Wirtschaftsstrafrecht und die Moral, 2010, S. 290, 310; *Schlimbach*, Leerverkäufe, 2015, S. 12.

116 *Trüg*, Die Finanzkrise, das Wirtschaftsstrafrecht und die Moral, 2010, S. 290, 310; *Laurer*, Kreditwesen 2008, 980, 984.

Bedingungen des betreffenden Handelsplatzes: an den Wertpapierbörsen gilt zur Regulierung der Geldseite und zur Stückelieferung (im Falle von Kassageschäften) eine Frist von regelmäßig maximal zwei Börsentagen nach dem Abschlusstag (t+2).[117] Die Beschaffung des Finanzinstruments nach Vertragsschluss (nachträgliches Deckungsgeschäft) kann dabei mittels zwischenzeitlichem Kauf (*coverbuy*) oder mittels Wertpapierleihe (*security lending*) erfolgen (hierzu bereits oben unter IV. und IV.2.). Die Eindeckung mittels Kaufs zwischen Verpflichtungs- und Erfüllungsgeschäft ist jedoch nur möglich, wenn der Deckungskauf noch am selben Tag getätigt wird, wenn das Finanzinstrument in einem anderen Markt mit kürzeren Erfüllungsfristen gekauft wird oder wenn es nicht über die Börsen, sondern im Wege eines außerbörslichen Geschäfts beschafft wird.[118] Leerverkäufe, welche die Erfüllungsfrist überschreiten, können jedoch nur in Verbindung mit einer Wertpapierleihe getätigt werden – hierin liegt auch der Vorteil der Wertpapierleihe. Der Shortseller kann also seinen Lieferverpflichtungszeitraum verlängern und bei sinkenden Kursen einen höheren Gewinn erzielen.[119] Hat der Shortseller von vornherein nicht die Absicht, seine Lieferverpflichtung zu erfüllen, liegt ein marktmissbräuchlicher Leerverkauf, sogenannter *abusive naked short sale* vor.[120]

Im Depotbestand des Shortsellers wird der Gegenwert der leeverkauften Aktie regelmäßig mit einem negativen Betrag aufgenommen. Zugleich wird von dem Broker, der den Leerverkauf durchführt, regelmäßig eine Sicherheitsleistung (*Margin*) verlangt – diese beläuft sich aber zumeist nur auf einen Teilbetrag des Leerverkaufs. Im Ergebnis lässt sich daher eine – reizvolle – Hebelwirkung ausnutzen, weil deutlich mehr Kapital bewegt werden kann, als eingesetzt wurde.[121]

---

[117] *Park*, in: ders., Kapitalmarktstrafrecht, 5. Aufl. 2020, §§ 49, 26 Abs. 1 BörsG Rn. 15; *Trüg*, Die Finanzkrise, das Wirtschaftsstrafrecht und die Moral, 2010, S. 290, 310; *Schlimbach*, Leerverkäufe, 2015, S. 13; *Poelzig*, in: Joost/Strohn, HGB, 4. Aufl. 2020, Vorb. WpHG Rn. 23.

[118] *Mittermeier*, ZBB 2010, 139, 140; *Schlimbach*, Leerverkäufe, 2015, S. 13.

[119] *Trüg*, Die Finanzkrise, das Wirtschaftsstrafrecht und die Moral, 2010, S. 290, 310; *Schlimbach*, Leerverkäufe, 2015, S. 13.

[120] *Schlimbach*, Leerverkäufe, 2015, S. 13.

[121] *Trüg*, Die Finanzkrise, das Wirtschaftsstrafrecht und die Moral, 2010, S. 290, 310.

3. Das Verbot ungedeckter Leerverkäufe

a) Entwicklung

Bei den oben erwähnten *abusive naked shortsales* dürfte es sich unzweifelhaft um Betrugsfälle handeln, da der Käufer über die Tatsache getäuscht wird, den vereinbarten Kaufgegenstand zu erhalten (Täuschung über die Erfüllungswilligkeit).[122] Zivilrechtlich löst dies eine Schadensersatzpflicht gem. §§ 823 Abs. 2 BGB i.V.m. § 263 Abs. 1 StGB, § 826 BGB aus (hierzu mehr in Teil 2:). Der Gesetzgeber hatte bereits erkannt, dass es sich zumindest beim ungedeckten Leerverkauf um eine Handelstechnik mit besonders hohem Preisbeeinflussungspotential handelt.[123] Denn das Handelsvolumen von Wertpapieren ist hierbei nicht auf den dem Shortseller verfügbaren Bestand beschränkt, sodass hier noch leichter Preissenkungen ausgelöst werden können.[124] Auch auf Seiten der BaFin gewannen Leerverkäufe in Zeiten der Finanz- und Wirtschaftskrise an Bedeutung, da durch diese eine überdurchschnittliche Verstärkungswirkung negativer Entwicklungen festzustellen war. So wurde erstmalig im September 2008 das Tätigen von Leerverkäufen von Aktien von elf Unternehmen[125] per Verfügung untersagt und mehrmals bis Anfang 2010 verlängert[126] (zuletzt erließ die BaFin am 18.2.2019 eine Allgemeinverfügung, nach der es bis zum 18.4.2019, 24 Uhr verboten war, neue Netto-Leerverkaufspositionen in Aktien der Wirecard AG zu begründen oder bestehende Netto-Leerverkaufspositionen zu erhöhen.)[127].

---

[122] *Trüg*, NJW 2009, 3202, 3204; Vgl. auch *Zieschang*, in: Park, Kapitalmarktstrafrecht, 5. Aufl. 2020, § 263 StGB Rn. 132.

[123] Unter Bezugnahme auf den Diskussionsentwurf für ein Gesetz zur Stärkung des Anlegerschutzes und Verbesserung der Funktionsfähigkeit des Kapitalmarkts vom 03.05.2010 vgl. *Stelling*, Anlegerschutz, 2014, S. 212.

[124] *Ziouvas*, ZGR 2003, 113, 135.

[125] Hierzu gehörten die Aareal Bank AG, die Allianz SE, die AMB Generali Holding AG, die Commerzbank AG, die Deutsche Bank AG, die Deutsche Börse AG, die Deutsche Postbank AG, die Hannover Rückversicherung AG, die Hypo Real Estate Holding AG, die MLP AG sowie die Münchener Rückversicherungs-Gesellschaft AG, vgl. Redaktion beck-aktuell, Nachrichten, Pressemitteilungen, Fachnews, becklink 266912.

[126] *Trüg*, NJW 2009, 3202, 3203 mit Hinweis darauf, dass aus der Allgemeinverfügung v. 19. 9. 2008 geht nicht hervorgeht, dass sich die Untersagung auf ungedeckte short sales beschränkt; die BaFin hat dies jedoch später klargestellt, BaFinJournal 09/2008, S. 7; BaFin-Jahresbericht 2008, S. 148; *Weber*, NJW 2009, 33, 34.

[127] Grund für den Erlass waren große Netto-Leerverkaufspositionen, erhebliche Kursverluste und eine hohe Volatilität im Zusammenspiel mit möglichen

Darauf folgten weitere Maßnahmen zur Kontrolle von Leerverkäufen, wie Melde- und Veröffentlichungspflichten im Hinblick auf sog. Nettoleerverkaufspositionen. Hieran schloss sich eine gesetzliche Kodifikation solcher Maßnahmen durch das Gesetz zur Vorbeugung gegen missbräuchliche Wertpapier- und Derivategeschäfte[128] an, das am 27.07.2010 in Kraft trat. Geregelt wurden hierin das Verbot ungedeckter Leerverkäufe sowie Transparenzpflichten hinsichtlich Nettoleerverkaufspositionen mit Bezug auf sämtliche Aktien. Durch die LeerverkaufsVO kam es schließlich zu einer Harmonisierung auf europäischer Ebene.[129]

b) Die Verbotstatbestände

Der Gesetzgeber führte im Zuge der Regulierung von Leerverkäufen im Jahr 2010 mit dem Gesetz zur Vorbeugung gegen missbräuchliche Wertpapier- und Derivategeschäfte unter anderem § 30h WpHG a.F. ein, der das Verbot von ungedeckten Leerverkäufen vorsah und durch Art. 12 LeerverkaufsVO im Jahr 2012 unionsrechtlich ersetzt wurde.

---

manipulativen Praktiken, die eine ernstzunehmende Bedrohung für das Marktvertrauen und den Preisbildungsmechanismus darstellten, BaFin Jahresbericht 2019, S. 98, abrufbar unter https://www.bafin.de/SharedDocs/Downloads/DE/Jahresbericht/dl_jb_2019.html; Vgl. auch https://www.bafin.de/SharedDocs/Veroeffentlichungen/DE/Aufsichtsrecht/Verfuegung/vf_190218_leerverkaufsmassnahme.html;jsessionid=AEC7BB917E53F8FA8095DB333F6C512C.1_cid394?nn=9021442.

128 BGBl Teil I, Nr. 38 vom 26.07.2010, abrufbar unter https://www.bgbl.de/xaver/bgbl/start.xav?startbk=Bundesanzeiger_BGBl&start=//*%5b@attr_id=%27bgbl110s0945.pdf%27%5d#__bgbl__%2F%2F*%5B%40attr_id%3D%27bgbl110s0945.pdf%27%5D__1662271830622.

129 Vgl. Erwägungsgrund (2) der LeerverkaufsVO: „Um das ordnungsgemäße Funktionieren des Binnenmarkts sicherzustellen und die Voraussetzungen für sein Funktionieren, insbesondere in Bezug auf die Finanzmärkte, zu verbessern und ein hohes Maß an Verbraucher- und Anlegerschutz zu gewährleisten, sollte ein gemeinsamer Regelungsrahmen für Vorschriften und Befugnisse im Zusammenhang mit Leerverkäufen und Credit Default Swaps geschaffen und im Hinblick auf Ausnahmesituationen, in denen Maßnahmen ergriffen werden müssen, ein höheres Maß an Koordinierung und Kohärenz zwischen den Mitgliedstaaten sichergestellt werden. Die Regeln für Leerverkäufe und bestimmte Aspekte von Credit Default Swaps müssen harmonisiert werden, um zu verhindern, dass Hindernisse für das ordnungsgemäße Funktionieren des Binnenmarkts entstehen, da die Mitgliedstaaten ansonsten voraussichtlich weiterhin divergierende Maßnahmen ergreifen werden."

aa) § 30h WpHG (Verbot ungedeckter Leerverkäufe in Aktien und bestimmten Schuldtiteln) – in der vor dem 16.11.2012 geltenden Fassung (a.F.)

Vor Geltung der LeerverkaufsVO ab dem 01.11.2012 war es nach deutschem Recht gem. § 30h Abs. 1 S. 1 WpHG a.F. verboten, „ungedeckte Leerverkäufe in 1. Aktien [...], die an einer inländischen Börse zum Handel im regulierten Markt zugelassen sind, zu tätigen". In Satz 4 hieß es weiter: „Ein ungedeckter Leerverkauf liegt vor, wenn der Verkäufer der in Satz 1 genannten Wertpapiere am Ende des Tages, an welchem das jeweilige Geschäft abgeschlossen wurde, 1. nicht Eigentümer sämtlicher verkauften Wertpapiere ist und 2. keinen schuldrechtlich oder sachenrechtlich unbedingt durchsetzbaren Anspruch auf Übereignung einer entsprechenden Anzahl von Wertpapieren gleicher Gattung hat.".

Per Umkehrschluss waren also gedeckte Leerverkäufe von der Verbotsnorm nicht umfasst. Hintergrund für die Beschränkung auf ungedeckte Leerverkäufe war die hiervon ausgehende Gefahr, dass diese sehr schnell in großer Zahl ohne vorherigen finanziellen Aufwand getätigt werden können, sodass unter Umständen mehr Aktien verkauft werden, als am Markt überhaupt verfügbar sind. Es sollte also die Stabilität und Integrität des Finanzmarktes gewährleistet werden. Daneben diente das Verbot auch einer Verhinderung von Marktmanipulationen, welche unter Nutzung ungedeckter Leerverkäufe erfolgen können.[130]

Aus der soeben genannten Legaldefinition folgt aber zugleich, dass ungedeckte Leerverkäufe nicht per se verboten waren: erfolgten sie untertätig, waren sie erlaubt. Der Leerverkäufer musste die Leerposition also lediglich am gleichen Tag schließen.[131]

Auf Rechtsfolgenseite stellte ein Verstoß gegen § 30h Abs. 1 S. 1 WpHG a.F. gem. § 39 Abs. 2 Nr. 14a WpHG a.F. eine Ordnungswidrigkeit dar, die ein Bußgeld von bis zu 500.000 EUR nach sich zog. Besonders geregelte zivilrechtliche Haftungsvorschriften gab es dagegen nicht. Vor dem Hintergrund des Regelungszwecks der Verbotsnorm (Funktionenschutz) erscheint es außerdem fraglich, ob sich bereits hieraus Schadensersatzansprüche geschädigter

---

[130] Siehe Gesetzesbegründung Zu Art. 1 Nr. 5 (§§ 30h bis 30j WpHG), BT-Drucksache 17/1952, abrufbar unter https://dserver.bundestag.de/btd/17/019/1701952.pdf.

[131] *Stelling*, Anlegerschutz, 2014, S. 216.

Marktteilnehmer ableiten ließen; Rechtsprechung zu einer solchen Haftungsgrundlage ist jedenfalls nicht ergangen.[132] Nichtsdestotrotz lassen sich die diesbezüglich zu gedeckten Leerverkäufen angestellten Überlegungen übertragen, auf die im Nachfolgenden noch eingegangen wird.

bb) Das Leerverkaufsverbot nach Art. 12 Abs. 1 LeerverkaufsVO

Hier besteht eine weitestgehende Vergleichbarkeit mit § 30h Abs. 1 S. 1 WpHG a.F., mit Ausnahme untertätiger ungedeckter Leerverkäufe, die nunmehr ebenfalls vom Verbotstatbestand erfasst sind. Ebenso wie § 30h Abs. 1 S. 1 WpHG a.F. regelt auch Art. 12 LeerverkaufsVO „lediglich" ein Verbot ungedeckter Leerverkäufe. Wie bereits dargestellt, ist ein Leerverkauf nach Art. 12 Abs. 1 LeerverkaufsVO ungedeckt, wenn sich der Shortseller die entsprechenden Aktien bzw. Schuldtitel weder geliehen hat (Abs. 1 lit. a)), noch einen vertraglich oder eigentumsrechtlich unbedingt durchsetzbaren Anspruch auf Übertragung des Eigentums an diesen hat (Abs. 1 lit. b)) und auch nicht über die Zusage eines Dritten verfügt, damit er die verkauften Aktien bzw. Schuldtitel bei Fälligkeit verfügbar machen kann, sog. Lokalisierungszusage (Abs. 1 lit. c)).[133]

(1) Ausnahme für Market-Making-Tätigkeiten, Art. 17 Abs. 1, 5 und 9 LeerverkaufsVO

Ausgenommen von dem Verbot nach Art. 12 LeerverkaufsVO sind allerdings gem. Art. 17 Abs. 1, 5 und 9 LeerverkaufsVO sogenannte Market-Making-Tätigkeiten, die anzeigepflichtig sind. Market Maker sind ausweislich des Art. 2 Abs. 1 lt. k) Wertpapierfirmen, Kreditinstitute und Körperschaften eines Drittlands oder einer lokalen Firma, die jeweils Mitglied eines Handelsplatzes in der EU oder eines Drittlandmarktes sind, dessen Rechts- und Aufsichtsrahmen von der Europäischen Kommission gem. Art. 17 Abs. 2 LeerverkaufsVO als gleichwertig erklärt wurde.[134] Eine Wertpapierfirma ist jede juristische Person, die im Rahmen ihrer üblichen beruflichen oder

---

[132] *Stelling*, Anlegerschutz, 2014, S. 216.

[133] *Tröger*, in: Schulze/Janssen/Kadelbach, Europarecht, 4. Aufl. 2020, § 21 Finanzdienstleistungsrecht Rn. 204.

[134] *Mülbert/Sajnovits*, in: Assmann/Schneider/Mülbert, Wertpapierhandelsrecht, 7. Aufl. 2019, Art. 17 VO (EU) Nr. 236/2012 Rn. 17.

gewerblichen Tätigkeit gewerbsmäßig eine oder mehrere Wertpapierdienstleistungen für Dritte erbringt und/oder eine oder mehrere Anlagetätigkeiten ausübt, vgl. Art. 4 Abs. 1 Nr. 1 RL 2014/65/EU[135] (MiFID II).[136] „Wertpapierdienstleistungen und Anlagetätigkeiten" sind wiederum jede in Anhang I Abschnitt A genannte Dienstleistung und Tätigkeit, die sich auf eines der Instrumente in Anhang I Abschnitt C bezieht, Art. 4 Abs. 1 Nr. 2 RL 2014/65/EU. Hierunter fallen unter anderem die Ausführung von Aufträgen im Namen von Kunden (Anhang I Abschnitt A, Abs. 2) sowie der Handel für eigene Rechnung (Anhang I Abschnitt A, Abs. 3) von übertragbaren Wertpapieren (Anhang I Abschnitt C, Abs. 1). Dies vorausgeschickt, dürften auch etwa Hedgefonds, die in der EU als „Alternative Investmentfonds" (AIFs) bezeichnet werden (vgl. § 1 Abs. 2, 3, §§ 282, 283 Abs. 1 KAGB), unter die Begriffsbestimmung der Wertpapierfirma fallen und möglicherweise vom Leerverkaufsverbot ausgenommen sein. Ebenso weitere juristische Personen, die unter die Begriffsbestimmung fallen und Leerverkäufe tätigen. Allerdings ist der Ausnahmetatbestand des Art. 17 Abs. 1 LeerverkaufsVO tätigkeitsbezogen und fordert neben der persönlichen Anwendbarkeit, dass der Market Maker gem. Art. 2 Abs. 1 lit. k) LeerverkaufsVO als Eigenhändler zumindest eine der folgenden drei Funktionen ausübt: (i) Stellen wettbewerbsfähiger, fester, zeitgleicher An- und Verkaufskurse vergleichbarer Höhe zu wettbewerbsfähigen Preisen, so dass der Markt regelmäßig und kontinuierlich mit Liquidität versorgt ist; (ii) Ausführung von Kundenaufträgen oder Aufträgen, die sich aus einem Handelsauftrag des Kunden ergeben, im Rahmen der normalen Tätigkeit; (iii) Absicherung von Positionen, die sich aus den vorgenannten zwei Tätigkeiten ergeben.[137] Aus Erwägungsgrund 26 der LeerverkaufsVO ergibt sich, dass Leerverkäufe in diesen Fällen für Market Maker erlaubt sein sollen, da diese anderenfalls ihre Funktion nicht ausüben könnten und diese negative Auswirkungen auf die Märkte der Union hätte. Die

[135] Richtlinie 2014/65/EU des Europäischen Parlaments und des Rates vom 15. Mai 2014 über Märkte für Finanzinstrumente sowie zur Änderung der Richtlinien 2002/92/EG und 2011/61/EU (Neufassung).

[136] Zur Heranziehung dieser Begriffsbestimmung *Mülbert/Sajnovits*, in: Assmann/Schneider/Mülbert, Wertpapierhandelsrecht, 7. Aufl. 2019, Art. 17 VO (EU) Nr. 236/2012 Rn. 18.

[137] Vgl. hierzu eingehend *Mülbert/Sajnovits*, in: Assmann/Schneider/Mülbert, Wertpapierhandelsrecht, 7. Aufl. 2019, Art. 17 VO (EU) Nr. 236/2012 Rn. 23.

Ausnahme solle jedoch nicht für den Eigenhandel gelten.[138] Hieraus ergibt sich in doppelter Hinsicht die Nichtanwendbarkeit der Ausnahmeregelung des Art. 17 Abs. 1 LeerverkaufsVO auf den Shortseller-Aktivismus: Zu einem wird durch Shortseller-Attacken nicht zur Finanzmarktstabilität beigetragen, da alleiniges Ziel eine Gewinnmaximierung im Wege unzutreffender negativer Berichterstattung ist. Zum anderen handeln Shortseller im eigenen Interesse, sodass es sich um einen Eigenhandel handelt. Schließlich fehlt es bei Shortseller-Attacken an der Anzeige gegenüber der zuständigen Behörde gem. Art. 17 Abs. 5 LeerverkaufsVO, die spätestens 30 Kalendertage vor der erstmals beabsichtigten Inanspruchnahme der Ausnahme erfolgt sein muss. Wegen des kurzfristigen Ausnutzens der Marktvolatilität widerspräche dies gerade dem Zweck des Shortseller-Aktivismus, zumal eine Untersagung des Shortselling durch die zuständige Behörde nach Art. 17 Abs. 7 LeerverkaufsVO zu erwarten wäre.

(2) Ausnahme für Stabilisierungsmaßnahmen, Art. 17 Abs. 4 LeerverkaufsVO

Eine weitere Ausnahme von Art. 12 LeerverkaufsVO sieht Art. 17 Abs. 4 LeerverkaufsVO für die Tätigkeiten von Personen vor, die im Zusammenhang mit der Stabilisierung eines Finanzinstruments nach Art. 5 VO Nr. 596/2014[139] (Marktmissbrauchsverordnung, nachfolgend: MMVO) ein Wertpapier leerverkaufen oder eine Netto-Leerverkaufsposition halten.[140] Aber auch diese Ausnahme greift nicht. Art. 5 MMVO erfasst zwei Fälle: Den Handel mit eigenen Aktien im Rahmen von Rückkaufprogrammen (Art. 5 Abs. 1 MMVO) sowie den Handel mit Wertpapieren oder verbundenen Instrumenten zur Stabilisierung des Kurses von Wertpapieren (Art. 5 Abs. 2 MMVO). Der erste Fall ist bereits deshalb nicht einschlägig, weil Shortseller-Aktivisten nicht mit eigenen Aktien im Rahmen von Rückkaufprogrammen handeln, sondern

[138] Hierzu auch *Mülbert/Sajnovits*, in: Assmann/Schneider/Mülbert, Wertpapierhandelsrecht, 7. Aufl. 2019, Art. 17 VO (EU) Nr. 236/2012 Rn. 23, die darauf hinweisen, dass die Abgrenzung zwischen Eigenhandel und Market Making im Einzelfall durchaus schwierig sein kann.

[139] Verordnung (EU) Nr. 596/2014 des Europäischen Parlaments und des Rates vom 16. April 2014 über Marktmissbrauch (Marktmissbrauchsverordnung) und zur Aufhebung der Richtlinie 2003/6/EG des Europäischen Parlaments und des Rates und der Richtlinien 2003/124/EG, 2003/125/EG und 2004/72/EG der Kommission.

[140] Hierzu auch *Mülbert/Sajnovits*, in: Assmann/Schneider/Mülbert, Wertpapierhandelsrecht, 7. Aufl. 2019, Art. 17 VO (EU) Nr. 236/2012 39, 40.

Aktien eines anderen Unternehmens *shorten*. Kursstabilisierungsmaßnahmen im Sinne des zweiten Falls dagegen sind nach Art. 3 Abs. 2 lit. d) MMVO jeder Kauf bzw. jedes Angebot zum Kauf von Wertpapieren oder eine Transaktion mit vergleichbaren verbundenen Instrumenten, die ein Kreditinstitut oder eine Wertpapierfirma im Rahmen eines signifikanten Zeichnungsangebots für diese Wertpapiere mit dem alleinigen Ziel tätigt, den Marktkurs dieser Wertpapiere für einen im Voraus bestimmten Zeitraum zu stützen, wenn auf diese Wertpapiere Verkaufsdruck besteht. Alleiniges Ziel der Kursstabilisierung muss danach die Kursstützung gegen einen sinkenden Marktpreis sein.[141] Das Ziel der Shortseller-Aktivisten ist jedoch gerade umgekehrt, da das Ziel in der Herbeiführung eines Kurssturzes besteht.

(3) Rechtsfolgen von Verstößen gegen Art. 12 Abs. 1 LeerverkaufsVO
Wird entgegen des Verbots nach Art. 12 Abs. 1 LeerverkaufsVO ein Leerverkauf getätigt, handelt es sich gem. § 120 Abs. 6 Nr. 3, Abs. 13 WpHG (weiterhin) um eine Ordnungswidrigkeit, die mit bis zu 500.000 EUR geahndet werden kann, § 120 Abs. 24 WpHG. Haftungsnormen für Schadensersatzansprüche betroffener Marktteilenehmer sind jedoch auch in der LeerverkaufsVO ebenso wenig geregelt wie in dem nationalen EU-Leerverkaufs-Ausführungsgesetz vom 06.11.2012[142]. Ob Art. 12 LeerverkaufsVO aber als Schutzgesetz i.S.d. § 823 Abs. 2 BGB qualifiziert werden kann, wird in Teil 2: dieser Arbeit erörtert. Hinsichtlich gedeckter Leerverkäufe bleibt zu erwähnen, dass diese nach der Leerverkaufsverordnung grundsätzlich zulässig sind, jedoch gem. Art. 20 Abs. 1 LeerverkaufsVO in Ausnahmesituationen vorübergehend untersagt werden können, wenn ungünstige Ereignisse oder Entwicklungen eingetreten sind, die eine ernstzunehmende Bedrohung für die Finanzstabilität oder das Marktvertrauen darstellen und die Maßnahme erforderlich ist, um der Bedrohung zu begegnen, und die

---

141 *Zimmer/Bator*, in: Schwark/Zimmer, Kapitalmarktrecht, 5. Aufl. 2020, Art. 5 VO (EU) 596/2014 Rn. 11.

142 Gesetz zur Ausführung der Verordnung (EU) Nr. 236/2012 des Europäischen Parlaments und des Rates vom 14. März 2012 über Leerverkäufe und bestimmte Aspekte von Credit Default Swaps (EU-Leerverkaufs-Verordnung), veröffentlich im BGBL Teil I, Nr. 53 vom 15.11.2012, abrufbar unter https://www.bgbl.de/xaver/bgbl/start.xav?startbk=Bundesanzeiger_BGBl&start=//*%5b@attr_id=%27bgbl112s2286.pdf%27%5d#__bgbl__%2F%2F*%5B%40attr_id%3D%27bgbl112s2286.pdf%27%5D__1662198412971.

Effizienz der Finanzmärkte im Vergleich zum Nutzen der Maßnahme nicht unverhältnismäßig beeinträchtigt wird.

c) Insiderhandelsverbot, Art. 14 MMVO

Bereits nach § 14 Abs. 1 Nr. 1 WpHG a.F. (in der vor dem 02.07.2016 geltenden Fassung) war es verboten, unter Verwendung einer Insiderinformation Insiderpapiere für eigene oder fremde Rechnung oder für einen anderen zu erwerben oder zu veräußern. Da sich mit Einführung des Art. 14 MMVO der Verbotstatbestand nunmehr unmittelbar aus der Verordnung ergibt, wurde § 14 WpHG a.F. durch das erste Finanzmarktnovellierungsgesetz (FiMaNoG)[143] vom 02.07.2016 gestrichen. Nach Art. 14 MMVO ist das Tätigen von Insidergeschäften und der Versuch hierzu ebenso verboten wie es Dritten zu empfehlen, Insidergeschäfte zu tätigen, oder Dritte dazu zu verleiten, Insidergeschäfte zu tätigen sowie Insiderinformationen unrechtmäßig offenzulegen. Gem. Art. 8 Abs. 1 MMVO liegt dabei ein Insidergeschäft vor, wenn eine Person über Insiderinformationen verfügt und unter Nutzung derselben für eigene oder fremde Rechnung direkt oder indirekt Finanzinstrumente, auf die sich die Informationen beziehen, erwirbt oder veräußert. Insiderinformationen wiederum in Bezug auf Finanzinstrumente werden definiert als nicht öffentlich bekannte präzise Informationen, die direkt oder indirekt einen oder mehrere Emittenten oder ein oder mehrere Finanzinstrumente betreffen und die, wenn sie öffentlich bekannt würden, geeignet wären, den Kurs dieser Finanzinstrumente oder den Kurs damit verbundener derivativer Finanzinstrumente erheblich zu beeinflussen, Art. 7 Abs. 1 a) MMVO.

Im Hinblick auf Leerverkäufe stellt sich zum einen die Frage, ob diese zugleich ein Verstoß gegen das Insiderhandelsverbot darstellen können und zum anderen, welche haftungsrechtlichen Folgen ein solcher Verstoß hat. Denn die MMVO sieht zwar in Art. 30 MMVO verwaltungsrechtliche

---

[143] Erstes Gesetz zur Novellierung von Finanzmarktvorschriften auf Grund europäischer Rechtsakte (Erstes Finanzmarktnovellierungsgesetz - 1. FiMaNoG), BGBl. Teil I, Nr. 31 vom 01.07.2016, abrufbar unter https://www.bgbl.de/xaver/bgbl/start.xav?startbk=Bundesanzeiger_BGBl&start=//*%5b@attr_id=%27bgbl116s1514.pdf%27%5d#__bgbl__%2F%2F*%5B%40attr_id%3D%27bgbl116s1514.pdf%27%5D__1662274607764; s. auch die Gesetzesbegründung zu Nummer 12 (§§ 13 und 14 WpHG), BT-Drucksache 18/7482, abrufbar unter https://dserver.bundestag.de/btd/18/074/1807482.pdf.

Maßnahmen und Sanktionen vor, regelt jedoch keine Ersatzansprüche betroffener Marktteilnehmer. Insofern ist an eine Haftung über § 823 Abs. 2 BGB i.V.m. der MMVO und § 826 BGB zu denken. Nachdem dieser Problemkreis hier nur aufgerissen wurde, findet eine weitergehende Auseinandersetzung im Rahmen der Haftungsfragen und der Annäherung an die Treuepflichtfrage in Teil 2: der Arbeit statt.

VI. Vertragsparteien

Zur Herausarbeitung etwaiger – insbesondere (vor- bzw. nach-)vertraglicher Ansprüche (zu denken ist an die *culpa in contrahendo* sowie die *culpa post contrahendum*) – ist es wichtig zu verstehen, welche Vertragsverhältnisse im Einzelnen bestehen. Wie sich bereits aus den obigen Ausführungen ergibt, geht der Shortseller typischerweise zunächst ein Vertragsverhältnis im Rahmen eines Wertpapiersachdarlehens ein. Dieses Verhältnis betrifft den Shortseller und den Broker bzw. Darlehensgeber, berührt aber noch nicht die Sphäre des späteren Käufers der Aktien, sodass die genaue Ausgestaltung (hierzu siehe bereits oben) für die weitere Untersuchung nicht von Relevanz ist. Bedeutung erlangt jedoch, wie sich das Verhältnis des Shortsellers zum Aktienkäufer, also späteren Aktionär der Zielgesellschaft sowie zur Zielgesellschaft selbst ausgestaltet. Liegt ein direktes (vor-)vertragliches Schuldverhältnis vor, kämen bei einem Fehlverhalten des Shortsellers vertragliche oder vertragsähnliche Schadensersatzansprüche (insbesondere aus c.i.c.) von Zielgesellschaft und Aktionären in Betracht, ohne dass es (jedenfalls aus Sicht der gerichtlichen Praxis) der Prüfung weitergehender Ansprüche bedürfte. Wie sich bereits vermuten lässt, ist ein solches Vertragsverhältnis nicht zu ermitteln. Denn der Shortseller verkauft und überträgt die in seinem (rechtlichen) Eigentum befindlichen Aktien regelmäßig nicht unmittelbar an den (ggf. privaten) Käufer. Vielmehr sind börsennotierte Aktien betroffen und entsprechende Kaufgeschäfte werden stets über eine Kette von Intermediären abgewickelt.[144] So besteht ein Vertragsverhältnis zwischen Shortseller (Verkäufer) und Broker einerseits und zwischen Broker – der selbstverständlich nicht derselbe sein muss und regelmäßig auch nicht sein wird, sondern weitere Intermediäre zwischengeschaltet sein werden – und Aktienkäufer andererseits. Dabei

---

[144] *Schockenhoff*, WM 2020, 1349, 1351.

handelt es sich bei den jeweiligen Depotgeschäften im Verhältnis zum Broker um einen aus Verwahrung (§§ 688 ff. BGB) und Geschäftsbesorgung (§ 675 Abs. 1, §§ 611 ff. BGB) gemischten Vertrag, wobei sich in den §§ 2–17a DepotG Sonderregelungen zur Verwahrung finden (vgl. auch § 1 Abs. 1 S. 2 Nr. 5 KWG, wonach ein Depotgeschäft als die Verwahrung und Verwaltung von Wertpapieren für andere legaldefiniert wird).[145] Neben diesen Depotvertrag, der gewissermaßen als Rahmenvertrag verstanden werden kann, treten die konkreten Wertpapiergeschäfte, die wiederum als Kommissionsgeschäfte (vgl. § 1 Abs. 1 S. 2 Nr. 4 KWG: „Bankgeschäfte sind […] die Anschaffung und die Veräußerung von Finanzinstrumenten im eigenen Namen für fremde Rechnung (Finanzkommissionsgeschäft)")[146] oder Festpreisgeschäfte ausgestaltet sein können. So heißt es etwa in Nr. 1 der Sonderbedingungen für Wertpapiergeschäfte der Deutsche Bank AG[147]:

> *„(1) Kommissions-/Festpreisgeschäfte*
> *Bank und Kunde schließen Wertpapiergeschäfte in Form von Kommissionsgeschäften (2) oder Festpreisgeschäften (3) ab.*
>
> *(2) Kommissionsgeschäfte*
> *Führt die Bank Aufträge ihres Kunden zum Kauf oder Verkauf von Wertpapieren als Kommissionärin aus, schließt sie für Rechnung des Kunden mit einem anderen Marktteilnehmer oder einer zentralen Gegenpartei ein Kauf- oder Verkaufsgeschäft (Ausführungsgeschäft) ab, oder sie beauftragt einen anderen Kommissionär (Zwischenkommissionär), ein Ausführungsgeschäft abzuschließen. Im Rahmen des elektronischen Handels an einer Börse kann der Auftrag des Kunden auch gegen die Bank oder den Zwischenkommissionär unmittelbar ausgeführt werden, wenn die Bedingungen des Börsenhandels dies zulassen.*
>
> *(3) Festpreisgeschäfte*
> *Vereinbaren Bank und Kunde miteinander für das einzelne Geschäft einen festen oder bestimmbaren Preis (Festpreisgeschäft), so kommt ein Kaufvertrag zustande; dementsprechend übernimmt die Bank vom Kunden die Wertpapiere als Käuferin oder sie liefert die Wertpapiere an ihn als Verkäuferin. Die Bank berechnet dem Kunden den vereinbarten Preis, bei verzinslichen Schuldverschreibungen zuzüglich aufgelaufener Zinsen (Stückzinsen).*"

---

145 *Heermann*, in: MünchKommBGB, 9. Aufl. 2023, § 675 Rn. 87.

146 Vgl. auch *Baer*, in: Häublein/Hoffmann-Theinert, BeckOK, HGB, § 383 Rn. 2.

147 Abrufbar unter https://www.deutsche-bank.de/content/dam/deutschebank/de/shared/pdf/ser-agb-bedingungen-sonderbedingungen_wertpapiergeschaefte_ag.pdf.

Hinsichtlich des Erfüllungsgeschäfts wird in Nr. 11 der Sonderbedingungen (Anschaffung im Inland als Regelfall) folgendes geregelt:

> *„Bei der Erfüllung im Inland verschafft die Bank dem Kunden, sofern die Wertpapiere zur Girosammelverwahrung bei der deutschen Wertpapiersammelbank (Clearstream Banking AG) zugelassen sind, Miteigentum an diesem Sammelbestand – Girosammel-Depotgutschrift – (GS-Gutschrift). Soweit Wertpapiere nicht zur Girosammelverwahrung zugelassen sind, wird dem Kunden Alleineigentum an Wertpapieren verschafft. Diese Wertpapiere verwahrt die Bank für den Kunden gesondert von ihren eigenen Beständen und von denen Dritter (Streifbandverwahrung).“* Insofern findet die Übertragung – wie bereits ausgeführt – „stückellos“ im Effektengiroverkehr statt, d.h. durch Übertragung des entsprechendes Miteigentumsanteils am Sammelbestand der Wertpapiersammelbank (§ 6 Abs. 1 DepotG).[148] Die Wertpapiere werden also nicht physisch bewegt, sondern auf den Depotkonten der verfügenden Parteien umgebucht.[149]

Eingedenk vorstehender Ausführungen kann an dieser Stelle zunächst festgehalten werden, dass ein Vertragsverhältnis zwischen Shortseller und Aktienkäufer regelmäßig nicht vorliegt. Ob dennoch vertragliche oder vertragsähnliche Ansprüche in Betracht kommen, wird in Teil 2: dieser Arbeit erörtert.

§2 Zusammenfassung

Der Leerverkauf kann in seinen Einzelheiten eine komplexe Materie mit unterschiedlichen Ausprägungen sein. Wesentliches Merkmal im Zusammenhang mit dem Shortseller-*Aktivismus* ist allerdings, dass es um Differenzgewinne im Wege des Aktienhandels durch Herbeiführung eines Kurssturzes der i.d.R. *geliehenen* Aktien geht. Nur so können Shortseller von dem Mechanismus profitieren. Anstatt auf einen solchen Sturz lediglich zu hoffen, werden Shortseller-Aktivisten *aktiv*, indem sie negative Berichte (Research Reports) über das Zielunternehmen veröffentlichen. Unabhängig davon, ob die in den Berichten enthaltenen Informationen wahr oder unwahr sind, führen sie

---

148 *Berger*, in: MünchKommBGB, 9. Aufl. 2023, § 607 Rn. 26; *Canaris*, Bankvertragsrecht, 2. Aufl. 1981, Rn. 2018 ff.; *Vogel*, in: BeckOGK, BGB, § 793 Rn. 67.

149 *Berger*, in: MünchKommBGB, 9. Aufl. 2023, § 607 Rn. 26; *Canaris*, Bankvertragsrecht, 2. Aufl. 1981, Rn. 2018 ff.; *Dieckmann*, in: Seibt/Buck-Heeb/Harnos, BeckOK, WpHG, § 33 Rn. 64, 65.

im Ergebnis zu einem Verfall des Börsenkurses. Bei unzutreffender Berichterstattung geschieht dies durch die Unterbewertung des Unternehmens. Infolge des Kursverfalls können sich die Shortseller zu einem günstigeren Preis am Markt wieder eindecken und ihrer Rückführverpflichtung aus dem Aktiendarlehen profitabel nachgehen. Wegen des regelmäßig stark gefallenen Kurssturzes stellt sich für Aktionäre, aber auch für die Zielgesellschaft selbst, die Frage nach einer effektiven Schadensersatzgrundlage. Da ein Vertragsverhältnis zwischen den Shortsellern und den Aktionären, häufig auch Kleinanleger, nicht vorliegt, wird die Antwort vornehmlich im Delikts- und Gesellschaftsrecht zu suchen sein. Hierauf konzentrieren sich die nachfolgenden Ausführungen.

TEIL 2

Haftungsfragen und Annäherung an die Treuepflichtfrage

§1 Bestehen eines Schadens

I. Schaden der Zielgesellschaft

Als Schaden kommen zunächst die Kosten in Betracht, die für Rechtsberater, Kommunikationsberater und Wirtschaftsprüfer eingesetzt wurden, um die Shortseller-Attacke abzuwehren bzw. den Schaden zu begrenzen.[150] Neben den Kosten für die rechtliche und mediale Verteidigung droht ein Reputationsverlust sowie der Verlust an *Good Will*, die zu einem weitaus größeren Schaden führen können. So kann es zu einem Rückgang von Kundenaufträgen sowie anderweitigen Veränderungen in den Bedingungen der Zusammenarbeit mit Geschäftspartnern (bspw. Verschlechterung der Kreditwürdigkeit) kommen.[151] Der dem Zielunternehmen durch die Minderung seines Ansehens verbleibende Vermögensschaden muss dabei gegebenenfalls nach § 287 ZPO geschätzt werden; Anhaltspunkte dafür sind Art, Inhalt, Zeitpunkt, Dauer sowie Intensität der Verletzungshandlung.[152]

Weiterhin liegt ein Schaden – theoretisch – in potentiell gestiegenen Eigenkapitalkosten, deren Ermittlung mithilfe des *Capital Asset Pricing Models* (CAPM)[153] erfolgt.[154] Dabei führt eine erhöhte Volatilität des Einzel-

---

150 *Schockenhoff*, WM 2020, 1349, 1353.

151 *Brellochs*, ZGR 2020, 319, 325; *Schockenhoff*, WM 2020, 1349, 1353; *Wentz*, WM 2019, 196, 204; S. auch *Poelzig*, ZHR 184 (2020), 697, 700, 747; S. auch *Tritschler*, Die Regulierung von Leerverkäufen, 2015, S. 120; *Mülbert*, ZHR 182 (2018), 105, 106.

152 Vgl. zu Marktverwirrungsschäden *Fritzsche*, in: MünchKommUWG, 3. Aufl. 2022, § 9 Rn. 84.

153 Um zu realitätsnäheren Werten bei der Berechnung eines Risikozuschlags – der wiederum zur Berechnung des Kapitalisierungszinssatzes herangezogen wird – zu gelangen, wird seit dem IDW S 1 (2000) die Anwendung des 1964 entwickelten „CAPM" oder des „Tax-CAPM" vorgeschlagen. Es beschreibt den Zusammenhang zwischen systematischem Risiko und der erwarteten Rendite einer Aktie. Im Ausgangspunkt wird die Differenz zwischen der Rendite eines Marktportfolios und einer Staatsanleihe als Marktrisikoprämie zugrunde gelegt. Diese Prämie wird durch eine spezielle Betrachtung des Risikos des zu bewertenden Unternehmens (Betafaktor = Verhältnis der Volatilität der Renditen des zu bewertenden Unternehmens und des Marktportfolios) modifiziert, vgl. *van Rossum*, in: MünchKommAktG, 5. Aufl. 2020, § 305 Rn. 143 ff; S. auch *Mülbert/Sajnovits*, BKR 2019, 313, 322 Fn. 120.

154 Zum Ganzen *Mülbert/Sajnovits*, BKR 2019, 313, 322 f.

titels – bei unveränderter Korrelation zum Marktportfolio und unveränderter Volatilität des Marktportfolios – zu einer höher erwarteten Rendite mit der Folge höherer Eigenkapitalkosten. Zu Schäden bei dem Zielunternehmens kann dies in der Weise führen, dass etwa Eigenkapitalinstrumente zu überhöhten Kosten emittiert oder Investitionen mit einem eigentlich positiven Kapitalwert (*net present value* – NPV) nicht realisiert werden, weil „fälschlicherweise" bei Verwendung der Eigenkapitalkosten als Kapitalisierungszinssatz ein negativer NPV ermittelt wurde.[155]

Der durch die Shortseller-Attacke verursachte Kursverlust dagegen begründet keinen Schaden des Emittenten,[156] jedenfalls dann nicht, wenn der Emittent keine eigenen Aktien hält.[157] Sollte er dagegen eigene Aktien halten, gelten die nachfolgenden Ausführungen zum Schaden der Aktionäre entsprechend.

II. Schaden der Aktionäre der Zielgesellschaft

Der Schaden der Aktionäre liegt in dem Kursverfall. Dieser ist als Vermögensschaden auch ersatzfähig.[158] Den Hauptschaden haben dabei jene Aktionäre, die – anders als institutionelle Anleger – ihre Aktien nicht sofort verkaufen, sondern ihr Investment halten. Der Schaden ist schließlich umso größer, je länger es dauert, bis sich der Kurs nach einem ungerechtfertigten Shortseller-Angriff erholt.[159] Der Schaden realisiert sich aber auch dann, wenn Aktionäre „nicht schnell genug waren" und zwischen Kursverfall und Kurserholung bereits veräußert haben.[160] Sofern keine anderen kursrelevanten Umstände vorliegen, lässt sich der Kurssturz im Regelfall auf die Veröffentlichung des negativen Berichts zurückführen.[161]

---

[155] *Mülbert/Sajnovits*, BKR 2019, 313, 322, 323; Vgl. im Zusammenhang mit der Gatekeeper-Haftung *Uhlmann*, ZHR 185 (2021), 669, 714, wonach auf dem Kapitalmarkt stets ein Vertrauensverlust der Marktteilnehmer in Rechnung zu stellen wäre, der bspw. über erhöhte Risikoaufschläge zu einem Ressourcenschaden führen könnte.

[156] *Schockenhoff*, WM 2020, 1349, 1356; *Mülbert/Sajnovits*, BKR 2019, 313, 322.

[157] Vgl. *Mülbert/Sajnovits*, BKR 2019, 313, 322 Fn. 118.

[158] M.w.N. *Schockenhoff/Culmann*, AG 2016, 517, 522.

[159] *Brellochs*, ZGR 2020, 319, 325; *Schockenhoff*, WM 2020, 1349.

[160] *Poelzig*, ZHR 184 (2020), 697, 705.

[161] *Schockenhoff/Culmann*, AG 2016, 517, 522.

1. Schadensermittlung nach der Differenzhypothese

Nach der Differenzhypothese liegt der Schaden i.S.d. §§ 249 ff. BGB in der Differenz zwischen der tatsächlichen Vermögenslage und der ohne das Schadensereignis bestehenden hypothetischen Vermögenslage.[162] Bezogen auf Shortseller-Attacken stellt also die Differenz zwischen dem Aktienkurs vor Veröffentlichung des Berichts und dem (niedrigeren) Aktienkurs nach der Veröffentlichung den Schaden der Aktionäre dar (Kursdifferenzschaden).[163]

2. Schadensminderung durch spätere Kurserholung

Allerdings bleibt zu berücksichtigen, dass der Kurssturz i.d.R. nur von vorübergehender Natur ist und sich der Aktienkurs nach einiger Zeit – wenn auch nicht zwingend vollständig – erholt. Dies geschieht beispielsweise durch eine Gegendarstellung der Zielgesellschaft.[164] Stellt man nur auf den Zeitpunkt des erstmaligen Schadenseintritts ab, ist dieser „Erholungswert" kein schadensmindernder Umstand. Dies stünde jedoch nicht im Einklang mit der o.g. Differenzhypothese, da die maßgebliche Differenz nicht punktuell zu ermitteln ist. [165] Vielmehr ist die Entwicklung des Schadens grundsätzlich (dynamisch) bis zur Erfüllung des – hier zunächst unterstellten – Schadensersatzanspruchs maßgeblich. Im Prozess kommt es demnach auf den Zeitpunkt der letzten mündlichen Tatsachenverhandlung an, der jedoch auch noch Jahre nach dem schädigenden Ereignis liegen kann.[166]

Sowohl im Hinblick auf letzteren Umstand als auch darauf, dass steigende Aktienkurse auf einen allgemeinen Kursanstieg des Indexes und Aktien vergleichbarer Unternehmen aber auch auf die individuelle Entwicklung des Zielunternehmens zurückzuführen sein können, bedarf es der Beschränkung des Betrachtungszeitraums. Denn in solchen Fällen rückt der „Erholungswert" in den Hintergrund, d.h. der Aufstieg der Aktie beruht weniger auf

---

162 Vgl. *Flume*, in: Hau/Poseck, BeckOK, BGB, § 249 Rn. 37; *Magnus*, in: Dauner-Lieb/Langen, BGB, 4. Aufl. 2021, Vorb. §§ 249-255 Rn. 20; *Oetker*, in: MünchKommBGB, 9. Aufl. 2022, § 249 Rn. 16 ff.

163 *Schockenhoff/Culmann*, AG 2016, 517, 522; *Tritschler*, Die Regulierung von Leerverkäufen, 2015, S. 117; S. auch *Walz*, in: Schüppen/Schaub, MünchAnwalts-Hdb AktR, 3. Aufl. 2018, Teil K., § 48 Rn. 79.

164 *Poelzig*, ZHR 184 (2020), 697, 705.

165 *Schockenhoff/Culmann*, AG 2016, 517, 522.

166 *Schockenhoff/Culmann*, AG 2016, 517, 522; *Rödel*, NZG 2004, 754, 757.

der Erholung im Sinne eines „Schadensrückganges“ als auf der allgemeinen Markt- oder individuellen Unternehmensentwicklung. Eine Alternative zur Beschränkung des Betrachtungszeitraums ist die Schadensschätzung in der mündlichen Verhandlung nach § 287 ZPO.[167] Hiernach gilt, dass das Gericht unter Würdigung aller Umstände nach freier Überzeugung entscheidet, wenn unter den Parteien streitig ist, ob ein Schaden entstanden sei und wie hoch sich der Schaden oder ein zu ersetzendes Interesse belaufe, § 287 Abs. 1 S. 1 ZPO. Die Schätzung müsste sich in diesem Fall darauf beziehen, inwieweit der Aufstieg des Aktienkurses im maßgeblichen Betrachtungszeitraum auf dem Erholungseffekt und inwieweit er auf anderen Umständen beruht,[168] wobei auf eine hypothetische Kursentwicklung zurückgegriffen werden muss.[169] Die Beurteilung nach der Regel des § 287 ZPO bezieht sich allerdings nur auf die Frage, ob ein Schaden entstanden ist, nicht hingegen auf den Kausalzusammenhang zwischen schädigender Handlung und eingetretenem Erfolg – dies ist nach § 286 ZPO zu beurteilen.[170]

3. Irrelevanz von Kurserholungen

Eine punktuelle Ermittlung des Schadens ist allerdings dann angezeigt, wenn dem betroffenen Marktteilnehmer infolge des Kurssturzes unmittelbar nach der Shortseller-Attacke ein endgültiger Schaden entstanden ist, der dem vollen Kurverlust entspricht. Ein solcher endgültiger Schaden kommt etwa in Betracht, wenn der Aktionär Termin- oder Differenzgeschäfte auf den schadenstiftenden Zeitpunkt getätigt hatte oder aus anderen Gründen gezwungen war, die Aktien gerade zu diesem Zeitpunkt zu verkaufen.[171] Denkbar ist auch, dass der Aktionär infolge des Kurssturzes gezwungen war, andere vermögenswirksame Maßnahmen zu ergreifen, beispielsweise in Form von vertraglich vereinbarten Nachbesicherungen gegenüber einem Kreditgeber, mit dem die betroffenen Aktien als Sicherungsmittel vereinbart wurden.[172]

---

[167] *Schockenhoff/Culmann*, AG 2016, 517, 522; *Holzborn/Eberhard*, NJW 2003, 932, 939.; vgl. auch

[168] *Schockenhoff/Culmann*, AG 2016, 517, 522.

[169] *Holzborn/Eberhard*, NJW 2003, 932, 939.

[170] M.w.N. LG München I, ZIP 2011, 511, 513.

[171] *Schockenhoff/Culmann*, AG 2016, 517, 522.

[172] *Schockenhoff/Culmann*, AG 2016, 517, 522.

Auch Beraterkosten zur Abwehr negativer Behauptungen können durch eine Kurserholung nicht mehr ausgeglichen werden.[173]

4. Schadensbegrenzungspflicht

Wegen der oben geschilderten und in der Regel eintretenden Kurserholung stellt sich ferner die Frage, ob sich derjenige, der zum Zeitpunkt des Kurssturz-„Peak" – also des höchsten Verlustes – vorzeitig verkauft, den späteren „Erholungswert" anrechnen lassen muss. Denn hätte er nicht verkauft, hätte er durch bloßes Abwarten seinen Schaden begrenzen können. Mithin kommt eine Verletzung der Schadensminderungspflicht in Betracht, § 254 Abs. 2 S. 1 Alt. 2 BGB. Für dieses Ergebnis spricht die Rechtsprechung des Bundesgerichtshofs (BGH), wonach der Geschädigte grundsätzlich verpflichtet ist, die zur Schadensbeseitigung oder Schadensminderung erforderlichen Mittel durch Kreditaufnahme vorzufinanzieren.[174] Dies gilt indes nur, wenn die Aufnahme eines Kredites zur Finanzierung des Deckungsgeschäfts zumutbar ist.[175] Wenn nun sogar eine (grundsätzliche) Vorfinanzierungspflicht besteht, lässt sich der Erst-Recht-Schluss ziehen, dass in einem denkbar ungünstigen Verkaufszeitpunkt eine grundsätzliche Haltepflicht besteht.[176] Anders liegt der Fall jedoch, wenn institutionelle Anleger unmittelbar nach Bekanntwerden der Shortseller-Attacke ihre Aktien verkaufen, um dem Kurssturz zu entkommen. Dieses Verhalten ist gerade Ausdruck der Schadensminimierung und steht somit im Einklang mit § 254 Abs. 2 S. 1 Alt. 2 BGB. Stellt sich *ex post* heraus, dass der Verkauf bereits im Zeitpunkt des Tiefstands erfolgte, durfte *ex ante* aber vernünftiger- und realistischerweise mit einem weiteren Sturz des Kurses gerechnet werden, dürfte hieraus noch nicht die Verletzung der Schadensminderungspflicht abgeleitet werden.[177]

---

173 *Rödel*, NZG 2004, 754, 757.

174 So *Schockenhoff/Culmann*, AG 2016, 517, 522 unter Bezugnahme auf BGH NJW 1989, 290; Vgl. hierzu auch *Knöfler*, in: Dauner-Lieb/Langen, BGB, 4. Aufl. 2021, § 254 Rn. 38; *Oetker*, in: MünchKommBGB, 9. Aufl. 2022, § 254 Rn. 100 f.

175 *Lorenz*, in: Hau/Poseck, BeckOK, BGB, § 254 Rn. 38.

176 *Schockenhoff/Culmann*, AG 2016, 517, 522.

177 *Schockenhoff/Culmann*, AG 2016, 517, 523.

§2 Ansprüche geschädigter Aktionäre nach aktueller Rechtslage

Wie bereits ausgeführt, sieht das Kapitalmarktrecht für das Tätigwerden von Shortsellern bestimmte Verhaltensnormen vor. Daneben spielen aber auch strafrechtliche Normen – der Betrug nach § 263 StGB sowie der Kapitalanlagebetrug nach § 264a StGB – eine Rolle. Im Zivilrecht dagegen ist insbesondere der Tatbestand der sittenwidrigen vorsätzlichen Schädigung gem. § 826 BGB von Relevanz. Allesamt geben ein Instrumentarium für die Steuerung und Kontrolle des Kapitalmarkts zur Hand. Wie verwaltungsrechtlichen Sanktionen (nach der MMVO und dem WpHG, vgl. Teil 1:§ 1V.3.b)) wohnt auch der zivilrechtlichen Schadensersatzhaftung neben einer Ausgleichsfunktion eine Präventionsfunktion inne. So werden Shortseller bereits aus wirtschaftlichen Gesichtspunkten veranlasst sein, Pflichtverletzungen zu vermeiden.

I. § 280 Abs. 1 BGB

1. Vertragliche Haftung aus § 280 Abs. 1 i.V.m. § 241 Abs. 2 BGB wegen fehlerhafter oder irreführender Berichterstattung

Zu denken ist zunächst an eine Haftung wegen Verletzung der vertraglichen Nebenpflicht, alles zu unterlassen, was den Vertragszweck oder den Leistungserfolg gefährden könnte.[178] Zwar wohnt Aktien das typische Risiko verändernder Kurse inne, allerdings geht dieses sog. allgemeine Kursrisiko nicht so weit, dass der Aktienkäufer mit Maßnahmen des Aktienverkäufers rechnen muss, die er bereits eingeleitet hat oder einleiten wird, um einen kurzfristigen Kursverfall herbeizuführen.[179]

Ein solcher Anspruch der Aktionäre börsennotierter Aktiengesellschaften gegen Shortseller scheidet regelmäßig aus, da die einzelnen Anleger selbst keinen Zugang zur Börse haben. Vielmehr ist eine Vielzahl von Intermediären dazwischengeschaltet, die u.a. als Verkaufs- und Einkaufskommissionär handeln.[180] Damit scheiden die einzelnen Aktionäre aber als Vertragspartner des Shortsellers aus (s. Teil 1:§ 1VI.).[181] Eine solche Beziehung wird auch nicht

---

[178] *Sutschet*, in: Hau/Poseck, BeckOK, BGB, § 241 Rn. 71 ff.; *Bachmann*, in: MünchKommBGB, 9. Aufl. 2022, § 241 Rn. 111 ff.

[179] *Schockenhoff*, WM 2020, 1349, 1351.

[180] *Schockenhoff*, WM 2020, 1349, 1351; *Poelzig*, ZHR 184 (2020), 697, 744.

[181] *Poelzig*, ZHR 184 (2020), 697, 744.

dadurch begründet, dass in der negativen Berichterstattung eine Anlageempfehlung i.S.d. Art. 20 MMVO gesehen werden kann (zu Art. 20 MMVO siehe näher unter Teil 2:§ 2VI.).[182]

2. Vorvertragliche Sachwalterhaftung aus §§ 280 Abs. 1 i.V.m. § 311 Abs. 3 BGB

Haben Anleger im Vertrauen auf den Wahrheitsgehalt der negativen Berichterstattung ihre Aktien veräußert, ist darüber hinaus an einen Anspruch aus §§ 280 Abs. 1 i.Vm. § 311 Abs. 3 BGB zu denken. Nach § 311 Abs. 3 S. 2 BGB entsteht ein Schuldverhältnis i.S.d. § 241 Abs. 2 BGB insbesondere, wenn der Dritte in besonderem Maße Vertrauen für sich in Anspruch nimmt und dadurch die Vertragsverhandlungen oder den Vertragsschluss erheblich beeinflusst. Zu dem anerkannten Personenkreis gehören dabei u.a. Abschlussprüfer, Rechtsanwälte und Steuerberater, sog. Experten, [183] die über staatlich anerkannte Qualifikationen verfügen und damit besonderes persönliches Vertrauen in Anspruch nehmen.[184] Dies gilt dagegen nicht für Shortseller. Wegen der Formulierung „insbesondere“ ist § 311 Abs. 3 S. 2 BGB jedoch nicht abschließend. Es sind auch solche Fälle erfasst, in denen der Handelnde ein unmittelbares wirtschaftliches Interesse am Zustandekommen des Vertrages hat. Auf den ersten Blick mag dies auch auf den Fall des Shortseller-Aktivismus anwendbar erscheinen. Denn Shortseller haben großes wirtschaftliches Interesse daran, dass möglichst viele Anleger in großem Volumen ihre Aktien verkaufen, damit sie von dem sodann eintretenden Kursverfall durch das Schließen ihrer *short*-Positionen profitieren. Unter Berücksichtigung des im BGB geltenden Grundsatzes der Nichtersatzfähigkeit von bloßen Vermögensschäden gelangt man jedoch zu einem anderen Ergebnis. Denn diesem Grundsatz entsprechend stellt § 311 Abs. 3 S. 1 BGB eine eng auszulegende Norm mit Ausnahmecharakter dar.[185] So wird etwa bei bloßen Provisionsinteressen ein unmittelbar wirtschaftliches Eigeninteresse im Sinne der Norm verneint. Nichts anderes kann für das

[182] *Poelzig*, ZHR 184 (2020), 697, 744.

[183] *Emmerich*, in: MünchKommBGB, 9. Aufl. 2022, § 311 Rn. 216; Vgl. auch *Stadler*, in: Stürner, Jauernig BGB, 18. Aufl. 2021, § 311 Rn. 60 ff.

[184] *Poelzig*, ZHR 184 (2020), 697, 745.

[185] M.w.N. *Emmerich*, in: MünchKommBGB, 9. Aufl. 2022, § 311 Rn. 211; *Poelzig*, ZHR 184 (2020), 697, 745.

wirtschaftliche Interesse von Shortsellern gelten, die nicht unmittelbar durch den Vertragsschluss der Anleger mit Dritten profitieren, sondern erst mittelbar durch die fallenden Kurse.[186]

3. Vertragsähnliche Haftung aus § 280 Abs. 1 i.V.m. § 241 Abs. 2 BGB i.V.m. den Grundsätzen des Vertrages mit Schutzwirkung zugunsten Dritter wegen fehlerhafter oder irreführender Berichterstattung

Für eine vertragsähnliche[187] Haftung unter Anwendung der Grundsätze des Vertrages mit Schutzwirkung zugunsten Dritter müsste zunächst ein Vertrag zwischen dem Broker und dem Shortseller bestehen, in den der Aktionär eingebunden werden kann, wenn eine entsprechende Schutzwürdigkeit besteht.[188] Dies ist jedoch wegen der Zwischenschaltung unterschiedlicher Intermediäre zu verneinen (s. Teil 1:§ 1VI.) Der Shortseller wird nicht selbst in ein Vertragsverhältnis mit dem Broker des Aktionärs eingetreten, sondern über andere Broker und Zwischenkommissionäre verbunden sein. Da bereits ein direktes Vertragsverhältnis zwischen dem Broker des Käufers und dem Shortseller regelmäßig fehlt, kommt ein solcher Anspruch von vornherein nicht in Betracht.

4. Vertragliche Haftung aus § 280 Abs. 1 i.V.m. § 241 Abs. 2 BGB i.V.m. den Grundsätzen der Drittschadensliquidation wegen fehlerhafter oder irreführender Berichterstattung

Denkbar ist aber zunächst ein Schadensersatzanspruch negativ betroffener Aktionäre über die Grundsätze der Drittschadensliquidation. Diese kommen dann in Betracht, wenn der Broker einen Anspruch, aber keinen Schaden, der Aktionär hingegen einen Schaden, aber keinen Anspruch hat.[189] Zudem muss dieser Schaden auf einer zufälligen Schadensverlagerung beruhen, wobei sich hierzu einzelne Fallgruppen entwickelt haben.[190] Zu diesen Fallgruppen gehört auch die mittelbare Stellvertretung, also etwa

---

186 *Poelzig*, ZHR 184 (2020), 697, 745.

187 *Larenz*, Schuldrecht AT, 14. Aufl. 1987, § 17 II.

188 Ausführlich hierzu *Gottwald*, in: MünchKommBGB, 9. Aufl. 2022, § 328 Rn. 167-262.

189 Zu den Voraussetzungen vgl. etwa *Oetker*, in: MünchKommBGB, 9. Aufl. 2022, § 249 Rn. 22 ff.; *Lasch*, in: BeckOGK, BGB, § 644 Rn. 44–46.

190 Vgl. *Oetker*, in: MünchKommBGB, 9. Aufl. 2022, § 249 Rn. 296 ff.

das Kommissionsgeschäft nach § 383 HGB.[191] Denn der Schädiger soll nicht allein dadurch in den Genuss der Haftungsprivilegierung kommen, dass sein Vertragspartner zwar im eigenen Namen aber in Rechnung eines anderes handelt.[192] Dies vorausgeschickt, scheint diese Haftungsgrundlage auf die Fälle des Shortseller-Aktivismus zu passen, da der Broker i.d.R. als Einkaufs- bzw. Verkaufskommissionär tätig wird (s. Teil 1:§ 1VI.) und dem Aktionär infolge negativer Berichterstattung ein Kursdifferenzschaden entsteht (s. Teil 2:§ 1II dieses Teils). So kann nach der Rechtsprechung der Wertpapierkäufer als Kommittent im Wege der Drittschadensliquidation vom Emittenten der Wertpapiere als Vertragspartner des Kommissionärs (Broker) seinen Schaden ersetzt verlangen, wenn dieser seine Pflichten verletzt.[193] Allerdings liegt der Fall hier anders, da nicht der Emittent seine Pflichten verletzt, sondern der Shortseller negative Berichte veröffentlicht. Der Shortseller wird aber i.d.R. nicht Vertragspartner des Kommissionärs (Broker) sein, da mehrere Intermediäre zwischengeschaltet sind. Vertragliche Verhältnisse zwischen Shortseller und Kommissionär dürften also deshalb ausscheiden, weil der Shortseller seinerseits unmittelbar nur mit seinem Broker verbunden ist. Verkauft und überträgt er diesem die Wertpapiere im Effektengiroverkehr, findet eine entsprechende Umbuchung statt (s. Teil 1:§ 1VI.). Hierdurch aber ist der Verkaufs- und Übertagungsprozess des Shortsellers abgeschlossen. Auch wenn der Broker des Shortsellers als Verkaufskommissionär handelt, ist dieser nunmehr der neue Vertragspartner des in Einkaufskommission handelnden Brokers des Käufers (Kommittent). Da dem Broker des Shortsellers aber kein Vorwurf wegen der negativen Berichterstattung gemacht werden kann, steht dem Broker des Käufers kein Anspruch zu, den der Käufer im Wege der Drittschadensliquidation geltend machen könnte.

5. Vertragsähnliche Haftung aus c.i.c. bzw. culpa post contractum finitum gem. §§ 280 Abs. 1, 311 Abs. 2, 241 Abs. 2 BGB

Aus den gleichen Gründen scheiden sowohl vorvertragliche Ansprüche (c.i.c.) als auch nachvertragliche Ansprüche (*culpa post contractum finitum*) aus. Ein Vertrags(-anbahnungs)verhältnis liegt weder zwischen Shortseller

---

[191] *Oetker*, in: MünchKommBGB, 9. Aufl. 2022, § 249 Rn. 296.

[192] vgl. BGHZ 40, 91, 100; 51, 91, 93.

[193] BGHZ 206, 63; LG Nürnberg-Fürth, WM 2007, 2374 ff.

und späterem Aktionär noch zwischen dem Shortseller und dem Einkaufskommissionär vor.

II. § 823 Abs. 1 BGB

Da auch die Kapitalmarktvorschriften keine eigenständigen Ausgleichsansprüche betroffener Marktakteure vorsehen, ist an einen mittelbaren Schutz aus § 823 Abs. 1 BGB zu denken. Geschützt ist hiernach die schuldhafte Verletzung eines absoluten Rechts mit der Folge der Schadensersatzverpflichtung nach den §§ 249 ff. BGB. Eines der ausdrücklich genannten absoluten Schutzgüter ist dabei das Eigentum. Gemeint sind damit bewegliche und unbewegliche Sachen i.S.d. §§ 90 ff. BGB, wobei der Umfang des Eigentums durch § 903 BGB bestimmt wird und § 823 Abs. 1 BGB an diese Bestimmung anknüpft.[194] Nicht unter den Eigentumsbegriff fallen hingegen, wegen der Trennung der Vermögenssphäre von Gesellschaft und Gesellschaftern, Vermögensinteressen. Bei einer Schädigung der Gesellschaft (z.B. Minderung des Werts oder der Ertragsfähigkeit) stellt eine solche Einbuße einen reinen Vermögensschaden dar, der nicht über Abs. 1 ersetzt werden kann.[195] Vielmehr ist einem solchen Fall die Gesellschaft selbst angehalten, ihren Schaden ersetzt zu verlangen, wodurch die Beeinträchtigung des der Mitgliedschaft innewohnenden Wertes ausgeglichen wird. Geschützt werden Mitgliedschaftsrechte jedoch als „sonstiges Recht" i.S.d. § 823 Abs. 1 BGB, das nach allgemeiner Ansicht ebenfalls ein absolutes Recht darstellt. Mitgliedschaftsrechte können in einem Verein oder einer Personen- bzw. Kapitalgesellschaft (GbR, OHG, KG, GmbH, AG) bestehen und werden als „Bündel" zusammengefasst, das als Ganzes auf einen Erwerber übertragen werden kann.[196]

Die Schutzrichtung von Mitgliedschaftsrechten erstreckt sich einerseits auf den Außen-, andererseits auf den Innenbereich. Der Außenbereich bezieht sich auf Verletzungshandlungen Dritter, die sich direkt gegen den Bestand der Mitgliedschaft selbst oder die in ihr verkörperten Rechte und Betätigungsmöglichkeiten richten – z.B. Stimm- und Gewinnbezugsrechte. Ein

---

[194] *Katzenmeier*, in: Dauner-Lieb/Langen, BGB, 4. Aufl. 2021, § 823 Rn. 28.

[195] *Katzenmeier*, in: Dauner-Lieb/Langen, BGB, 4. Aufl. 2021, § 823 Rn. 78; *Spindler*, in: BeckOGK, BGB, § 823 Rn. 133.

[196] *Förster*, in: Hau/Poseck, BeckOK, BGB, § 823 Rn. 172.

Außenbereichs-Szenario liegt zweifelsfrei vor, wenn das gesamte Mitgliedschaftsrecht dem Begünstigten entzogen wird, was etwa durch Versteigerung oder Verpfändung einer Aktie geschehen kann.[197]

Ein Innenbereichs-Szenario ist dagegen bei Verletzungshandlungen anderer Gesellschafter oder Gesellschaftsorgane gegeben. Aber auch hier qualifizieren sich nur solche Eingriffe, die sich gegen das Mitgliedschaftsrecht als solches, d.h. gegen die aus ihr folgenden Gesellschaftsrechte richten. Gemeint sind damit organisationsrechtliche Eingriffe, beispielsweise durch das Übergehen anderer Gesellschafter in Form verdeckter Gewinnausschüttungen. Da das Gewinnbezugsrecht untrennbarer Bestandteil des Mitgliedschaftsrechts ist, liegt hierin eine relevante Innenbereichsverletzung. § 823 Abs. 1 BGB gewährleistet hingegen keinen reinen Vermögensschutz, sodass kursbeeinflussende Handlungen – bspw. schlechte Geschäftsführung – nicht zu einer Ersatzhaftung führen, wenn die Aktie dadurch in ihrem Wert gemindert ist.[198]

Dies zugrunde gelegt, erscheint es auch hinsichtlich sonstiger kursbeeinflussender Maßnahmen am Kapitalmarkt fernliegend, eine Ersatzhaftung auf § 823 Abs. 1 BGB zu stützen. Der Kurs einer Aktie, also dessen Wert, ist eben nicht Ausfluss eines (eng gefassten) gesellschaftsrechtlichen Mitgliedschaftsrechts, sondern vielmehr eine reine Vermögensposition. Insofern bedarf es auch nicht der künstlichen Verlängerung der Mitgliedschaftsrechte auf den Aktienkurs, da etwa bei einer negativen Kursbeeinflussung durch falsche oder unterlassene Kapitalmarktinformationen eine Haftung nach den *leges speciales* der §§ 97, 98 WpHG in Betracht kommt. Bereits an dieser Stelle sei jedoch erwähnt, dass diese Normen nicht dienlich sind, um eine Haftung von Shortsellern zu begründen, da sich die zugrunde liegende Informationspflicht nach Art. 17 MMVO lediglich auf Ad-hoc-Mitteilungen im Hinblick auf eigene Wertpapiere des Emittenten bezieht,[199] nicht aber falsche oder irreführende Informationen von dritter Seite erfasst.

Parallel hierzu schützt auch Art. 14 Abs. 1 S. 1 GG lediglich konkrete Vermögenspositionen, jedoch nicht das Vermögen selbst. Erfasst ist somit auch das gesellschaftsrechtliche Anteilseigentum und damit insbesondere

[197] *Förster*, in: Hau/Poseck, BeckOK, BGB, § 823 Rn. 172.
[198] *Förster*, in: Hau/Poseck, BeckOK, BGB, § 823 Rn. 173.
[199] *Buck-Heeb*, in: Seibt/Buck-Heeb/Harnos, BeckOK, WpHG, § 97 Rn. 19.

die Aktie, die ein Bündel inhaltlich verschiedener Rechte umfasst.[200] Den Schutzbereich sieht das BVerfG bei Betroffenheit des gesetzlichen Anspruchs auf den Bilanzgewinn, soweit er zur Verteilung kommt, des Rechts zum Bezug neuer Aktien bei Kapitalerhöhungen sowie des Rechts auf Teilnahme an dem Liquidationserlös eröffnet.[201] Zugleich betont es, dass sich der Verlust des Aktieneigentums für den Aktionär als Verlust des Verkehrswerts der Aktie darstelle, welcher wiederum mit dem Börsenkurs der Aktie regelmäßig identisch sei. Art. 14 Abs. 1 S. 1 GG fordere daher, dass der Börsenkurs, also der "wahre" Anteilswert für dessen Entwertung oder Aufgabe heranzuziehen sei.[202] Dies lässt allerdings nicht den Schluss zu, das BVerfG sehe in der Wertminderung der Aktie einen Eingriff in das Anteileigentum selbst.[203] Zwar betont das BVerfG die besonders ausgeprägte Verkehrsfreiheit der Aktie. Diese ermöglicht eine Sphäre individueller Freiheit in finanzieller Hinsicht, die es von einer Beteiligung an einer Personengesellschaft oder GmbH unterscheidet. Insbesondere Anteile an börsennotierten Aktiengesellschaften erlauben es dem Aktionär praktisch jederzeit Kapital zu investieren oder desinvestieren, also Anteile zu kaufen oder zu verkaufen.[204] Bei dieser Handlungsentscheidung orientieren sich die Aktionäre an dem Aktienwert – dem Börsenkurs – der sich aus dem Zusammenspiel von Angebot und Nachfrage bildet. Nach dem BVerfG ist es mit Art. 14 Abs. 1 S. 1 GG unvereinbar, bei der Bestimmung des der Abfindung oder des Ausgleichs für außen stehende oder ausgeschiedene Aktionäre den Aktienkurs außer Acht zu lassen. Im konkreten Fall ging es dabei um ein Abfindungsangebot aufgrund eines Beherrschungs- und Gewinnabführungsvertrags bzw. einer zum Verlust der Mitgliedschaft führenden Eingliederung. Soweit es um die Gewinnabführung geht, handelt es sich um einen – nach § 291 Abs. 1 AktG zulässigen – Eingriff, der sich gegen die Gesellschaft selbst richtet, sodass allein hierdurch die Mitgliedschaft als „sonstiges Recht" i.S.d. § 823 Abs. 1 BGB nicht betroffen ist. Soweit es dagegen um die Eingliederung mit der Folge des Verlustes der Mitgliedschaft geht, ist das Mitgliedschaftsrecht in

---

200 *Axer*, in: Epping/Hilgruber, BeckOK, GG, Art. 14 Rn. 3; *Depenheuer/Froese*, in: Huber/Voßkuhle, GG, 7. Aufl. 2018, Art. 14 Rn. 143.

201 BVerfG NJW 1999, 3769 („DAT"/"Altana").

202 BVerfG NJW 1999, 3771 („DAT"/"Altana").

203 *Stelling*, Anlegerschutz, 2014, S. 112.

204 BVerfG NJW 1999, 3771 („DAT"/"Altana").

seinem Kern betroffen, also von § 823 Abs. 1 BGB erfasst. Mithin stellt sich die Frage nicht, ob der Börsenkurs selbst ein geschütztes Rechtsgut ist.[205]

Schließlich kommt auch kein Eingriff in den eingerichteten und ausgeübten Gewerbebetrieb der Anleger als „sonstiges Recht" i.S.d. § 823 Abs. 1 BGB in Betracht. Denn das Halten von Anteilen stellt keinen Gewerbebetrieb, sondern reine Vermögensverwaltung dar.[206] Aber auch wenn es sich um Gewerbebetrieb handeln würde, setzt eine Haftung nach § 823 Abs. 1 BGB einen unmittelbaren, spezifischen Eingriff voraus.[207] Dieser ist jedoch abzulehnen, wenn der Anleger mit der negativen Berichterstattung nur durch dessen Lektüre in Berührung kommt.[208]

III. § 823 Abs. 2 BGB i.V.m. Art. 12 MMVO bzw. § 20a WpHG a.F. (Marktmanipulation)

Im Unterschied zu § 823 Abs. 1 BGB schützt § 823 Abs. 2 BGB auch das Vermögen an sich, wobei Anknüpfungspunkt ein bestimmtes Schädigerverhalten ist. Mithin können dem Grunde nach – in Abgrenzung zu den obigen Ausführungen – auch Wertminderungen im Anteilseigentum erfasst werden. Tatbestandlich setzt die Norm voraus, dass der Schädiger „gegen ein den Schutz eines anderen bezweckendes Gesetz verstößt". Erforderlich für die Haftung ist also nicht die Verletzung eines bestimmten absoluten Rechts oder Rechtsguts, Anknüpfungspunkt ist vielmehr die Verletzung eines Schutzgesetzes.[209] Schutzgesetz i.S.d. Abs. 2 kann jede Rechtsnorm sein, unabhängig davon welchem Rechtsgebiet die Normen angehören. Vorschriften des EU-Primärrechts (EUV, AEUV) sowie des EU-Sekundärrechts kommen als Schutzgesetze in Betracht, soweit sie unmittelbar im Inland im Verhältnis zum Bürger wirken. Jedenfalls die entsprechenden Umsetzungen in nationales Recht sind Rechtsnormen mit Schutzgesetzqualität.[210]

---

205 *Stelling*, Anlegerschutz, 2014, 112, 113.

206 *Alexander*, in: BeckOGK, BGB, § 13 Rn. 357; *Micklitz*, in: MünchKommBGB, 9. Aufl. 2021, § 13 Rn. 57; M.w.N. *Schockenhoff/Culmann*, AG 2016, 517, 527.

207 *Förster*, in: Hau/Poseck, BeckOK, BGB, § 823 Rn. 185; *Spindler*, in: BeckOGK, BGB, § 823 Rn. 208 ff.; *Wagner*, in: MünchKommBGB, 8. Aufl. 2020, § 823 Rn. 369.

208 M.w.N. *Schockenhoff/Culmann*, AG 2016, 517, 527.

209 *Katzenmeier*, in: Dauner-Lieb/Langen, BGB, 4. Aufl. 2021, § 823 Rn. 525.

210 *Katzenmeier*, in: Dauner-Lieb/Langen, BGB, 4. Aufl. 2021, § 823 Rn. 526.

Ein Schutzgesetz liegt ferner nur vor, wenn die Norm nicht lediglich dem Schutz der Allgemeinheit dient, sondern zumindest auch die Interessen des Einzelnen gezielt schützen soll. Entscheidend kommt es auf Inhalt und Zweck des Gesetzes nach der Intention des Gesetzgebers bei seinem Erlass an. Diese sind nicht immer eindeutig zu ermitteln.[211] Im Hinblick auf kapitalmarktorientierte Vorschriften mag der marktorientierte Funktionenschutz im Vordergrund stehen und als ein Spannungsverhältnis zum Individualrechtsgüterschutz erscheinen. Allerdings lassen sich anlegerorientierter Individualschutz und marktorientierter Funktionenschutz nicht trennen; sie sind „zwei Seiten ein- und derselben Medaille".[212] Sie stehen in der Weise in einem unzertrennlichen Zusammenhang, dass der Individualschutz als Mittel zum Zweck des Funktionenschutzes benötigt wird oder, anders gewendet, dass der Funktionenschutz ein Produkt des Individualschutzes ist.[213] Mithin kann die Schutzgesetzeigenschaft kapitalmarktrechtlicher Vorschriften nicht von vornherein und generalisierend abgelehnt werden, sondern es bedarf einer Prüfung der einzelnen Vorschriften.

1. Vorliegen eines Verstoßes gegen Art. 12 MMVO

Zunächst stellt sich jedoch die Frage, ob Shortseller-Aktivismus überhaupt den Tatbestand der Marktmanipulation erfüllt. Erst dann wird relevant, ob dies zur Grundlage einer Haftung aus § 823 Abs. 2 BGB gemacht werden kann.

a) Marktmanipulation nach Art. 12 Abs. 1 MMVO

Shortseller-Attacken erfüllen nicht per se den Tatbestand der Marktmanipulation, sondern nur dann, wenn sie (wahrscheinlich) falsche oder irreführende Signale hinsichtlich der Bewertung des betroffenen Titels senden oder (wahrscheinlich) ein künstliches Kursniveau herbeiführen.[214] Das Eingehen einer Short-Position stellt den ersten Schritt des aktivistischen Vorgehens und typischerweise noch kein manipulatives Verhalten dar. Der zweite Schritt hingegen, bei dem es zur Veröffentlichung des negativen Berichts kommt, enthält ein manipulatives Element, da die Information(en) ein (wahrscheinlich)

---

211 *Katzenmeier*, in: Dauner-Lieb/Langen, BGB, 4. Aufl. 2021, § 823 Rn. 528.
212 *Ekkenga*, in: MünchKommHGB, 4. Aufl. 2019, Teil 2, P. Effektengeschäft Rn. 83.
213 *Ekkenga*, in: MünchKommHGB, 4. Aufl. 2019, Teil 2, P. Effektengeschäft Rn. 287.
214 *Schmolke*, ZGR 2020, 291, 304.

falsches oder irreführendes Signal aussenden. In solch einem Fall liegt eine sog. informationsgestützte Marktmanipulation vor.[215]

aa) Falsche oder irreführende Informationen, Art. 12 Abs. 1 lit. a) - lit. c) MMVO

Im Rahmen von Shortseller-Attacken kommt zunächst eine Marktmanipulation durch die Verbreitung falscher oder irreführender Informationen gem. Art. 12 Abs. 1 lit. c) MMVO in Betracht. Hiervon wird die Behauptung unwahrer Tatsachen ebenso erfasst wie offenkundig unvertretbare Bewertungen. Ferner können dem Grunde nach zutreffende Informationen irreführend sein, wenn ihre konkrete Darstellung aus objektiver *ex-ante*-Sicht eines verständigen Anlegers zu einem Missverständnis führt.[216] Dies gilt auch, wenn sie reißerisch oder selektiv dargestellt werden. Die Schwelle zur Marktmanipulation ist jedoch nicht überschritten, wenn die veröffentlichten Informationen richtig, vollständig und nicht irreführend sind bzw. eine nachvollziehbare und vertretbare Bewertung oder Prognose bilden.[217] Als weitere Voraussetzung muss von den veröffentlichten Informationen ein Signal bzgl. des Kurses der Aktien des Zielunternehmens ausgehen. Als subjektive Komponente setzt Art. 12 Abs. 1 lit. c) MMVO schließlich die Kenntnis[218] oder fahrlässige Unkenntnis („hätte wissen müssen")[219] des Shortsellers voraus, dass die Informationen in dem veröffentlichten Bericht falsch oder irreführend sind.[220]

Somit kann sich eine informationsgestützte Marktmanipulation bereits daraus ergeben, dass die Bewertung des Zielunternehmens in dem negativen Bericht selbst ihrem Inhalt nach täuscht bzw. (wahrscheinlich) irreführend ist. Wird der Bericht entsprechend verbreitet und liegt mindestens eine fahrlässige Irreführung vor, ist die Tatbestandsmäßigkeit des Art. 12 Abs. 1 lit. c) MMVO gegeben.[221]

---

215 *Schmolke*, ZGR 2020, 291, 304.

216 *Link*, ZGR 2021, 904 ff.

217 *Link*, ZGR 2021, 904 ff.

218 Gemeint ist Vorsatz im Sinne von dolus eventualis, *Maume*, in: Seibt/Buck-Heeb/Harnos, BeckOK, WpHG, Art. 12 VO (EU) 596/2014 Rn. 76.

219 Nach der h.M. ist das Wissenmüssen als fahrlässige Unkenntnis und nicht als Leichtfertigkeit auszulegen, Vgl. *Maume*, in: Seibt/Buck-Heeb/Harnos, BeckOK, WpHG, Art. 12 VO (EU) 596/2014 Rn. 76.

220 *Link*, ZGR 2021, 904 ff.

221 *Schmolke*, ZGR 2020, 291, 305.

Handelt der Shortseller sogar vorsätzlich zur Täuschung, ist der Tatbestand des Art. 12 Abs. 1 lit. b) MMVO erfüllt.[222] Fällt das Verhalten sowohl unter Art. 12 Abs. 1 lit. b) MMVO als auch unter lit. c), sind beide Tatbestandsvarianten nebeneinander anwendbar. Während allerdings in der wohl überwiegenden Literatur die Verdrängung des Art. 12 Abs. 1 lit. a) MMVO durch Art. 12 Abs. 1 lit. c) MMVO als *lex speicalis* vertreten wird – da anderenfalls die o.g. subjektiven Voraussetzungen leerliefen –[223] geht die Europäische Kommission wohl von einer Parallelanwendung beider Regelungen aus.[224]

bb) Anforderungen an das subjektive Element der Marktmanipulation

Es ist weiterhin zu fragen, wann der Shortseller „wusste oder hätte wissen müssen, dass die verbreiteten Informationen falsch oder irreführend waren". In der MMVO und der Durchführungsverordnung gibt es hierzu keine Konkretisierung. In der Literatur wird allerdings vertreten, die Maßstäbe heranzuziehen, die vor Inkrafttreten der MMVO unter der MaKonV[225] galten. Hiernach ist es unzulässig, ungeprüfte Angaben ins Blaue hinein zu machen. Ferner ist der Verfasser eines Berichts verpflichtet, die ihm mit vertretbarem Aufwand zur Verfügung stehenden Informationsquellen zu nutzen, um die veröffentlichten Informationen zu prüfen. Dies schließt die

---

222 *Schmolke*, ZGR 2020, 291, 305.

223 M.w.N. *Schmolke*, ZGR 2020, 291, 305; S. auch *Stoll*, in: Hirte/Möllers, KölnKomm, WpHG, 2. Aufl. 2014, § 20a Rn. 171.

224 *Schmolke*, ZGR 2020, 291, 305; *Schmolke*, AG 2016, 434, 444 unter Bezugnahme auf die Formulierung „und/oder" in Anhang II (Indikatoren für manipulatives Handeln) Abschnitt 1 Nr. 4 c) der Delegierte VO (EU) 2016/522 der Kommission vom 17. Dezember 2015, in der es heißt: „4. Praktiken zur näheren Bestimmung des Indikators A (d) in Anhang I zur Verordnung (EU) Nr. 596/2014: [...] c) Einnahme einer Long-Position bei einem Finanzinstrument, einem verbundenen Waren-Spot-Kontrakt oder einem auf Emissionszertifikaten beruhenden Auktionsobjekt mit anschließenden weiteren Ankäufen und/oder Ausstreuung irreführender positiver Informationen über das Finanzinstrument, den verbundenen Waren-Spot-Kontrakt oder das auf Emissionszertifikaten beruhende Auktionsobjekt in der Absicht, den Kurs des Finanzinstruments, des verbundenen Waren-Spot-Kontrakts oder des auf Emissionszertifikaten beruhenden Auktionsobjekts mittels Anlocken weiterer Käufer hochzutreiben. Hat der Kurs dann einen künstlich hohen Stand erreicht, wird die Long-Position abgestoßen, was gewöhnlich als „Pump und Dump" bezeichnet wird;".

225 Verordnung zur Konkretisierung des Verbotes der Marktmanipulation vom 1. März 2005.

Auseinandersetzung mit Informationen ein, die das Zielunternehmen selbst in seiner Rechnungslegung oder sonstigen Kapitalmarktkommunikation veröffentlicht. Beinhaltet der Bericht des Shortsellers außerdem nicht nur gefestigte Informationen, sondern auch Gerüchte, besteht die Pflicht alle mit vertretbarem Aufwand zur Verfügung stehenden Informationsquellen heranzuziehen, um die Richtigkeit und Verlässlichkeit des Gerüchts zu überprüfen. Verbleiben am Ende dieser Prüfung gewisse Zweifel an der Glaubwürdigkeit, ist hierauf hinzuweisen.[226]

cc) Das subjektive Element der Marktmanipulation bei Shortseller-Attacken

Negative Berichte im Rahmen von Shortseller-Attacken beinhalten häufig einen Kern aus Tatsachen und Bewertungen. So werden aus tatsachenbasierten Indizien Schlussfolgerungen abgeleitet und das Kursniveau der Aktien des Zielunternehmens bewertet. Als Tatsachengrundlage dienen dabei etwa bestimmte Bilanzierungspraktiken oder Management-Informationen, aus denen u.a. abgeleitet wird, dass das Geschäftsmodell nicht tragfähig sei, die Vermögens-, Finanz- und/oder Ertragslage in der Rechnungslegung unzutreffend dargestellt oder die Qualifikationen des Managements vom Unternehmen falsch dargestellt seien. Dies wiederum dient dazu, eine Überbewertung des Aktienkurses des Zielunternehmens zu begründen.[227]

In Anlehnung an die obigen Ausführungen zum Sorgfaltsmaßstab muss zum einen die Tatsachengrundlage sorgfältig recherchiert und geprüft worden sein und zum anderen müssen die Schlussfolgerungen auf der gebotenen Sorgfalt beruhen.[228] Im Regelfall orientieren sich letztere jedoch am Ziel des Shortsellers und blenden entgegenstehende Indizien in Bezug auf Gesellschaft und Management aus. Jedenfalls dann, wenn die Tatsachengrundlagen bzw. -behauptungen auf eigenen Recherchen des Shortsellers beruhen und der Shortseller keine sichere Kenntnis von deren Wahrheitsgehalt hat, bedarf es eines Hinweises auf die Ungewissheit der Schlussfolgerungen. Bei Anwendung der gebotenen Sorgfalt muss der Shortseller ferner davon ausgehen können, dass seine Schlussfolgerungen zutreffen.[229]

---

[226] *Link*, ZGR 2021, 904 ff.
[227] *Link*, ZGR 2021, 904 ff.
[228] *Link*, ZGR 2021, 904 ff.
[229] *Poelzig*, ZHR 184 (2020), 697, 727 f.

Eine weitergehende Auffassung nimmt bereits dann das Vorliegen einer Marktmanipulation an, wenn sich die Schlussfolgerungen als falsch erweisen. Dieser Schluss wird aus einem Vergleich mit der Privilegierung für Presseberichterstattung und Meinungsäußerungen begründet. In Art. 21 MMVO wird geregelt, dass bei der Beurteilung von Offenlegung und Verbreitung von Informationen für journalistische Zwecke oder andere Ausdrucksformen in den Medien u.a. für den Zweck des Art. 12 Abs. 1 lit. c) MMVO die Regeln der Pressefreiheit und der Freiheit der Meinungsäußerung in anderen Medien sowie der journalistischen Berufs- und Standesregeln zu berücksichtigen sind. Die hiernach grundsätzlich zulässige Verdachtsberichterstattung gelte aber gerade nicht für Shortseller. Dies ergebe sich aus Art. 21 lit. a) MMVO, wonach Personen ausgenommen sind, denen unmittelbar oder mittelbar ein Vorteil oder Gewinn aus der Offenlegung oder Verbreitung der betreffenden Information erwächst. Dies gilt ebenso für Personen, die zu jenen Personen in enger Beziehung stehen. Daher würden Shortseller auch dann eine informationsgestützte Marktmanipulation begehen, wenn sie über bloße Verdachtslagen und damit Gerüchte berichten, die sich im Nachhinein als falsch herausstellen.[230] Hiergegen wird jedoch zu Recht eingewandt, dass bereits auf Tatbestandsebene – wie sich eindeutig aus dem Wortlaut ergibt – Art. 12 Abs. 1 lit. c) MMVO die Kenntnis oder fahrlässige Unkenntnis desjenigen voraussetzt, der die Informationen verbreitet (s. Teil 2:§ 2III.1.a)aa)).[231] Unabhängig vom Vorliegen der Privilegierungsvoraussetzungen des Art. 21 MMVO liegt daher keine informationsgestützte Marktmanipulation vor, wenn der Shortseller bei der Veröffentlichung seines negativen Berichts den erforderlichen Sorgfaltspflichten nachgeht.[232]

Seine Sorgfaltspflichten wird der Shortseller grundsätzlich dann eingehalten haben, wenn er sich zunächst mit allen (öffentlich) verfügbaren Informationen auseinandergesetzt hat. Dies umfasst neben Informationen von dritter Seite auch Informationen und Stellungnahmen, die vom Zielunternehmen selbst veröffentlicht wurden. Sollte das Zielunternehmen dagegen noch keine Veröffentlichungen getätigt haben, ist – sofern die Vorwürfe ernsthaft ausgeräumt werden können und richtigerweise hiermit gerechnet

---

230 *Poelzig*, ZHR 184 (2020), 697, 727 f.
231 *Link*, ZGR 2021, 904 ff.
232 *Link*, ZGR 2021, 904 ff.

wird – zuvor innerhalb eines vertretbaren Zeitraums die Möglichkeit zu gewähren, Stellung zu nehmen.[233] Eine solche Anhörungspflicht entspricht presserechtlichen Grundsätzen bei Verdachtsberichterstattungen, sodass diese Pflicht bei – die Unternehmen wesentlich härter treffenden – Shortseller-Attacken *a minori ad maius* zu fordern ist.[234] Hat das Unternehmen zu den in Rede stehenden oder vergleichbaren Vorwürfen bereits in jüngerer Vergangenheit Stellung bezogen oder lehnt sie dies ausdrücklich ab, dürfte hiervon jedoch abgesehen werden.[235]

Eine die Markmanipulation i.S.d. Art. 12 Abs. 1 lit. c) MMVO begründende Sorgfaltspflichtverletzung ist jedoch noch nicht darin zu sehen, dass der Shortseller in seinem negativen Bericht von der Darstellung des Zielunternehmens in vertretbarer Weise abweicht, wenn er auf die Stellungnahme des Unternehmens hinreichend eingeht, seine Sicht der Dinge plausibel darstellt und im Einzelnen darlegt, weshalb der Stellungnahme nicht gefolgt werden kann.[236]

Im Hinblick auf den wertenden Kern der Berichterstattung, der Bewertung des Börsenkurses, liegt es auf der Hand, dass es sich um „Behauptungen" handelt. Sofern die Tatsachengrundlage allerdings stimmt bzw. den Sorgfaltsanforderungen genügt, ist an dieser Stelle ein etwas weniger strenger Maßstab anzulegen. Denn anders als bei Tatsachen gibt es nicht den einen „wahren" Unternehmenswert. Mithin sind Shortseller grundsätzlich frei darin, eine Unternehmensbewertung unter Heranziehung einer für geeignet gehaltenen Bewertungsmethode vorzunehmen. Sollten jedoch von anerkannten Bewertungsmethoden abgewichen werden, ist ein entsprechender Hinweis zu fordern.[237]

b) Marktmanipulation nach Art. 12 Abs. 2 lit. d MMVO („Scalping")

Voraussetzung des sog. „*Scalping*" ist die Ausnutzung des Zugangs zu den traditionellen oder elektronischen Medien (zu denken ist etwa an *Twitter*) zur Abgabe einer Stellungnahme zu einem Finanzinstrument, wobei zuvor Positionen bei diesem Finanzinstrument eingegangen wurden und

[233] *Link*, ZGR 2021, 904 ff.
[234] Vgl. zur Anhörungspflicht ausführlich *Möllers/Cyglakow*, JZ 73 (2018), 1131, insb. 1136.
[235] *Link*, ZGR 2021, 904 ff.
[236] *Link*, ZGR 2021, 904 ff.
[237] *Link*, ZGR 2021, 904 ff.

anschließend Nutzen aus den Auswirkungen der Stellungnahme auf den Kurs dieses Finanzinstruments gezogen werden, ohne dass der Öffentlichkeit gleichzeitig dieser Interessenkonflikt ordnungsgemäß und wirksam mitgeteilt wird.[238]

Tatbestandskern ist demnach die fehlende Offenlegung des Interessenkonflikts. Zur Vermeidung eines „Scalpings“ muss der Stellungnehmende das Halten der Short-Position bzw. den Aktienbesitz gleichzeitig mit der Stellungnahme offenlegen. Diese Pflicht gilt ebenso, wenn die Short-Position zwar von anderen Rechtsträgern gehalten wird, diese aber mit dem Shortseller gemeinsam handeln.[239]

In der Literatur wird ferner vertreten, dass das „Scalping“ ein Anwendungsfall des Art. 12 Abs. 1 lit. b) MMVO sei und die hiervon geforderte Täuschung auf der Kombination aus der Stellungnahme des Shortsellers zum Zielunternehmen und dem Verschweigen des Interessenkonflikts, der sich aus der vorherigen Eingehung der Short-Position ergibt, beruhe.[240] Tatbestandsmäßig sei daher ein aktives Tun gefordert, wenn und weil die Stellungnahme ohne den Hinweis auf die eigene Position in den bewerteten Titeln aus der Sicht des verständigen Anlegers die stillschweigende Erklärung beinhalte, dass sie nicht mit dem damit zusammenhängenden Eigeninteresse bemakelt sei.[241] Nach Ansicht des Verfassers ist dem Wortlaut eine solche Auslegung jedoch nicht zu entnehmen. Die Formulierung „[…] ohne dass der Öffentlichkeit gleichzeitig dieser Interessenkonflikt ordnungsgemäß und wirksam mitgeteilt wird“ knüpft unmittelbar an die unterlassene Offenlegung an. Eine Aussage darüber, ob zugleich die Absicht zur Täuschung i.S.d. Art. 12 Abs. 1 lit. b), also eine „[…] jegliche sonstige Tätigkeit oder Handlung, die unter Vorspiegelung falscher Tatsachen oder unter Verwendung sonstiger Kunstgriffe oder Formen der Täuschung“ vorliegen muss, ist damit noch nicht getroffen. Es kommt ebenso eine der anderen Tathandlungen des Art. 12 Abs. 1 MMVO in Betracht. Richtigerweise ist es auch unerheblich, ob die veröffentlichten Informationen an sich korrekt oder irreführend sind.[242]

---

238 Vgl. auch *Schockenhoff/Culmann*, AG 2016, 517, 521.
239 *Link*, ZGR 2021, 904 ff.
240 M.w.N.*Schmolke*, ZGR 2020, 291, 306; *Wentz*, WM 2019, 196, 198.
241 *Schmolke*, ZGR 2020, 291, 306.
242 M.w.N. *Link*, ZGR 2021, 904 ff.

Hinsichtlich der ordnungsgemäßen und wirksamen Mitteilung i.S.d. Art. 12 Abs. 2 lit. d) MMVO a.E. bleibt zu erwähnen, dass diese derart gestaltet sein muss, dass andere Marktteilnehmer den bestehenden Interessenkonflikt einschätzen können. Anzutreffen ist in diesem Zusammenhang der bloße abstrakte Hinweis von Shortseller-Aktivisten, dass von Interessenkonflikten auszugehen ist oder auszugehen sein könnte. So heißt es etwa in dem Bericht von *Muddy Waters* über Ströer: „The fund Muddy Waters manages is short in Ströer and for this reason there might be a conflict of interest."[243] Grundsätzlich genügen solche allgemeinen Angaben nicht den Offenlegungsanforderungen.[244] Während eine Auffassung in der Literatur über konkrete Angaben hinaus auch Angaben zu den Absichten hinsichtlich der Schließung von Short-Positionen fordert,[245] lehnt die Gegenauffassung dieses Erfordernis ab. Zu Recht argumentiert sie, dass eine konkrete Offenlegung für hinreichend Klarheit im Hinblick auf die Absicht des Shortseller schafft, bei negativer Kursentwicklung (infolge des negativen Berichts) seine Short-Position wieder zu schließen. Da aber noch gar nicht absehbar ist, wann diese Entwicklung genau eintreten wird und der Shortseller im Einzelfall die Schließung der Short-Position ggf. von weiteren Entwicklungen abhängig macht, sind präzise Angaben im Zeitpunkt der Veröffentlichung nicht möglich.[246]

c) Beweisschwierigkeiten

In solchen Fällen, in denen sich der veröffentlichende Rechtsträger und der Shortseller unterscheiden, aber verbunden sind, kommt zwar eine Marktmanipulation in Betracht. Dennoch besteht die Schwierigkeit zu ermitteln, wer hinter dem Bericht steht. Der veröffentlichende Rechtsträger dagegen wird behaupten, aus der Stellungnahme keinen wirtschaftlichen Nutzen gezogen zu haben.[247] Der Nachweis des Zusammenwirkens wird dabei umso schwieriger, je schwächer die Verbundenheit zwischen dem Stellungnehmenden und dem Shortseller ist, etwa im Fall von (angeblich) unabhängigen Bloggern. Mangels Anknüpfungstatsachen kommt weder ein Anscheinsbeweis noch

---

[243] *Muddy Waters Research*, Short in Ströer (SAX:GR), 2016, S. 2; Vgl. unter Bezugnahme hierauf auch *Schockenhoff/Culmann*, AG 2016, 517, 521.

[244] So zu Recht *Link*, ZGR 2021, 904 ff.

[245] *Schmolke*, in: Klöhn, MMVO, 2018, Art. 12 Rn. 376.

[246] *Link*, ZGR 2021, 904 ff.

[247] *Schockenhoff/Culmann*, AG 2016, 517, 521.

kommen Beweiserleichterungen in Betracht. Denn einen Erfahrungssatz, dass Personen, die öffentlich Informationen über börsennotierte Unternehmen verbreiten, dies aus eigennützigen oder fremdnützigen wirtschaftlichen Gründen tun, gibt es derzeit jedenfalls nicht.[248]

Etwaige Beweisprobleme bedürfen aber nicht der weiteren Erörterung, wenn ein Schadensersatzanspruch betroffener Marktteilnehmer an der Schutzgesetzeigenschaft des Art. 12 MMVO scheitert.

2. Schutzgesetzeigenschaft des Marktmanipulationsverbotes

a) § 20a WpHG (Verbot der Marktmanipulation) – in der vor dem 02.07.2016 geltenden Fassung (a.F.)

Bei § 20a WpHG a.F. handelt es sich um die Vorgängervorschrift des Art. 12 MMVO, dessen Schutzgesetzeigenschaft der BGH in der IKB-Entscheidung aus dem Jahr 2011 mit der herrschenden Ansicht verneint.[249] Dies überschneidet sich mit der Auffassung, dass das Kapitalmarktrecht die Funktion der Kapitalmärkte und die Kapitalanleger schützen soll, um ein reibungsloses Funktionieren und die Integrität der Kapitalmärkte sicherzustellen. Die Funktionsfähigkeit der Kapitalmärkte stellt ein Schutzgut dar, das ausschließlich dem öffentlichen Interesse an effizienten Märkten dient. Einer kapitalmarktrechtlichen Norm, die nur dem Funktionsschutz des Kapitalmarktes dient, kommt daher keine individualschützende Wirkung zu.[250] Eine gesetzliche Norm stellt nur dann ein Schutzgesetz dar, wenn der Gesetzgeber gerade einen Rechtsschutz zu Gunsten der Individualinteressen von Einzelpersonen oder eines bestimmten Personenkreises gewollt hat (s. Teil 2:§ 2III.). Zum Schutzgesetz i.S.d. § 823 Abs. 2 BGB wird eine Vorschrift, die ausschließlich dem Schutz der Allgemeinheit dient, auch dann nicht, wenn sie objektiv eine Reflexwirkung hat, auch den Einzelnen gegen Verletzung seiner Rechtsgüter oder Rechtsinteressen zu schützen.[251] So bezweckte auch § 20a WpHG a.F. in

---

[248] *Schockenhoff/Culmann*, AG 2016, 517, 522.

[249] BGH NJW 2012, 1800 („IKB"); Vgl. auch *Möllers*, NZG 2018, 649, 654; *Schockenhoff/Culmann*, AG 2016, 517, 519; *Schmolke*, ZBB 2012, 165, 169.

[250] *Schwarz*, DStR 2003, 1930.

[251] BGH, Urt. v. 19.7.2004 – ZR 281/03, BGHZ 160, 134 = NJW 2004, 2664, 2665 („Infomatec"); *Schwarz*, DStR 2003, 1930; *Fleischer*, in: Assmann/Schütze/Buck-Heeb, Hdb-KapAnlR, 5. Aufl. 2020, 1. Teil, 2. Kap., § 6 Rn. 12.

erster Linie die Funktionsfähigkeit der Wertpapiermärkte zu gewährleisten, während die Anleger nur reflexartig geschützt wurden.[252]

Der durch das 4. Finanzmarktförderungsgesetz von 2002[253] eingefügte § 20a WpHG a.F. geht dabei zurück auf den in § 88 BörsG a.F.[254] geregelten Straftatbestand. Durch die Einfügung in das WpHG wurde u.a. verdeutlicht, dass von dem Verbot des § 20a WpHG a.F. nicht nur der Handel an Börsen betroffen war.[255] Aber auch das Verbot des Kursbetruges nach § 88 BörsG a.F. stellte nach allgemeiner Auffassung bereits kein Schutzgesetz i.S.d § 823 Abs. 2 BGB dar. Daher war zu erwarten, dass die Rechtsprechung auch der Nachfolgeregelung des § 20a WpHG a.F. keine Schutzgesetzeigenschaft zuspricht.[256]

b) Art. 12 MMVO

Die Schutzgesetzeigenschaft des Art. 12 MMVO hingegen ist noch nicht geklärt.[257] In der Literatur gibt es allerdings zunehmend Stimmen, die sich für eine Schutzgesetzeigenschaft aussprechen. Als Argument führen sie an, dass der Anlegerschutz in der MMVO eine Aufwertung erfahren habe.[258] So heißt es in Art. 1 MMVO, dass „Maßnahmen zur Verhinderung von Marktmissbrauch geschaffen“ werden, um den „Anlegerschutz und das Vertrauen der Anleger in diese Märkte zu stärken“.[259] Ferner wird in den Erwägungsgründen der MMVO an mehreren Stellen auf den Anlegerschutz eingegangen.[260] So heißt es etwa in Erwägungsgrund 47, dass die Verbreitung falscher oder irreführender Informationen innerhalb relativ kurzer Zeit erhebliche

---

252 BGH NJW 2012, 1 *Wehowsky*, in: Häberle, Erbs/Kohlhaas, Strafrechtliche Nebengesetze, 2022, § 20a WpHG a.F. Rn. 2800, 1802-1803 („IKB“).

253 Gesetz zur weiteren Fortentwicklung des Finanzplatzes Deutschland (Viertes Finanzmarktförderungsgesetz), BGBl. Teil I, Nr. 39 vom 26.06.2002, abrufbar unter https://www.bgbl.de/xaver/bgbl/start.xav?startbk=Bundesanzeiger_BGBl&start=//*%5b@attr_id=%27bgbl102s2010.pdf%27%5d#__bgbl__%2F%2F*%5B%40attr_id%3D%27bgbl102s2010.pdf%27%5D__1662617366640.

254 In der vor dem 01.07.2002 geltenden Fassung.

255 *Wehowsky*, in: Häberle, Erbs/Kohlhaas, Strafrechtliche Nebengesetze, 2022, § 20a WpHG a.F. Rn. 1.

256 *Stelling*, Anlegerschutz, 2014, 114, 115

257 *Schockenhoff/Culmann*, AG 2016, 517, 519.

258 Vgl. m.w.N. *Brellochs*, ZGR 2020, 319, 326.

259 *Schockenhoff/Culmann*, AG 2016, 517, 520.

260 *Schockenhoff/Culmann*, AG 2016, 517, 520.

Auswirkungen auf die Kurse von Finanzinstrumenten haben könne und [...] diese Form der Marktmanipulation den Anlegern in besonderer Weise schade, weil sie sie dazu veranlasse, ihre Anlageentscheidungen auf unrichtige oder verzerrte Informationen zu stützen. Nach Erwägungsgrund 49 ist „die öffentliche Bekanntgabe von Insiderinformationen durch Emittenten [...] von wesentlicher Bedeutung, um Insidergeschäften und der Irreführung von Anlegern vorzubeugen“. Auch die Erwägungsgründe 31 und 55 gehen auf den Aspekt des Anlegerschutzes ein.[261]

Darüber hinaus sieht eine Ansicht im Schrifttum eine privatrechtliche Haftung bei Verstoß gegen das sekundärrechtliche Marktmanipulationsverbot als Gebot des Effektivitätsgrundsatzes gem. Art. 4 Abs. 3 EUV an.[262] Grundlegend hierfür wird die Entscheidung des EuGH in der Rechtssache *Courage*[263] angesehen, wonach die „volle Wirksamkeit“ des unionsrechtlichen Kartellverbots „beeinträchtigt [wäre], wenn nicht jedermann Ersatz des Schadens verlangen könnte, der ihm durch einen Vertrag, der den Wettbewerb beschränken oder verfälschen kann, oder durch ein entsprechendes Verhalten entstanden ist“.[264] Trotz der europarechtlich[265] geregelten aufsichtsbehördlichen Durchsetzung des Kartellverbots, habe sich der EuGH die Frage gestellt, ob über aufsichtsrechtliche Maßnahmen hinaus eine zivilrechtliche Haftung notwendig sei, um die volle Wirksamkeit des Unionsrechts zu gewährleisten. Dem EuGH habe es dabei genügt, dass die zivilrechtliche Haftung die Durchsetzungskraft des Unionsrechts erhöhen und die Adressaten der Norm von Verstößen abhalten könne. Mithin sei für die Begründung der Notwendigkeit einer zivilrechtlichen Haftung ein „Effektivitätsgewinn“

---

261 Nach *Mülbert*, in: Assmann/Schneider/Mülbert, Wertpapierhandelsrecht, 7. Aufl. 2019, Art. 15 VO (EU) Nr. 596/2014 Rn. 46 sind dagegen die Erwägungsgründe der MMVO indifferent und enthalten jedenfalls keine Hinweise für eine Individualschutzvermittlung.

262 *Poelzig*, ZGR 2015, 801 ff.; *Poelzig*, NZG 2016, 492, 501; M.w.N, *Schmolke*, in: Klöhn, MMVO, 2018, Art. 15 Rn. 86.

263 EuGH v. 20.9.2001, Rs. C-453/99, EuZW 2001, 715 („Courage“); Daneben wird zum europäischen Kartellrecht auch die Rechtsprechung in der Rechtssache Manfredi, EuGH v. 13.7.2006, Rs. C-295/04-298/04, EuZW 2006, 529 („Manfredi“), angeführt, *Poelzig*, ZGR 2015, 801, 806.

264 *Poelzig*, ZGR 2015, 801, 811.

265 Durch Verordnung (EG) Nr. 1/2003 des Rates vom 16. Dezember 2002 zur Durchführung der in den Artikeln 81 und 82 des Vertrags niedergelegten Wettbewerbsregeln.

herangezogen worden.[266] Ferner wird auf die EuGH-Rechtsprechung in der Rechtssache *Muñoz*[267] verwiesen, wonach „die volle Wirksamkeit" einer Qualitätsnormverordnung eine private Klagebefugnis voraussetzt, weil sie „die Durchsetzungskraft der gemeinschaftsrechtlichen Regelung [verstärkt]" (funktionale Subjektivierung).[268]

Mithin sei mit Geltung der Marktmissbrauchsverordnung vor dem Hintergrund der EuGH-Rechtsprechung zur funktionalen Subjektivierung davon auszugehen, dass der Effektivitätsgrundsatz gemäß Art. 4 Abs. 3 EUV die Mitgliedstaaten verpflichte, neben den sekundärrechtlich verlangten verwaltungs- und strafrechtlichen Sanktionen zusätzlich eine zivilrechtliche Haftung für Marktmanipulationen[269] vorzusehen.[270] Ein im o.g. Sinne zu erwartender Effektivitätsgewinn durch Schadenersatzansprüche geschädigter Anleger wird dabei auf rechtsvergleichende, empirische und rechtsökonomische Erkenntnisse gestützt.[271] Schließlich wird noch argumentiert, dass sich die Durchsetzung zivilrechtlicher Ansprüche in andere Mitgliedstaaten verlagern würde, würde man die Schutzgesetzeigenschaft des Art. 12 MMVO verneinen. Eine Konzentration des *private enforcement* auf bestimmte Mitgliedstaaten liege jedoch nicht im Sinne des europäischen Gesetzgebers.[272]

In Anlehnung an die Kriterien eines Schutzgesetzes i.S.d. § 823 Abs. 2 BGB (s. Teil 2:§ 2III.), lehnt es die Gegenansicht jedoch ab, aus der normativen Verankerung des Anlegervertrauens als Schutzziel der MMVO einen intendierten Individualschutz von Art. 12 MMVO abzuleiten.[273] Ansonsten müsse allein aufgrund von Art. 1 MMVO – der die Stärkung des Anlegerschutzes und des Vertrauens der Anleger in die Märkte nennt – jeder Ge- oder Verbotstatbestand der MMVO zugleich ein Schutzgesetz i.S.d. § 823 Abs. 2 BGB darstellen. Dieses Ergebnis überzeuge in dieser Allgemeinheit nicht und ignoriere die Grundentscheidung des deutschen Zivilrechts gegen eine

---

266 *Poelzig*, ZGR 2015, 801, 811.
267 EuGH v. 17.9.2002, Rs. C-253/00, Slg. 2002, I-7289 („Muñoz").
268 *Poelzig*, ZGR 2015, 801, 811, 812.
269 Die Ausführungen beziehen sich dabei auf Markmanipulationen nach Art. 15 MMVO.
270 *Poelzig*, ZGR 2015, 801, 847.
271 *Poelzig*, ZGR 2015, 801, 847.
272 *Schockenhoff/Culmann*, AG 2016, 517, 520.
273 *Brellochs*, ZGR 2020, 319, 327.

deliktsrechtliche Fahrlässigkeitshaftung für primäre Vermögensschäden.[274] Auch dem Wortlaut des Art. 12 MMVO seien keine entsprechenden Anhaltspunkte zu entnehmen.[275]

Ferner lasse der systematische Vergleich mit anderen europäischen Kapitalrechtsakten, die Vorgaben für eine privatrechtliche Haftung enthalten, den Schluss zu, eine Individualschutzvermittlung – und damit die Schutzgesetzeigenschaft – zu versagen. Anders als etwa bei Art. 35a der Ratingagenturen-VO[276], Art. 11 der PRIIP-VO[277] sowie Art. 11 der Prospekt-VO[278] habe der europäische Gesetzgeber beim Marktmissbrauchsregime ausschließlich auf eine aufsichts- und sanktionsrechtliche Durchsetzung gesetzt. Es sei daher davon auszugehen, dass die privatrechtliche Haftungslücke bekannt sei. Wenn es dem europäischen Gesetzgeber neben Sanktionen zusätzlich auf eine zivilrechtliche Kompensation individueller Anleger angekommen wäre, hätte es nahegelegen, eine ausdrückliche Regelung in die MMVO aufzunehmen.[279]

Zu Recht wird ferner argumentiert, dass sich die Einordnung des Art. 12 MMVO als Schutzgesetz auch nicht in das haftungsrechtliche Gesamtsystem einfügt. Dies ist jedoch neben dem Individualschutzcharakter des verletzten Gesetzes erforderlich.[280] Wie bereits ausgeführt stellt die Ersatzfähigkeit reiner Vermögensschäden im Deliktsrecht die Ausnahme dar und die Qualifizierung als Schutzgesetz erfolgt sehr restriktiv, um einer Ausuferung vorzubeugen. Diesem Grundsatz widerspräche es aber, würde man jedem Gesetz, das dem

---

274 *Brellochs*, ZGR 2020, 319, 327.

275 *Brellochs*, ZGR 2020, 319, 327; *Mülbert*, in: Assmann/Schneider/Mülbert, Wertpapierhandelsrecht, 7. Aufl. 2019, Art. 15 VO (EU) Nr. 596/2014 Rn. 46.

276 Verordnung (EU) Nr. 462/2013 des Europäischen Parlaments und des Rates vom 21. Mai 2013 zur Änderung der Verordnung (EG) Nr. 1060/2009 über Ratingagenturen; Zur zivilrechtlichen Haftung von Wirtschaftsprüfern und Ratingagenturen siehe *Uhlmann*, ZHR 185 (2021), 669 ff.

277 Verordnung (EU) Nr. 1286/2014 des Europäischen Parlaments und des Rates vom 26. November 2014 über Basisinformationsblätter für verpackte Anlageprodukte für Kleinanleger und Versicherungsanlageprodukte (PRIIP).

278 Verordnung (EU) 2017/1129 des Europäischen Parlaments und des Rates vom 14. Juni 2017 über den Prospekt, der beim öffentlichen Angebot von Wertpapieren oder bei deren Zulassung zum Handel an einem geregelten Markt zu veröffentlichen ist und zur Aufhebung der Richtlinie 2003/71/EG.

279 *Mülbert*, in: Assmann/Schneider/Mülbert, Wertpapierhandelsrecht, 7. Aufl. 2019, Art. 15 VO (EU) Nr. 596/2014 Rn. 46; *Brellochs*, ZGR 2020, 319, 327.

280 *Lorenz*, JuS 2020, 12, 13.

Schutz einzelner Anleger zu dienen bestimmt ist, uneingeschränkt über § 823 Abs. 2 BGB eine zivilrechtliche Kompensationswirkung zusprechen.[281] Dem kommt im Kapitalmarkrecht wegen des potenziell betroffenen großen Anlegerkreises eine besondere Bedeutung zu. Man denke an einen fahrlässigen Verstoß gegen das Marktmanipulationsverbot,[282] von dem ein zunächst nicht begrenzter oder begrenzbarer Kreis von Anlegern betroffen ist. Wenn nun dieser Verstoß zu Ersatzansprüchen nach § 823 Abs. 2 i.V.m. Art. 12 MMVO führen würde, bedeutete dies eine Aushöhlung der Haftung für vorsätzliche sittenwidrige Schädigung nach § 826 BGB sowie der speziellen Haftungstatbestände des Kapitalmarktrechts.[283] So sehen § 97 Abs. 2 WpHG (Schadenersatz wegen unterlassener unverzüglicher Veröffentlichung von Insiderinformationen) und § 98 Abs. 2 WpHG (Schadenersatz wegen Veröffentlichung unwahrer Insiderinformationen) eine Haftungsbegrenzung dahingehend vor, dass nicht in Anspruch genommen werden kann, wer nachweist, dass die Unterlassung nach § 97 Abs.1 WpHG auf Vorsatz oder grober Fahrlässigkeit beruht bzw. wer nachweist, dass er die Unrichtigkeit der Insiderinformation i.S.d. § 98 Abs. 1 WpHG nicht gekannt und die Unkenntnis nicht auf grober Fahrlässigkeit beruht. Diese Haftungsbeschränkungen würden wegen der großen Überschneidungsbereiche zwischen Marktmanipulationen und fehlerhaften Ad-hoc-Mitteilungen ebenso unterlaufen wie die Entscheidung

---

[281] Vgl. *Verse*, ZHR 170 (2006), 398, 407, wonach es schon unter systematischen Gesichtspunkten (und im Übrigen auch aus rechtspolitischer Sicht) ein befremdliches Ergebnis sei, wollte man die in § 823 Abs. 1 BGB getroffene Unterscheidung bei der Auslegung des Abs. 2 vollkommen ausblenden. Deshalb werde man zumindest verlangen müssen, dass die Qualifizierung einer bloße Vermögensinteressen schützenden Rechtsnorm als Schutzgesetz gesteigerten Begründungsanforderungen unterliegt, dass also besondere Anhaltspunkte angeführt werden müssen, die auch in Ansehung der in § 823 Abs. 1 BGB getroffenen Grundentscheidung eine Haftung wegen Schutzgesetzverletzung tragen.; *Mülbert*, in: Assmann/Schneider/Mülbert, Wertpapierhandelsrecht, 7. Aufl. 2019, Art. 15 VO (EU) Nr. 596/2014 Rn. 47; *Lorenz*, JuS 2020, 12, 13.

[282] Für die Marktmanipulation nach Art. 12 Abs. 1 MMVO besteht kein allgemeines kapitalmarktrechtliches Vorsatzerfordernis. Die ESMA lässt in einem „technischen Ratschlag" wissen, dass „even situations that were not committed with intent are under the scope of market manipulation of MAR", *Schmolke*, in: Klöhn, MMVO, 2018, Art. 12 Rn. 301.

[283] *Mülbert*, in: Assmann/Schneider/Mülbert, Wertpapierhandelsrecht, 7. Aufl. 2019, Art. 15 VO (EU) Nr. 596/2014 Rn. 47.

des Gesetzgebers gegen einen allgemeinen kapitalmarktrechtlichen (Informations-)haftungstatbestand.[284]

Schließlich führt auch das von der Gegenauffassung angeführte unionsrechtliche Effektivitätsgebot zu keinem anderen Ergebnis. Aus diesem Gebot lässt sich keine pauschale und undifferenzierte Pflicht zur Gewährleistung zivilrechtlicher Schadensansprüche bei Verstößen gegen sämtliches europäisches (Verordnungs-)Recht ableiten. Einer Übertragung der EuGH-Rechtsprechungen in den Rechtssachen *Courage*, *Manfredi* und *Muñoz* auf die Regelungen des Missbrauchsregimes steht ferner der Umstand entgegen, dass der europäische Gesetzgeber Ersatzansprüche betroffener Anleger nicht mitaufgenommen hat, obwohl ihm die diesbezüglichen Abweichungen in den einzelnen Mitgliedstaaten bekannt waren.[285] Aus Art. 4 Abs. 3 EUV lässt sich daher nicht zwingend das allgemeine Gebot des *private enforcement* ableiten. Diese Tür würde sich allenfalls dann öffnen, wenn keine ausreichenden straf- und verwaltungsrechtlichen Sanktionen bei Verstößen gegen das Marktmanipulationsverbot im nationalen Recht zur Verfügung stünden. Ein solches Defizit ist jedoch auch im deutschen Recht nicht erkennbar. Denn anders als im Insiderrecht – vgl. §§ 97, 98 WpHG – hat der deutsche Gesetzgeber mit der Einführung des kapitalmarktrechtlichen Sanktionsregimes durch das 1. und 2. FiMaNoG[286] keinen speziellen zivilrechtlichen Haftungstatbestand für Verstöße gegen das Marktmanipulationsverbot geschaffen. Sollten bei der Rechtsdurchsetzung – etwa im Ausland – Defizite bestehen, wäre an diesen Stellen nachzubessern.[287]

Mithin ist die Schutzgesetzqualität des Art. 12 MMVO wegen der Konzentration der MMVO auf ein *public enforcement*[288] abzulehnen, sodass von Shortseller-Attacken betroffene Anleger ihren Schaden nicht über § 823 Abs. 2 BGB

---

[284] *Mülbert*, in: Assmann/Schneider/Mülbert, Wertpapierhandelsrecht, 7. Aufl. 2019, Art. 15 VO (EU) Nr. 596/2014 Rn. 47; *Verse*, ZHR 170 (2006), 398, 407.

[285] *Mülbert*, in: Assmann/Schneider/Mülbert, Wertpapierhandelsrecht, 7. Aufl. 2019, Art. 15 VO (EU) Nr. 596/2014 Rn. 48.

[286] Gesetze zur Novellierung von Finanzmarktvorschriften auf Grund europäischer Rechtsakte.

[287] *Brellochs*, ZGR 2020, 319, 327.

[288] Zu diesem Begriff im Zusammenhang mit § 20a WpHG a.F. vgl. *Schmolke*, ZBB 2012, 165, 169 f.

ersetzt verlangen können. Indes steht – soweit ersichtlich – eine gerichtliche Entscheidung zu dieser Frage aus.

IV. § 823 Abs. 2 i.V.m. Art. 12 LeerverkaufsVO bzw. § 30h WpHG a.F. (ungedeckte Leerverkäufe)

1. Schutzgesetzeigenschaft des § 30h WpHG (Verbot ungedeckter Leerverkäufe in Aktien und bestimmten Schuldtiteln) – in der vor dem 16.11.2012 geltenden Fassung (a.F.)

In Anlehnung an die Ausführungen zu § 20a WpHG a.F. liegt es nahe, auch im Hinblick auf die Vorgängernorm des Art. 12 LeerverkaufsVO[289] – § 30h WpHG a.F. (hierzu vgl. bereits Teil 1:§ 1V.3.b)aa) – die Schutzgesetzeigenschaft mangels individualschützenden Charakters abzulehnen. In der Gesetzesbegründung wird ausdrücklich Bezug genommen auf die institutionellen Funktionen der Norm, wie die Stabilität und Integrität des Finanzmarkts, das zu stärkende Vertrauen in die Finanzmärkte und die Verbesserung des Aufsichtsrechts.[290] Darüber hinaus heißt es im Diskussionsentwurf, dass der Anlegerschutz nicht durch die Durchsetzung individueller Ansprüche, sondern im öffentlichen Interesse durch die Aufsicht über den Markt und insbesondere die Marktteilnehmer und deren Verhalten verfolgt werde.[291] Regelungszweck war es daher vielmehr die durch das Tätigen von ungedeckten Leerverkäufen für den Finanzmarkt entstehende Risiken abzufangen.[292] Gegen einen individualschützenden Charakter der Norm spricht ferner, dass Verstöße gegen die Leerverkaufsverbote nicht zur Nichtigkeit der zivilrechtlichen Verträge nach § 134 BGB führten, da es sich insoweit nicht um ein gesetzliches Verbot handelte, das die Nichtigkeit entsprechender Rechtsgeschäfte bezweckte.[293] Rechtsprechung hierzu ist jedoch nicht ergangen,

---

[289] Verordnung (EU) Nr. 236/2012 des Europäischen Parlaments und des Rates vom 14. März 2012 über Leerverkäufe und bestimmte Aspekte von Credit Default Swaps Text von Bedeutung für den EWR.

[290] BT-Drucksache, 17/1952, S. 7, 9.

[291] Diskussionsentwurf eines Gesetzes zur Stärkung des Anlegerschutzes und Verbesserung der Funktionsfähigkeit des Kapitalmarkts, S.33, abrufbar unter https://rsw.beck.de/docs/librariesprovider5/rsw-dokumente/DiskE-BMF-Anlegerschutzverbesserungsgesetz.

[292] Vgl. auch *Stelling*, Anlegerschutz, 2014, S. 118.

[293] BT-Drucksache, 17/1952, S.9; *Schäfer*, in: Assmann/Schütze/Buck-Heeb, Hdb-KapAnlR, 5. Aufl. 2020, 2. Teil, 6. Kap., § 21 Rn. 23.

zumal die Vorschrift bereits nach etwas mehr als zwei Jahren durch Art. 12 LeerverkaufsVO abgelöst wurde.

2. Schutzgesetzeigenschaft des Art. 12 LeerverkaufsVO

Der Zweck der Leerverkaufsbeschränkungen liegt nach Erwägungsgrund 2 der LeerverkaufsVO darin, „das ordnungsgemäße Funktionieren des Binnenmarkts sicherzustellen und die Voraussetzungen für sein Funktionieren, insbesondere in Bezug auf die Finanzmärkte, zu verbessern und ein hohes Maß an Verbraucher- und Anlegerschutz zu gewährleisten". Ebenso nennen die Erwägungsgründe 1, 22, 27, 29, 33, 38, 40 und 43 die Sicherstellung der Finanzmarktstabilität bzw. den Schutz der Finanzmärkte vor systemischen Risiken als Ziel der Verordnung. Im Gegensatz hierzu wird die Stärkung des Anlegerschutzes nur vereinzelt in Erwägungsgrund 2 und 40 (letzteres im Hinblick auf die Transparenzpflichten aus Art. 5 und 6 der LeerverkaufsVO) erwähnt. Im Vordergrund steht mithin offensichtlich die Stärkung der Finanzmarktstabilität, die sich mit der Finanzmarktkrise aus den Jahren 2007–2008 erklären lässt. Hier hatte ein Verlust des Anlegervertrauens zu einer Destabilisierung der Finanzmärkte geführt.[294] Mithin kann der Anlegerschutz nicht als das eigentliche Ziel der Verordnung gesehen werden, sondern vielmehr als eine im untrennbaren Zusammenhang mit der Finanzmarktstabilität stehendes untergeordnetes Ziel, eben eine Art Reflexwirkung.[295] Wie bereits eingangs erwähnt, setzt das Vorliegen einer Schutzgesetzeigenschaft i.S.d. § 823 Abs. 2 BGB aber voraus, dass Inhalt und Zweck der Vorschrift nach dem gesetzgeberischen Willen gerade auf den Individualrechtsschutz gerichtet ist (s. bereits unter Teil 2:§ 2III.). Die (vereinzelte)[296] Erwähnung des Anlegerschutzes in den Erwägungsgründen führt zu keinem anderen Ergebnis, da so zwar deutlich wird, dass der Anlegerschutz ein Mittel zum Zweck ist, aber nicht der Zweck selbst.

---

[294] *Lange*, Regulierung von Aktienleerverkäufen, 2016, 175, 176; *Stelling*, Anlegerschutz, 2014, S. 119.

[295] *Mülbert/Sajnovits*, ZBB 2012, 266, 283; Vgl. auch *Lange*, Regulierung von Aktienleerverkäufen, 2016, S. 176.

[296] Der „Anlegerschutz" wird in den Erwägungsgründen nur drei Mal erwähnt, während die Funktionsfähigkeit der Märkte neun Mal und die Marktstabilität acht Mal in den Erwägungsgründen der LeerverkaufsVO erwähnt werden.

Dieses Ergebnis steht auch im Einklang mit der Feststellung des BGH, dass der Anwendungsbereich von Schutzgesetzen nicht ausufern solle.[297] Zugleich kann dies als Hinweis darauf verstanden werden, dass der dem BGB innewohnende Grundsatz der Nichtersatzfähigkeit reiner Vermögensschäden nicht ausgehebelt werden darf. Der Verstoß gegen das Verbot ungedeckter Leerverkäufe aus Art. 12 LeerverkaufsVO berührt dabei (lediglich) die Gewinnchancen negativ betroffener Marktteilnehmer durch die Beeinflussung von Wertpapierkursen, absolute Rechte i.S.d. § 823 Abs. 1 BGB sind dagegen nicht tangiert. Auch wenn § 823 Abs. 2 BGB reine Vermögensinteressen schützt, ist die eine Abweichung von der zentralen Wertung des BGB rechtfertigende Schwelle zum Aufschwingen von einer allgemein schützenden zu einer (auch) individualschützenden Norm nicht erreicht.

Die Annahme einer bloßen Reflexwirkung deckt sich darüber hinaus auch mit den Ausführungen zur Schutzgesetzeigenschaft des § 20a WpHG a.F. (s. Teil 2:§ 2III.2.a)). Auch mit anderen kapitalmarktrechtlichen Vorschriften geht der BGH sehr restriktiv um, wenn es um die Qualifizierung als Schutzgesetze geht. Einen Ausnahmefall stellt der Erlaubnisvorbehalt in § 32 KWG[298] dar, wonach derjenige, der im Inland gewerbsmäßig oder in einem Umfang, der einen in kaufmännischer Weise eingerichteten Geschäftsbetrieb erfordert, Bankgeschäfte betreiben oder Finanzdienstleistungen erbringen will, der schriftlichen Erlaubnis der Aufsichtsbehörde bedarf, § 32 Abs. 1 Satz 1 KWG. Hier hat der BGH in einer Reihe von Entscheidungen die Schutzgesetzeigenschaft i.S.d. § 823 Abs. 2 BGB zugunsten der Anleger angenommen und mehrfach bestätigt.[299] Hinsichtlich der §§ 31, 32 WpHG a.F.[300]

---

[297] BGH, Urt. v. 13.12.2011 – XI ZR 51/10, BGHZ 192, 90 = NJW 2012, 1800, 1802 („IKB").

[298] Gesetz über das Kreditwesen.

[299] BGH, Urt. v. 13.4.1994 – II ZR 16/93, BGHZ 125, 366, 379 Rz. 49 = ZIP 1994, 867; BGH, Urt. v. 19.1.2006 – III ZR 105/05, BGHZ 166, 29 Rz.17 = NJW-RR 2006, 630; BGH, Urt. v. 21.4.2005 – III ZR 238/03, ZIP 2005, 1223; BGH, Urt. v. 11.7.2006 – VI ZR 339/04, ZIP 2006, 1764; BGH, Urt. v. 7.12.2009 – II ZR 15/08, WM 2010, 262, 263; BGH, Urt. v. 23.11.2010 – VI ZR 244/09, WM 2011, 20, 21; Vgl. auch *Wendelstein*, GPR 2021, 220, 228.

[300] § 31 Abs. 1 WpHG a.F. in der vor dem 01.11.2007 geltenden Fassung lautete: „(1) Ein Wertpapierdienstleistungsunternehmen ist verpflichtet, 1. Wertpapierdienstleistungen und Wertpapiernebendienstleistungen mit der erforderlichen Sachkenntnis, Sorgfalt und Gewissenhaftigkeit im Interesse seiner Kunden zu erbringen, 2. sich um die Vermeidung von Interessenkonflikten zu bemühen und dafür zu sorgen, daß

hingegen, die besondere Verhaltens- und Sorgfaltspflichten vorsahen, versagte der BGH eine Schutzgesetzeigenschaft.[301] Er betont, dass die §§ 31 ff. WpHG Schutzgesetzcharakter i.S.d. § 823 Abs. 2 BGB nur haben können, soweit sie nicht lediglich aufsichtsrechtlicher Natur sind, sondern ihnen auch anlegerschützende Funktion zukommt. Ist dies der Fall, so können sie zwar für Inhalt und Reichweite (vor-)vertraglicher Aufklärungs- und Beratungspflichten von Bedeutung sein. Ihr zivilrechtlicher Schutzbereich geht aber nicht über diese (vor-)vertraglichen Pflichten hinaus. Daraus folgt laut dem BGH, dass ihnen keine eigenständige, über die zivilrechtlichen Aufklärungs- und Beratungspflichten hinausgehende schadensersatzrechtliche Bedeutung zukommt.[302] Die Pflicht eines Wertpapierdienstleistungsunternehmens nach § 31 Abs. 1 Nr. 2 WpHG a.F., sich zu bemühen, Interessenkonflikte zu vermeiden, hat danach keinen Schutzgesetzcharakter, soweit diese Pflicht die Ergreifung organisatorischer Maßnahmen beinhaltet. Soweit ein Wertpapierhandelsunternehmen einen Interessenkonflikt nicht nur durch organisatorische Maßnahmen, sondern auch durch sachgerechte Information des Kunden vermeiden kann, geht der zivilrechtliche Schutzzweck einer solchen

---

bei unvermeidbaren Interessenkonflikten der Kundenauftrag unter der gebotenen Wahrung des Kundeninteresses ausgeführt wird.";
§ 32 Abs. 2 Nr. 1 WpHG a.F. in der vor dem 01.11.2007 geltenden Fassung lautete: „(2) Den Geschäftsinhabern eines in der Rechtsform des Einzelkaufmanns betriebenen Wertpapierdienstleistungsunternehmens, bei anderen Wertpapierdienstleistungsunternehmen den Personen, die nach Gesetz oder Gesellschaftsvertrag mit der Führung der Geschäfte des Unternehmens betraut und zu seiner Vertretung ermächtigt sind, sowie den Angestellten eines Wertpapierdienstleistungsunternehmens, die mit der Durchführung von Geschäften in Finanzinstrumenten, der Finanzanalyse oder der Anlageberatung betraut sind, ist es verboten, 1. Kunden des Wertpapierdienstleistungsunternehmens den Ankauf oder Verkauf von Finanzinstrumenten unter den Voraussetzungen des Absatzes 1 Nr. 1 oder zu dem Zweck zu empfehlen, für den Abschluss von Geschäften für sich oder Dritte Preise von Finanzinstrumenten in eine bestimmte Richtung zu lenken;[...]"

301 BGH, Urt. v. 19.12.2006 – XI ZR 56/05, BGHZ 170, 226 = NJW 2007, 1876; BGH, Urt. v. 19.2.2008 – XI ZR 170/07, BGHZ 175, 276 = WM 2008, 825.

302 BGH, Urt. v. 19.12.2006 – XI ZR 56/05, BGHZ 170, 226 Rz. 18 = NJW 2007, 1876; ebenso BGH, Urt. v. 13.12.2011 – XI ZR 51/10, BGHZ 192, 90 Rz. 26 = NJW 2012, 1800, 1803 („IKB"); BGH, Urt. v. 19.2.2008 – XI ZR 170/07, BGHZ 175, 276 Rz. 14 = WM 2008, 825, 826 wonach den aufsichtsrechtlichen Regeln des WpHG keine eigenständige schadensersatzrechtliche Bedeutung zukommt.

Informationspflicht nicht weiter als die Aufklärungs-[303] und Beratungspflichten aus einem Beratungsvertrag oder aus §§ 241 Abs. 2, 311 Abs. 2 BGB.[304]

Der Anwendbarkeit der vorgenannten Rechtsprechung, wonach den aufsichtsrechtlichen Regeln des WpHG keine eigenständige schadensersatzrechtliche Bedeutung zukommt, ist – auch wenn es sich um europäisches Recht handelt – auf Art. 12 LeerverkaufsVO anwendbar. Zwar ist diese Norm nicht Regelungsgegenstand des WpHG, löst aber § 30h WpHG a.F., der das Verbot ungedeckter Leerverkäufe regelte, als die nationale Vorgängernorm ab. Mithin kommt auch Art. 12 LeerverkaufsVO als Reflektion des WpHG ein aufsichtsrechtlicher Charakter zu.[305]

Schließlich spricht eine Betrachtung der Rechtsfolgenseite – jedenfalls mitbegründend – gegen eine Qualifizierung als Schutzgesetz. Ist eine natürliche oder juristische Person, die Aktien verkauft, nicht in der Lage, die Aktien innerhalb von vier Geschäftstagen nach dem Tag, an dem die Abwicklung fällig ist, zur Abwicklung des Geschäfts zu liefern, so war gem. Art. 15 Abs. 1 a) LeeverkaufsVO a.F.[306] durch die zuständigen Stellen automatisch ein Verfahren zur Eindeckung mit den Aktien in Gang zu setzen, um sicherzustellen, dass diese zur Abwicklung des Geschäfts geliefert werden, sog. Zwangseindeckungsverfahren. Nach dessen Abs. 2 hatte zudem die zuständige Stelle (eine zentrale Gegenpartei in einem Mitgliedstaat, die Clearingdienste für Aktien erbringt) sicherzustellen, dass für jeden Tag, an dem das Geschäft nicht abgewickelt werden kann, eine Zahlung zu leisten ist. Überdies stellt ein Verstoß gegen Art. 12 Abs. 1 LeerverkaufsVO gem. § 120 Abs. 6 Nr. 3 WpHG[307] eine Ordnungswidrigkeit dar, die gem. § 120 Abs. 24 WpHG mit

303 Zu Aufklärungspflichten und der Frage der Haftung aus c.i.c. *Dauner-Lieb*, Verbraucherschutz, 1983, S. 78 ff.

304 BGH, Urt. v. 19.12.2006 – XI ZR 56/05, BGHZ 170, 226 Rz. 19 = NJW 2007, 1876.

305 So auch *Lange*, Regulierung von Aktienleerverkäufen, 2016, S. 177.

306 Da die Maßnahmen zur Vermeidung gescheiterter Abwicklungen und des Vorgehens dagegen durch die Verordnung (EU) Nr. 909/2014 auf Unionsebene harmonisiert wurden, und diese einen weiteren Anwendungsbereich für diese Maßnahmen vorsieht als die LeerverkaufsVO, musste Ar.15 LeerverkaufsVO aufgehoben werden, s. Erwägungsgrund 78 der Verordnung (EU) Nr. 909/2014 vom 23. Juli 2014.

307 Hierbei handelt es sich um die Umsetzung des Art. 41 LeerverkaufsVO, wonach die Mitgliedstaaten Regeln für Sanktionen und verwaltungsrechtliche Maßnahmen festlegen müssen, die bei Verstößen gegen die LeerverkaufsVO verhängt werden, und alle erforderlichen Maßnahmen ergreifen zu haben, um deren Durchsetzung zu

einer Geldbuße von bis zu 500.000 EUR geahndet werden kann. Mithin existieren kapitalmarktrechtliche Vorschriften, die den Schutz von Anlegern durch abschreckende Sanktionsinstrumente gegenüber Leerverkäufern gewährleisten, sodass ein zusätzlicher zivilrechtlicher Schutz aus dem Bereich des Deliktsrechts entbehrlich erscheint.[308] Auch wenn hiermit noch nichts über Kompensationsmöglichkeiten negativ betroffener Marktteilnehmer gesagt ist, bleibt nach Vorstehendem zu berücksichtigen, dass der Anwendungsbereich von Schutzgesetzen nicht ausufern soll.[309]

Festzuhalten bleibt somit, dass Art. 12 LeerverkaufsVO über den Institutionenschutz hinaus keinen Individualschutz bezweckt. Durch den ungedeckten Leerverkauf negativ betroffene Marktteilnehmer können ihren Schaden mangels Schutzgesetzeigenschaft somit nicht auf § 823 Abs. 2 BGB i.V.m. Art. 12 LeerverkaufsVO stützen.

V. § 823 Abs. 2 i.V.m. § 120 Abs. 6 Nr. 3 WpHG (Ordnungswidrigkeitenrecht)

Durch die Qualifizierung eines Verstoßes gegen Art. 12 Abs. 1 LeerverkaufsO als Ordnungswidrigkeit i.S.d. § 120 Abs. 6 Nr. 3 WpHG stellt sich weiterhin die Frage, ob letztgenannte Norm als Schutzgesetz i.S.d. § 823 Abs. 2 BGB taugt. Dies scheitert nicht bereits an dem Normcharakter. Denn auch die Sanktion als Ordnungswidrigkeit kann ein Schutzgesetz darstellen. Erforderlich ist jedoch eine Gesamtbetrachtung der Regelung. Wenn die schützenswerten Interessen des Beeinträchtigten anderweitig ausreichend abgesichert sind, bedarf es keines weiteren deliktischen Schutzes über § 823 Abs. 2 BGB.[310] Vor diesem Hintergrund bedeutet dies, dass § 120 Abs. 6 Nr. 3 WpHG zum einen dem Anlegerschutz zu dienen bestimmt sein muss und zum anderen die beeinträchtigten Anlegerinteressen nicht anderweitig hinreichend geschützt

gewährleisten. Diese Sanktionen und verwaltungsrechtlichen Maßnahmen müssen wirksam, verhältnismäßig und abschreckend sein.

308 Vgl. BGH, Urt. v. 29.6.1982 – VI ZR 33/81, BGHZ 84, 312 Rz. 14 = ZIP 1982, 1090, 1091; BGH, Urt. v. 22.6.2010 – VI ZR 212/09, BGHZ 186, 58 Rz. 29 = ZIP 2010, 1433, 1436.

309 BGH, Urt. v. 13.12.2011 – XI ZR 51/10, BGHZ 192, 90 = NJW 2012, 1800, 1802 („IKB“).

310 BGH, Urt. v. 29.6.1982 – VI ZR 33/81, BGHZ 84, 312 Rz. 14 = ZIP 1982, 1090, 1091.

sein dürfen. Nur bei kumulativem Vorliegen dieser Voraussetzungen kann die Norm als Schutzgesetz i.S.d. § 823 Abs. 2 BGB qualifiziert werden.

Einigkeit besteht jedenfalls darüber, dass die Ordnungswidrigkeitentatbestände des § 120 WpHG das überindividuelle Rechtsgut der Funktionsfähigkeit der organisierten Kapitalmärkte schützen.[311] Nach einer Auffassung in der Literatur dienen viele Tatbestände der Vorgängernorm, § 39 WpHG a.F.[312] (insb. § 39 Abs. 2 Nr. 15–19 WpHG a.F.), wegen des vom Gesetzgeber bewusst verbesserten Anlegerschutzes jedoch nicht mehr nur aufsichtsrechtlichen Zwecken, sondern zugleich dem Schutz von Individualinteressen.[313] Dem ist aber – jedenfalls soweit es um den Tatbestand des § 120 Abs. 6 Nr. 2 WpHG geht – nicht zuzustimmen. Die Norm ist Ausfluss des in Art. 41 LeerverkaufsVO statuierten Regelungsauftrags, wonach „die Mitgliedstaaten [...] Regeln für Sanktionen und verwaltungsrechtliche Maßnahmen fest[legen], die bei Verstößen gegen diese Verordnung verhängt werden, und [...] alle erforderlichen Maßnahmen [ergreifen], um deren Durchsetzung zu gewährleisten. Diese Sanktionen und verwaltungsrechtlichen Maßnahmen müssen wirksam, verhältnismäßig und abschreckend sein.“.[314] Mithin kann nicht ohne weiteres davon ausgegangen werden, dass der deutsche Gesetzgeber mit § 120 Abs. 6 Nr. 3 WpHG über die Zwecke der Leerverkaufsordnung hinausgehende Ziele verfolgt. Solche „überschießenden“ Ziele sind den Gesetzesunterlagen jedenfalls nicht zu entnehmen.[315] Folglich bleibt es dabei, dass die in der Leerverkaufsordnung geregelten Zwecke bzw. Erwägungen für die Bewertung als Schutzgesetz heranzuziehen sind. Diese lassen eine Qualifizierung als Schutzgesetz zugunsten negativ betroffener Marktteilnehmer aber nicht

---

311 *Böse/Jansen*, in: Schwark/Zimmer, Kapitalmarktrecht, 5. Aufl. 2020, § 120 WpHG Rn. 3; Zur Vorgängernorm *Waßmer*, in: Fuchs, WpHG, 2. Aufl. 2016, § 39 Rn. 8; *Kämpfer/Travers*, in: Seibt/Buck-Heeb/Harnos, BeckOK, WpHG, § 120 Rn. 12; *Trüg/Ruppert*, in: Leitner/Rosenau, NK-WSS, 2. Aufl. 2022, § 120 WpHG Rn. 3.

312 In der vor dem 02.07.2016 geltenden Fassung.

313 Zur Vorgängernorm *Waßmer*, in: Fuchs, WpHG, 2. Aufl. 2016, § 39 Rn. 8.

314 *Zetzsche/Lehmann*, in: Schwark/Zimmer, Kapitalmarktrecht, 5. Aufl. 2020, § 53 WpHG Rn. 26; *Mülbert/Sajnovits*, in: Assmann/Schneider/Mülbert, Wertpapierhandelsrecht, 7. Aufl. 2019, Vorb. Art. 1-41 Rn. 24.

315 Vgl. BT-Drucksache 17/9665, abrufbar unter https://dserver.bundestag.de/btd/17/096/1709665.pdf, wonach einziges Ziel die Umsetzung der Vorgaben in der LeerverkaufsVO ist.

zu, da im Vordergrund die Stärkung der Finanzmarktstabilität steht (siehe hierzu bereits Teil 2:§ 2IV.2.).

VI. § 823 Abs. 2 BGB i.V.m. Art. 20 MMVO (Anlageempfehlungen)

1. Vorliegen einer Anlageempfehlung i.S.d. Art. 20 MMVO

Art. 20 Abs. 1 MMVO regelt, dass Personen, die Anlageempfehlungen oder andere Informationen, durch die eine Anlagestrategie empfohlen oder vorgeschlagen wird, erstellen oder verbreiten, in angemessener Weise dafür Sorge zu tragen haben, dass die Informationen objektiv dargestellt und ihre Interessen oder Interessenkonflikte hinsichtlich der Finanzinstrumente, auf die diese Informationen sich beziehen, offengelegt werden.

Eine Legaldefinition für die Begriffe der „Empfehlung oder de[s] Vorschlags einer Anlagestrategie" findet sich in Art. 3 Abs. 1 Nr. 34 MMVO. Hiernach handelt es sich um „eine von einem unabhängigen Analysten, einer Wertpapierfirma, einem Kreditinstitut oder einer sonstigen Person, deren Haupttätigkeit in der Erstellung von Anlageempfehlungen besteht, oder einer bei den genannten Einrichtungen im Rahmen eines Arbeitsvertrags oder anderweitig tätigen natürlichen Person erstellte Information, die direkt oder indirekt einen bestimmten Anlagevorschlag zu einem Finanzinstrument oder einem Emittenten darstellt;" (Ziffer i) oder „eine von anderen als den in Ziffer i genannten Personen erstellte Information, die direkt eine bestimmte Anlageentscheidung zu einem Finanzinstrument vorschlägt" (Ziffer ii).

„Anlageempfehlungen" wiederum „bezeichnet Informationen mit expliziten oder impliziten Empfehlungen oder Vorschlägen zu Anlagestrategien in Bezug auf ein oder mehrere Finanzinstrumente oder Emittenten, die für Verbreitungskanäle oder die Öffentlichkeit vorgesehen sind, einschließlich einer Beurteilung des aktuellen oder künftigen Wertes oder Kurses solcher Instrumente", Art. 3 Abs. 1 Nr. 35 MMVO.

Gegen das Vorliegen einer Empfehlung oder des Vorschlags einer Anlagestrategie im o.g. Sinne durch Shortseller lässt sich argumentieren, dass die Haupttätigkeit nicht darin besteht, Anlageempfehlungen zu erstellen und die Anlageempfehlung in dem konkreten von dem Shortseller veröffentlichten Bericht jedenfalls nicht direkt einen bestimmten Anlagevorschlag enthält.[316] Wird dagegen zunächst extra eine Gesellschaft – durch den Shortseller selbst und/oder von diesem finanziert – gegründet, damit diese einen bestimmten (negativen) Bericht veröffentlicht, läge ein (indirekter) Anlagevorschlag vor, der von Art. 3 Abs. 1 Nr. 34 Ziffer i) erfasst wird.[317] In jedem Fall dürfte aber eine Anlageempfehlung i.S.d. Art. 35 MMVO vorliegen. Dieser lässt eine „implizite" Anlageempfehlung ausreichen, wenn sie für Verbreitungskanäle oder die Öffentlichkeit vorgesehen ist.[318]

Dies wiederum führt zu eingangs wiedergegebener Pflicht aus Art. 20 Abs. 1 MMVO, wonach Shortseller „in angemessener Weise" dafür Sorge zu tragen haben, dass die Informationen objektiv dargestellt werden. Ein Negativbeispiel wären Anlageempfehlungen von Banken und Beratern, die vorgeben, neutral zu sein. Erforderlich ist beispielsweise ein Disclaimer mit dem Hinweis, dass nicht notwendigerweise alle verfügbaren Informationen für den Bericht verwertet wurden.[319] Die Marktteilnehmer dürfen jedenfalls nicht ernsthaft damit rechnen können, die Darstellung sei restlos ausgewogen. Auch wenn ein einfacher Hinweis auf einen bestehenden Interessenkonflikt nicht als Lizenz für jedwede tendenziöse, missverständliche und irreführende Berichterstattung gesehen werden kann, erschwert es dennoch die Annahme eines Verstoßes gegen Art. 20 MMVO. Denn hierzu bedürfte es der Darlegung und des Beweises, dass die Darstellung nicht „angemessen" objektiv erfolgte.[320]

Um die Objektivität zu gewährleisten, müssen Ersteller von Empfehlungen die Anforderungen nach Art. 3 der DelVO 2016/958[321] erfüllen.[322] Nach Abs. 1 gehört hierzu, dass Tatsachen deutlich von Auslegungen, Schätzungen,

---

[316] *Schockenhoff/Culmann*, AG 2016, 517, 523.
[317] *Schockenhoff/Culmann*, AG 2016, 517, 523.
[318] *Schockenhoff/Culmann*, AG 2016, 517, 523.
[319] *Schockenhoff/Culmann*, AG 2016, 517, 523.
[320] *Schockenhoff/Culmann*, AG 2016, 517, 523.
[321] Delegierte Verordnung (EU) 2016/958 der Kommission vom 9. März 2016 zur Ergänzung der Verordnung (EU) Nr. 596/2014 des Europäischen Parlaments und des Rates im Hinblick auf die technischen Regulierungsstandards für die technischen Modalitäten für die objektive Darstellung von Anlageempfehlungen oder anderen Informationen mit Empfehlungen oder Vorschlägen zu Anlagestrategien sowie für die Offenlegung bestimmter Interessen oder Anzeichen für Interessenkonflikte.
[322] *Kumpan/Schmidt*, in: Schwark/Zimmer, Kapitalmarktrecht, 5. Aufl. 2020, Art. 20 VO (EU) 596/2014 Rn. 83.

Stellungnahmen und anderen Arten nicht sachbezogener Informationen unterschieden werden. Weiterhin müssen alle wesentlichen Informationsquellen klar und unmissverständlich angegeben werden sowie alle Informationsquellen zuverlässig sein bzw. bei Zweifeln an der Zuverlässigkeit der Quelle klar darauf hingewiesen werden. Prognosen, Vorhersagen und angestrebte Kursziele müssen ferner klar und unmissverständlich als solche gekennzeichnet werden und auf die bei ihrer Erstellung oder Verwendung zugrunde gelegten wesentlichen Annahmen hingewiesen werden. Schließlich müssen das Datum und der Zeitpunkt, zu dem die Erstellung der Empfehlung abgeschlossen wurde, klar und unmissverständlich angegeben werden. Wäre dagegen die Offenlegung der Informationsquellen oder des Datums und des Zeitpunkts der Erstellung im Vergleich zur Länge oder Form der abgegebenen Empfehlung unverhältnismäßig, unter anderem auch im Falle nichtschriftlicher Empfehlungen, die beispielsweise bei Sitzungen, Informationsveranstaltungen, Audio- oder Videokonferenzen sowie Interviews in Radio und Fernsehen oder auf Websites erteilt werden, so reicht nach Art. 3 Abs. 2 DelVO 2016/958 die Angabe des Ortes aus, an dem die geforderten Informationen für die Empfänger der Empfehlung kostenfrei unmittelbar und einfach zugänglich sind.[323]

Diese allgemeinen Angaben werden wiederum durch Art. 4 Abs. 1 lit. e DelVO 2016/958 präzisiert. Dieser verlangt, dass jede Empfehlung, beispielsweise ein Kaufen, Verkaufen oder Halten, und der zeitliche Rahmen, auf den sich die Empfehlung bezieht, angemessen erläutert wird und eine angemessene Risikowarnung, was eine Empfindlichkeitsanalyse bezüglich der Änderung einschließt, gegeben wird.[324] Damit ist eine Rückanknüpfung an die o.g. „angemessen" objektive Darstellung gegeben. Was eine angemessene Risikowarnung ist, ist einzelfallabhängig zu bestimmen. Im Einzelfall mag auch eine allgemeine Risikowarnung als Hinweis auf die allgemeine Prognoseunsicherheit ausreichen.[325] Denn eine angemessene Warnung vor

[323] S. hierzu auch *Kumpan/Schmidt*, in: Schwark/Zimmer, Kapitalmarktrecht, 5. Aufl. 2020, Art. 20 VO (EU) 596/2014 84 ff.; *Foerster*, in: Habersack/Mülbert/Schlitt, Hdb. der Kapitalmarktinformation, 3. Aufl. 2020, 2. Teil, 5. Kap, § 23 Rn. 84 ff.

[324] *Foerster*, in: Habersack/Mülbert/Schlitt, Hdb. der Kapitalmarktinformation, 3. Aufl. 2020, 2. Teil, 5. Kap, § 23 Rn. 90.

[325] *Foerster*, in: Habersack/Mülbert/Schlitt, Hdb. der Kapitalmarktinformation, 3. Aufl. 2020, 2. Teil, 5. Kap, § 23 Rn. 90.

Risiken bedeutet keine umfassende Warnung vor sämtlich erdenklichen Risiken.[326] Dies stünde im Regelfall im Missverhältnis zum Umfang der Anlageempfehlung.[327] Hieraus ergibt sich die o.g. Schwierigkeit der Darlegung und des Beweises der „Angemessenheit".

Liegt dagegen der Hauptvorwurf nicht darin, dass es an einer angemessen objektiven Darstellung fehle, sondern in der fehlenden Offenlegung eines mutmaßlich bestehenden Interessenkonflikts (Art. 20 Abs. 1 MMVO a.E.), ergeben sich diese Schwierigkeiten nicht. So liegt etwa ein Verstoß gegen Art. 20 Abs. 1 MMVO vor, wenn eine negative Berichterstattung von Shortstellern – die von einem Kurssturz profitieren – finanziert und diese Finanzierung von den Berichterstattern nicht offengelegt wird.[328] Sofern man Art. 20 MMVO als Schutzgesetz qualifiziert, kommt jedenfalls eine zivilrechtliche Haftung der Verfasser des Berichts in Betracht.

2. Schutzgesetzeigenschaft des Art. 20 MMVO

Art. 20 MMVO löst die RL 2003/6 (EG)[329] und 2003/125 (EG)[330] ab, die der § 34b WpHG a.F. und die FinAnV[331] a.F. umgesetzt hatten.[332] Die h.M. verneinte die Schutzgesetzeigenschaft der Vorgängernorm § 34b WpHG a.F. (in der Fassung vom 01.11.2007 bis 01.07.2016),[333] die Verhaltens- und Organisationspflichten im Zusammenhang mit der Erstellung und

326 *Kumpan/Schmidt*, in: Schwark/Zimmer, Kapitalmarktrecht, 5. Aufl. 2020, Art. 20 VO (EU) 596/2014 Rn. 93.

327 Ausführlich zur Empfindlichkeitsanalyse *Rothenhöfer*, in: Meyer/Veil/Rönnau, Hdb. Marktmissbrauchsrecht, 2. Aufl. 2023, Kap. F, § 23 Rn. 17.

328 *Schockenhoff/Culmann*, AG 2016, 517, 523.

329 Richtlinie 2003/6/EG des Europäischen Parlaments und des Rates vom 28. Januar 2003 über Insider-Geschäfte und Marktmanipulation (Marktmissbrauch).

330 Richtlinie 2003/125/EG der Kommission vom 22. Dezember 2003 zur Durchführung der Richtlinie 2003/6/EG des Europäischen Parlaments und des Rates in Bezug auf die sachgerechte Darbietung von Anlageempfehlungen und die Offenlegung von Interessenkonflikten.

331 Verordnung über die Analyse von Finanzinstrumenten (Finanzanalyseverordnung) vom 17.12.2004 geändert durch die Erste Verordnung zur Änderung der Finanzanalyseverordnung vom 20.7.2007.

332 *Koller*, in: Assmann/Schneider/Mülbert, Wertpapierhandelsrecht, 7. Aufl. 2019, Art. 20 VO (EU) Nr. 596/2014 Rn. 1.

333 *Schockenhoff/Culmann*, AG 2016, 517, 523 Fn. 42; M.w.N. *Möllers*, AfP 2010, 107, 111; Ausführlich *Meyer*, AG 2003, 610, 620 ff.

Verbreitung von Finanzanalysen begründete.[334] Die Vorschrift enthalte keine individualschützende Komponente, deren Verletzung durch die Verbreitung fehlerhafter Analysen als Grundlage für die Geltendmachung von Schadensersatzansprüchen dienen könne. Als Argument wurde angeführt, dass die Finanzanalyse nach der Legaldefinition einem unbestimmten Personenkreis zugänglich gemacht werden soll und hieraus allein der Schutz der Marktintegrität abgeleitet werden könne, nicht hingegen der Schutz unverfälschter Anlageentscheidungen einzelner Marktteilnehmer.[335] Der Schutz einzelner Anleger sei bloßer Rechtsreflex.[336]

Anders wurde dies für eine noch ältere Fassung des § 34b Abs. 6 WpHG a.F.[337] vertreten. Hiernach waren Wertpapierdienstleistungsunternehmen, die anderen eine Information über Finanzinstrumente oder deren Emittenten zugänglich machen und die direkt oder indirekt eine Empfehlung für eine bestimmte Anlageentscheidung enthält, dazu verpflichtet, diese Information mit der erforderlichen Sachkenntnis, Sorgfalt und Gewissenhaftigkeit darzubieten und Umstände oder Beziehungen, die bei den Erstellern, den für die Erstellung verantwortlichen juristischen Personen oder mit diesen verbundenen Unternehmen Interessenkonflikte begründen können, offenzulegen. Erfasst sei also der Fall gewesen, dass Wertpapierdienstleistungsunternehmen individuellen Personen eine Analyse oder sonstige Information mit einer Empfehlung oder Anregung zu einer bestimmten Anlagestrategie oder -entscheidung geben. Mithin ging die Vorschrift insoweit über den Regelungsgehalt der Marktmissbrauchsrichtlinie hinaus und erfasste auch solche Empfehlungen, die nicht zur Veröffentlichung bestimmt waren, sondern nur an bestimmte Dritte weitergegeben werden sollten. Da hiermit Verhaltenspflichten gegenüber Kunden begründet wurden und der betroffene Personenkreis hinreichend individualisiert war, erkannte man § 34b Abs. 6 WpHG wegen seines individualschützenden Charakters als Schutzgesetz zugunsten der individuellen Empfehlungsadressaten an.[338]

---

[334] *Fuchs*, in: ders., WpHG, 2. Aufl. 2016, § 34b Rn. 1.
[335] *Fuchs*, in: ders., WpHG, 2. Aufl. 2016, § 34b Rn. 3; M.w.N. *Berger/Ryborz*, WM 2014, 2241, 2243 Fn. 45.
[336] *Möllers*, AfP 2010, 107, 111.
[337] In der Fassung vom 30.10.2004 bis 31.10.2007.
[338] So jedenfalls *Fuchs*, in: ders., WpHG, 2. Aufl. 2016, § 34b Rn. 3.

In Abgrenzung hierzu gibt der Wortlaut des Art. 20 MMVO jedenfalls für einen Bezug zu einem hinreichend individualisierten Personenkreis nichts her. Nach Artikel 20 Abs. 1 MMVO müssen Personen, die Anlageempfehlungen oder andere Informationen erstellen oder verbreiten, durch die eine Anlagestrategie empfohlen oder vorgeschlagen wird, in angemessener Weise dafür sorgen, dass die Informationen objektiv dargestellt und ihre Interessen oder Interessenkonflikte hinsichtlich der Finanzinstrumente, auf die sich diese Informationen beziehen, offengelegt werden. So wird zwar eine Aussage über den Kreis der handelnden Personen getroffen, jedoch nicht hinsichtlich der betroffenen Marktteilnehmer, woraus eine individualschützende Komponente abgeleitet werden könnte. Auch die Erwägungsgründe der MMVO lassen keinen Schluss auf einen individuellen Vermögensschutz der Anleger zu. Vielmehr sind Anlageempfehlungen i.S.d. Art. 3 Abs. 1 Nr. 35 MMVO definitionsgemäß für „Verbreitungskanäle oder die Öffentlichkeit vorgesehen", richten sich also – parallel zur Legaldefinition in der Vorgängernorm § 34b WpHG a.F. – an einen unbestimmten Personenkreis. Im Übrigen können die Ausführungen zu Art. 12 MMVO übertragen werden, sodass Art. 20 MMVO nicht als Schutzgesetz anzuerkennen ist.[339]

Im Ergebnis bleibt auch hier festzuhalten, dass Shortseller-Attacken keine Ersatzhaftung der Shortseller-Aktivisten bzw. der Verfasser negativer Berichte für Vermögensschäden betroffener Anleger nach § 823 Abs. 2 BGB i.V.m. Art. 20 MMVO nach sich ziehen.

VII. § 823 Abs. 2 BGB i.V.m. Art. 14 lit. a), Art. 8 MMVO (Insidergeschäfte)

1. Vorliegen eines Insidergeschäfts i.S.d. MMVO

Nach Art. 14 lit. a) MMVO ist das Tätigen von Insidergeschäften und der Versuch hierzu verboten. Gemäß Art. 8 Abs. 1 MMVO liegt dabei ein Insidergeschäft vor, wenn eine Person über Insiderinformationen verfügt und unter Nutzung derselben für eigene oder fremde Rechnung direkt oder indirekt Finanzinstrumente, auf die sich die Informationen beziehen, erwirbt oder veräußert. Die Nutzung von Insiderinformationen in Form der Stornierung oder Änderung eines Auftrags in Bezug auf ein Finanzinstrument, auf das

---

339 *Brellochs*, ZGR 2020, 319, 328; *Schockenhoff/Culmann*, AG 2016, 517, 523 Fn. 42.

sich die Informationen beziehen, gilt auch als Insidergeschäft, wenn der Auftrag vor Erlangen der Insiderinformationen erteilt wurde. In Bezug auf Versteigerungen von Emissionszertifikaten oder anderen darauf beruhenden Auktionsobjekten gemäß der Verordnung (EU) Nr. 1031/2010[340] schließt die Nutzung von Insiderinformationen auch die Übermittlung, Änderung oder Zurücknahme eines Gebots durch eine Person für eigene Rechnung oder für Rechnung eines Dritten ein. Um „Insiderinformationen" wiederum handelt es sich u.a. bei „nicht öffentlich bekannte[n] präzise[n] Informationen, die direkt oder indirekt einen oder mehrere Emittenten oder ein oder mehrere Finanzinstrumente betreffen und die, wenn sie öffentlich bekannt würden, geeignet wären, den Kurs dieser Finanzinstrumente oder den Kurs damit verbundener derivativer Finanzinstrumente erheblich zu beeinflussen", Art. 7 Abs. 1 a) MMVO.

Wer hiernach Insiderinformationen für Leerverkäufe nutzt, verstößt gegen das Insiderhandelsverbot. Ein solcher Verstoß liegt also vor, wenn der Shortseller aus nicht öffentlich bekannten Quellen Informationen erlangt, die er später in seinen negativen Berichten verwendet, um den Kurs der betroffenen Aktie zu beeinflussen.[341]

Daneben kann eine Insiderinformation aber auch in der Kenntnis liegen, dass die Veröffentlichung eines negativen Berichts über das Zielunternehmen bevorsteht. Ist der Verfasser dieses Berichts zugleich selbst Shortseller, stellt sich die Frage der Verwendbarkeit der von ihm (durch die bevorstehende Berichterstattung) selbst geschaffenen Insiderinformation. Ein solches Vorgehen wird jedoch – mit Blick auf die Vorgängernorm § 14 Abs. 1 Nr. 1 WpHG – überwiegend als die Umsetzung der eigenen unternehmerischen Entscheidung bewertet, die ihrerseits nicht auf Insiderinformationen beruht.[342]

Nimmt man jedoch mit ersterem Fall das Vorliegen eines Verstoßes gegen das Insiderhandelsverbot an, stellt sich zum einen die Frage, ob das

---

340 Verordnung (EU) Nr. 1031/2010 der Kommission vom 12. November 2010 über den zeitlichen und administrativen Ablauf sowie sonstige Aspekte der Versteigerung von Treibhausgasemissionszertifikaten gemäß der Richtlinie 2003/87/EG des Europäischen Parlaments und des Rates über ein System für den Handel mit Treibhausgasemissionszertifikaten in der Gemeinschaft.

341 *Schockenhoff/Culmann*, AG 2016, 517, 524.

342 M.w.N. *Schockenhoff/Culmann*, AG 2016, 517, 524; *Stelling*, Anlegerschutz, 2014, S. 217.

Insiderhandelsverbot ein Schutzgesetz darstellt und zum anderen, ob ein kausaler Schaden negativ betroffener Anleger besteht.

2. Schutzgesetzeigenschaft des Art. 14 MMVO

Die wohl überwiegende Auffassung lehnt einen durch Art. 14 MMVO vermittelten Individualschutz und damit den Schutzgesetzcharakter der Norm ab.[343] Zur Begründung werden die bereits aufgegriffenen Punkte (s. Teil 2:§ 2III.2.) angeführt, dass aus den Erwägungsgründen (insb. 1, 24, 5 und 25) der MMVO deutlich werde, dass nur der Schutz der Finanzmärkte, nicht hingegen einzelner Anleger bezweckt sei. Deren Schutz stelle sich allenfalls als Rechtsreflex dar. Ferner wird auch hier argumentiert, dass die in der MMVO vorgesehen verwaltungsrechtlichen Sanktionen als Vorbeugungsinstrumentarien ausreichend seien, es zivilrechtlicher Ersatzansprüche mithin nicht bedürfe.[344] Schließlich deckt sich diese Auffassung auch mit den Ansichten zur Vorgängernorm § 14 WpHG, dessen Schutzgesetzeigenschaft abgelehnt wurde.[345]

Die Gegenansicht qualifiziert Art. 14 MMVO dagegen als Schutzgesetz. Die effektive Durchsetzung des Verbots des Insiderhandels fordere ebenfalls einen zivilrechtlichen Schutzmechanismus, welcher über eine deliktische Haftung des Insiders zu realisieren sei. Eine zivilrechtliche Haftung schaffe zusätzliche Anreize, sich gesetzeskonform zu verhalten und bilde damit eine sinnvolle Ergänzung der staatlichen Aufsicht.[346] Das Argument des Vorhandenseins verwaltungsrechtlicher Sanktionen mit der Folge des Ausschlusses zivilrechtlicher Kompensationsansprüche verfange nicht. Zum einen gebe es eine Wesensverschiedenheit zwischen einer verwaltungsrechtlichen Sanktionierung und einer privaten Rechtsdurchsetzung. Sinn des Verwaltungsverfahrens sei nämlich die Sanktionierung des Verhaltens, während der zivilrechtliche Schadensersatz vornehmlich auf Kompensation gerichtet sei.

---

[343] M.w.N. *Kumpan/Grütze*, in: Schwark/Zimmer, Kapitalmarktrecht, 5. Aufl. 2020, Art. 14 VO (EU) 596/2014 50, 51; *Assmann*, in: Assmann/Schneider/Mülbert, Wertpapierhandelsrecht, 7. Aufl. 2019, Art. 14 VO (EU) Nr. 596/2014 Rn. 12; *Klöhn*, in: ders., MMVO, 2018, Art. 14 Rn. 122.

[344] M.w.N. *Kumpan/Grütze*, in: Schwark/Zimmer, Kapitalmarktrecht, 5. Aufl. 2020, Art. 14 VO (EU) 596/2014 50, 51.

[345] M.w.N. *Mennicke*, in: Fuchs, WpHG, 2. Aufl. 2016, § 14 Rn. 442 ff.

[346] *Beneke/Thelen*, BKR 2017, 12.

Mithin impliziere die Nennung des einen nicht die Negierung des anderen. Zum anderen habe der EU-Gesetzgeber seinen Blick primär auf den staatlichen Überwachungs- und Aufsichtsauftrag gerichtet. Außerdem sei durch die Abwesenheit zivilrechtlicher Ersatzansprüche auf EU-Ebene keine Aussage im Hinblick auf die Schutzgesetzeigenschaft einer Verbotsnorm getroffen.[347] Denn der EU-Gesetzgeber verlasse sich auf die effektive Durchsetzung durch nationale Haftungsnormen.[348] Anders als die h.M. wird schließlich argumentiert, dass durch die MMVO primär der Schutz aller (individuellen) Marktteilnehmer bezweckt worden sei, was reflexartig zum Schutz des Marktes führe – nicht umgekehrt. Dies ergebe sich aus Erwägungsgrund 23 – insbesondere aus dem Wort „infolgedessen“ –, wonach das wesentliche Merkmal von Insidergeschäften ein ungerechtfertigter Vorteil sei, der mittels Insiderinformationen zum Nachteil Dritter erzielt werde, die diese Informationen nicht kennen, und infolgedessen in der Untergrabung der Integrität der Finanzmärkte und des Vertrauens der Investoren.[349]

Die Argumente dieser Ansicht sind indes nicht gänzlich abwegig, insbesondere ist es nicht von der Hand zu weisen, dass verwaltungsrechtliche Sanktionen Anleger nicht ebenso gut schützen wie Kompensationsansprüche.

Letztlich kann die – wohl zu verneinende – Schutzgesetzeigenschaft des Art. 14 MMVO aber offenbleiben, wenn der Verstoß gegen das Insiderhandelsverbot nicht kausal für den Schaden des einzelnen Anlegers ist.

3. Kausalität des Schadenseintritts

Anknüpfungspunkt für einen etwaigen Schadensersatzanspruch ist der Schaden durch den Kurssturz nach Veröffentlichung negativer Berichte. Der betroffene Anleger müsste dabei konkret nachweisen können, einen Schaden i.S.d. §§ 249 ff. BGB erlitten zu haben. Voraussetzung hierfür ist, dass er Vertragspartner des Insiders ist. Aber selbst Anleger, die ihre Aktien ausnahmsweise nicht über ihren Broker, sondern unmittelbar von einem Shortseller erwerben sollten, erleiden in der Regel keinen kausalen Schaden – sie dürften unabhängig von der Transaktion eines Insiders zum Kauf (oder Verkauf) der fraglichen Insiderpapiere zum maßgeblichen Zeitpunkt

---

[347] *Beneke/Thelen*, BKR 2017, 12, 12, 13.
[348] *Beneke/Thelen*, BKR 2017, 12, 13.
[349] *Beneke/Thelen*, BKR 2017, 12, 14.

entschlossen gewesen sein. Die Kausalität scheitert mithin daran, dass die Anleger die Aktien ohnehin gekauft hätten, wenn nicht vom Shortseller, dann von einem Dritten.[350] Der Kausalitätsnachweis dürfte eher in seltenen, praktisch unwahrscheinlichen Fällen gelingen. Und zwar dann, wenn das Insidergeschäft den Kursverlauf der betroffenen Aktien zum Nachteil von Anlegern beeinflusst, z.B. weil erst durch die aufgrund eines Engagements eines Insiders am Markt erfolgende Kursveränderung ein von Anlegern gesetztes Kurslimit erreicht wird und sie nur deshalb ein nachteiliges Geschäft abschließen. Ebenfalls denkbar ist, dass Anleger, die ihr Angebot oder ihre Nachfrage limitiert hatten, wegen der Kursveränderung nicht zum Zuge kommen, und ihnen dadurch ein vorteilhaftes Aktiengeschäft entgeht.[351]

Somit bleibt festzuhalten, dass Kompensationsansprüche negativ betroffener Marktteilnehmer jedenfalls an der Kausalität des Schadenseintritts scheitern, sodass Shortseller-Aktivisten zivilrechtlich nicht nach § 823 Abs. 2 BGB i.V.m. Art. 14, Art. 8 MMVO zur Verantwortung gezogen werden können. Die Schutzgesetzeigenschaft des Art. 14 MMVO ist damit eher theoretischer Natur.[352]

VIII. § 826 BGB (Sittenwidrige Schädigung)

In Betracht kommt ferner eine Haftung von Shortseller-Aktivisten nach § 826 BGB, wobei die Tatbestandsvoraussetzungen, insb. der Sittenwidrigkeit und des Vorsatzes, hoch sind.

1. Tatbestandsvoraussetzungen

Die Sittenwidrigkeit setzt voraus, dass eine Handlung nach ihrem Gesamtcharakter mit den grundlegenden Wertungen des der Rechts- und Sittenordnung

---

[350] *Schockenhoff/Culmann*, AG 2016, 517, 524; A.A. *Klöhn*, ZHR 177 (2013), 349, 384, mit der Argumentation, dass der Verzicht auf das Erfordernis individueller Entschlusskausalität im Ergebnis der Rechtsprechung des BGH (Urt. v. 13.12.2011 – XI ZR 51/10, BGHZ 192, 90 Rz. 67 f. = NJW 2012, 1800, 1807 („IKB")) zu §§ 37 b, 37 c WpHG a.F. (soweit es um den Differenzschaden geht) entspricht und daher auch im Rahmen von § 826 BGB anerkannt werden solle; Ausführlich zum Kausalitätsnachweis beim Anspruch auf Ersatz des Differenzschadens wegen fehlerhafter Information des Sekundärmarkts, *Klöhn*, ZHR 178 (2014), 671 ff.

[351] So schon zur Vorgängernorm § 14 WpHG m.w.N. *Mennicke*, in: Fuchs, WpHG, 2. Aufl. 2016, § 14 Rn. 445; *Grunewald*, ZBB 1990, 128, 129.

[352] *Mennicke*, in: Fuchs, WpHG, 2. Aufl. 2016, § 14 Rn. 445.

nicht vereinbar ist. Erforderlich ist demnach ein Verstoß gegen das Anstandsgefühl aller billig und gerecht Denkenden.[353] Dabei haben sich für die einzelnen Rechtsgebiete Fallgruppen herausgebildet, wodurch die Sittenwidrigkeitsformel handhabbarer wird.[354] Die Anwendbarkeit dieser Fallgruppen auf Shortseller-Attacken wurde in der Literatur bereits vereinzelt diskutiert und hierzu insbesondere die Entscheidung des OLG München in Sachen „Kirch gegen Deutsche Bank"[355] sowie die Haftung von Rating-Agenturen und Anlageberatern herangezogen (hierzu sogleich mehr). Für das Vorliegen einer sittenwidrigen Schädigung reicht dabei der Verstoß gegen eine Rechtspflicht nicht aus.[356]

Im Hinblick auf die kapitalmarktrechtlichen Vorgängernormen (§ 37b, c WpHG a.F.[357]) der MMVO entschied das OLG Düsseldorf, dass allein ein Verstoß gegen das Marktmanipulationsverbot eine Haftung nach § 826 BGB nicht begründe.[358] Konkret ging es um den Umstand, dass sich der Täter wegen eines Verstoßes gegen das Verbot der Marktmanipulation gemäß §§ 38 Abs. 2, 39 Abs. 2 Nr. 11, 20a Abs. 1 Satz 1 Nr. 1 WpHG a.F. durch die Herausgabe einer irreführenden Pressemitteilung strafbar gemacht hatte. Für die Tatbestandsmäßigkeit des § 826 BGB müssten jedoch vielmehr weitere Umstände hinzutreten, die das Verhalten des Täters als sittenwidrig, d.h. als einen Verstoß gegen das Anstandsgefühl aller billig und gerecht Denkenden erscheinen lassen. Das sei jedenfalls dann nicht der Fall, wenn der Täter mit der Pressemitteilung nur einem aus seiner Sicht unberechtigten Gerücht auf dem Kapitalmarkt entgegen treten wollte, mit einer tatsächlich bevorstehenden Existenzkrise des von der Pressemitteilung betroffenen Unternehmens aber nach den Umständen noch nicht rechnen musste.[359] Eine – im Einklang mit dem BGH geforderte – besondere Verwerflichkeit könne sich aus dem

---

353 BGH, Urt. v. 19.7.2004 – II ZR 402/02, BGHZ 160, 149 = NJW 2004, 2971, 2973 („Infomatec"); BGH, Urt. v. 19.7.2004 – II ZR 217/03, NJW 2004, 2668, 2670 („Infomatec"); OLG Düsseldorf, Urt. v. 07.04.2011 – 6 U 7/10, AG 2011, 706, 712.

354 Vgl. hierzu etwa *Katzenmeier*, in: Dauner-Lieb/Langen, BGB, 4. Aufl. 2021, § 826 Rn. 18 ff.; *Spindler*, in: BeckOGK, BGB, § 826 Rn. 31 ff.

355 OLG München, Urt. v. 14.12.2012 – 5 U 2472/09, WM 2013, 795.

356 M.w.N. *Katzenmeier*, in: Dauner-Lieb/Langen, BGB, 4. Aufl. 2021, § 826 Rn. 6; *Spindler*, in: BeckOGK, BGB, § 826 Rn. 9.

357 Jeweils in der vor dem 03.01.2018 geltenden Fassung.

358 OLG Düsseldorf, Urt. v. 7.4.2011 – 6 U 7/10, AG 2011, 706.

359 OLG Düsseldorf, Urt. v. 7.4.2011 – 6 U 7/10, AG 2011, 706.

verfolgten Ziel, den eingesetzten Mitteln, der zu Tage tretenden Gesinnung oder den eintretenden Folgen ergeben.[360]

In den BGH-Entscheidungen („Infomatec"[361], „EM.TV"[362], „COMROAD"-Fälle[363]) zur kapitalmarktrechtlichen Informationsdelikthaftung – aus der Zeit vor Inkrafttreten der §§ 37b, c WpHG a. F. – ging es im Wesentlichen um vorsätzlich fehlerhafte Ad-hoc-Mitteilungen und die sich daraus ergebende Haftung des Emittenten und seiner Organmitglieder. Es handelte sich auch hier um das Ziel der Kursbeeinflussung durch marktmissbräuchliches Verhalten. Im Unterschied zu Shortseller-Attacken diente die Falschmeldung jedoch dem Zweck der positiven Beeinflussung des Börsenkurses und der Irreführung des Börsenpublikums über den wirklichen Wert des Unternehmens.[364] Anders als in diesen Fällen geht es bei Shortseller-Attacken nicht um Äußerungen des Emittenten, sondern um negative Äußerungen anderer Marktteilnehmer, der Shortseller, über den Emittenten als Zielunternehmen. In einer solchen Konstellation des Drittbezuges in Abgrenzung zur Konstellation des mitgliedschaftlichen Bereichs (Verhältnis von Aktionär zur AG) haben das OLG Stuttgart und das OLG Braunschweig die Schwelle der Sittenwidrigkeit höher angesetzt.[365] Von den diesen Entscheidungen zugrundeliegenden Sachverhalten unterscheiden sich Shortseller-Attacken wiederum darin, dass es sich bei der negativen Berichterstattung in der Regel nicht um eine (gewöhnliche) Äußerung gegenüber der Presse handelt, sondern um eine auf Gewinnerzielungsabsicht gerichtete Anlageempfehlung i.S.d. Art. 20 MMVO (s. bereits Teil 2:§ 2VI.1.). An Anlageempfehlungen sind dabei bestimmte inhaltliche Anforderungen geknüpft, wodurch sie einen höheren Vertrauensschutz als sonstige Äußerungen Dritter über das Zielunternehmen genießen. Stützt sich die negative Berichterstattung der Shortseller-Aktivisten auf wahre Tatsachen und ist sie nicht irreführend, ist

---

360 OLG Düsseldorf, Urt. v. 7.4.2011 – 6 U 7/10, AG 2011, 706.

361 BGH, Urt. v. 19.7.2004 – II ZR 402/02, BGHZ 160, 149 = NJW 2004, 2971 („Infomatec").

362 BGH, Urt. v. 9.5.2005 – II ZR 287/02, NJW 2005, 2450 („EM.TV").

363 Vgl. etwa BGH, Urt. v. 3.3.2008 – II ZR 310/06, NJW-RR 2008, 1004 („COMROAD VIII") und BGH, Urt. v. 4.6.2007 – II ZR 173/05, NJW-RR 2007, 1532 („COMROAD V").

364 BGH, Urt. v. 19.7.2004 – II ZR 402/02, BGHZ 160, 149 = NJW 2004, 2971 („Infomatec")

365 OLG Stuttgart, Urt. v. 26.3.2015 – 2 U 102/14, WM 2015, 875 („Porsche/VW"); OLG Braunschweig, Urt. v. 12.1.2016 – 7 U 59/14, NJW-RR 2016, 624 ff. („Porsche/VW") im Rahmen der Übernahmesituation Porsche/VW.

die Veröffentlichung sogar hilfreich für den Markt, da sie einen Beitrag zur wahren Preisbildung leistet. In diesem Fall spricht rechtlich nichts gegen die Gewinnerzielungsabsicht. Handelt es sich dagegen um eine informationsgestützte Marktmanipulation (Art. 12 Abs. 1 lit. c) MMVO) oder um eine nicht angemessen objektive Anlageempfehlung (s. Art. 20 Abs. 1 MMVO) liegt die Sittenwidrigkeit jedenfalls näher. So lässt sich argumentieren, dass derjenige, der einen falschen oder irreführenden Bericht veröffentlicht, um von einem Kurssturz zu profitieren und dabei die Schädigung des Zielunternehmens und anderer Anleger in Kauf nimmt, rücksichtslos handelt und das Vertrauen in den Kapitalmarkt erschüttert. Dieses Ergebnis konterkariert auch nicht die Feststellungen, dass es sich bei den o.g. Normen der MMVO nicht um Schutzgesetze handelt. Denn allein der Verstoß gegen sie begründet noch keine Sittenwidrigkeit und damit eine Haftung nach § 826 BGB – dies erfordert vielmehr einen missbräuchlichen Eingriff in die Preisbildung zum eigenen wirtschaftlichen Vorteil.[366]

2. Haftung für eine in Gewinnerzielungsabsicht herbeigeführte Drucksituation

In der Entscheidung „Kirch gegen Deutsche Bank“[367] ging es um die Äußerungen des damaligen Vorstandssprechers der deutschen Bank, *Rolf Breuer*. Seine öffentlichen Äußerungen über die Kreditwürdigkeit des Medienunternehmers *Leo Kirch* wertete das Gericht als sittenwidrig.[368] Nach der Überzeugung des Senats hat der Vorstandssprecher „bewusst und gewollt eine dem wirtschaftlichen Interesse [der Kirch-Gruppe] zuwiderlaufende Äußerung in der Öffentlichkeit platziert, um in Gewinnerzielungsabsicht der [Bank] durch die selbst herbeigeführte Drucksituation die Bereitschaft [*Leo Kirchs*] zu befördern, auf die Bedingungen der Bank einzugehen und ihr das Umstrukturierungsmandat zu erteilen“.[369]

Die Parallele zu Shortseller-Attacken liegt darin, dass auch Shortseller durch negative Berichterstattungen eine Drucksituation schaffen und diese zu ihrem eigenen wirtschaftlichen Vorteil ausnutzen. Diejenigen unter

---

366 *Brellochs*, ZGR 2020, 319, 329.

367 OLG München, Urt. v. 14.12.2012 – 5 U 2472/09, WM 2013, 795.

368 OLG München, Urt. v. 14.12.2012 – 5 U 2472/09, WM 2013, 795; *Schockenhoff/Culmann*, AG 2016, 517, 525.

369 OLG München, Urt. v. 14.12.2012 – 5 U 2472/09, WM 2013, 795 Rz. 137.

Verkaufsdruck geratenden Anleger, die sofort reagieren – und damit ihre Einbuße minimieren – erleiden jedoch im Unterscheid zu dem o.g. Fall nicht den größten Schaden. Dies sind vielmehr jene Anleger, die auf die Äußerungen zunächst gar nicht reagieren und somit den vollen Kurssturz kassieren. Ferner ist dieser Kurssturz in der Regel nur temporär, da sich der Kurs irgendwann erholt; ein finanzieller Ruin droht Anlegern in aller Regel aber nicht. Schließlich sind die Anleger anders als in der zitierten Entscheidung des OLG München mangels Nötigungssituation nicht in ihrer Entscheidungsfreiheit eingeschränkt. Es steht ihnen frei, ob sie nach der Veröffentlichung eines negativen Berichts ihre Aktien halten oder verkaufen. Im Ergebnis lassen sich Shortseller-Attacken daher nicht mit dem Fall „Kirch gegen Deutsche Bank" vergleichen.[370]

3. Haftung für schädigende Unternehmensbewertung

Gehen Rating-Agenturen bei ihrer Unternehmensbewertung leichtfertig unter billigender Inkaufnahme der Schädigung anderer Kapitalmarktteilnehmer vor, kommt ein Haftungsfall in Betracht.[371] Dagegen ist nicht die Absicht erforderlich, das bewertete Unternehmen auch schädigen zu wollen.[372]

Ein Anspruch aus § 826 BGB soll jedoch nur in Extremfällen bestehen.[373] Dies etwa dann, wenn die Unternehmensbewertung missbräuchlich funktionalisiert wird und primär der Schädigung der auf die Bewertung vertrauenden Anleger anstatt zu einer umfassenden Meinungsbildung der Marktteilnehmer dient.[374] Eine Vergleichbarkeit mit Shortseller-Attacken besteht dahingehend, dass auch in diesen Fällen die Schädigung anderer Marktteilnehmer, nämlich der Aktionäre der Zielgesellschaft, in Kauf genommen wird. Zudem sollen diese auch hier durch die scheinbar wahren und vertrauenserweckenden Äußerungen zu selbstschädigenden Handlungen bewegt werden.[375]

---

370 *Schockenhoff/Culmann*, AG 2016, 517, 525.

371 Vgl. *Oechsler*, in: Staudinger, 2021, § 826 Rn. 234, 350, 537.

372 Wie stets in § 826 BGB, *Oechsler*, in: Staudinger, 2021, § 826 Rn. 457; *Schockenhoff/Culmann*, AG 2016, 517, 525.

373 M.w.N. *Berger/Stemper*, AG 2010, 2289, 2293.

374 *Berger/Stemper*, AG 2010, 2289, 2293; *Berger/Ryborz*, WM 2014, 2241, 2243, der dies dann annimmt, wenn die Ratingagentur in kollusiver Weise mit dem Emittenten zusammenwirkt, um den Anleger über die tatsächliche Bonität zu täuschen.

375 *Schockenhoff/Culmann*, AG 2016, 517, 526.

Allerdings besteht in tatsächlicher Hinsicht das Problem der Nachweisbarkeit eines leichtfertigen Verhaltens. Der von einem Kurssturz betroffene Aktionär müsste darlegen und beweisen, dass der negative Bericht in seiner Gesamtheit nicht den tatsächlichen Verhältnissen der Gesellschaft entspricht und dies für den Verfasser offenkundig sein musste. Dies wird in solchen Fällen zusätzlich erschwert, in denen der Verfasser in seinem Bericht einen Hinweis darauf gibt, selbst Leerverkaufspositionen eingegangen zu sein. Dieser Hinweis vermittelt dem Adressaten den wirtschaftlichen Profit des Verfassers im Falle eines Kurssturzes. Hierdurch wird das Vorliegen einer Schädigungsabsicht im Sinne eines Täuschungselements jedenfalls enorm abgeschwächt.[376]

4. Haftung in Anlageberatungsfällen

Erfolgt eine Kapitalanlageberatung gegenüber dem Anleger nicht individuell[377], sondern aufgrund einer an die Öffentlichkeit gerichteten Äußerung (z.B. Marktanalyse, Expertenäußerung, Wertgutachten etc.), kommt eine Haftung nach § 826 BGB in Betracht.[378]

Eine Gemeinsamkeit mit der Berichterstattung von Shortseller-Aktivisten kann darin gesehen werden, dass die negativen Äußerungen eine Überbewertung des Unternehmens, mithin eine konkludente Veräußerungsempfehlung an die Öffentlichkeit darstellen.[379]

---

[376] Vgl. *Schockenhoff/Culmann*, AG 2016, 517, 526.

[377] Dann käme eine (Fahrlässigkeits-)Haftung aus einem (stillschweigenden) Kapitalanlagevertrag gem. §§ 280 Abs. 1, 675 Abs. 1 BGB in Betracht, *Oechsler*, in: Staudinger, 2021, § 826 Rn. 536; S. auch *Grundmann*, ZHR 179 (2015), 563, 599, wonach der Schluss von einer Verletzung der Interessen des unmittelbaren Vertragspartners, namentlich des Beratungskunden, auf eine Drittschädigung weniger „unmittelbar" gezogen werden könne. Denn ein Fehlinvestment führe i.d.R. noch nicht zum finanziellen Ruin des beratenen Kunden, so dass der Schaden i.d.R. tatsächlich allein bei ihm verbleibe. Meist werde erst der häufigere Verstoß gegen Verhaltenspflichten allgemeines Misstrauen begründen und ggf. die Marktintegrität berühren nicht der Einzelverstoß.

[378] *Oechsler*, in: Staudinger, 2021, § 826 Rn. 536, wonach in derartigen Fällen ein konkludenter Vertragsschluss mit dem einzelnen Anleger ausscheidet; *Schockenhoff/Culmann*, AG 2016, 517, 526; Zur Schadensersatzhaftung bei Informations-, Beratungs- und Empfehlungsfehlern s. auch *Mülbert*, ZHR 177 (2013), 160, 194 ff.

[379] *Schockenhoff/Culmann*, AG 2016, 517, 526.

Eine Vergleichbarkeit setzt aber ferner die gleiche oder ähnliche Begründbarkeit der Sittenwidrigkeit voraus. In Anlageberatungsfällen beruht diese auf einer Ausnutzung eines Informationsvorsprungs, den der Anlageberater vor dem Anleger hat.[380] So handelt sittenwidrig, wer vorsätzlich oder grob fahrlässig ungeeignete Empfehlungen ausspricht und die Schädigung des Anlegers, der erkennbar auf die Beratung vertraut, billigend in Kauf nimmt.[381] Ein solches Vertrauen kann zur Begründung der Sittenwidrigkeit in Fällen von Shortseller-Attacken jedoch nicht zur Haftungsgrundlage gemacht werden, wenn das Eigeninteresse durch einen entsprechenden Hinweis im Bericht offengelegt wird. Es fehlt dann zumindest an einem konkreten Vertrauenstatbestand, sodass die Haftung für fehlerhafte Anlageberatung nicht ohne weiteres herangezogen werden kann.[382]

5. Leerverkaufsspezifische Besonderheiten

Im Hinblick auf Shortseller-Attacken besteht die Besonderheit darin, dass diejenigen Anleger in voller Höhe am Kurssturz teilnehmen, die auf die negativen Berichte gar nicht erst reagieren, ihre Aktien also halten. Demgegenüber können Anleger, die negative Äußerungen stets im Blick haben, einem Kursdifferenzschaden durch vorzeitiges Verkaufen ihrer Aktien zuvorkommen oder jedenfalls durch schnellstmögliches Verkaufen minimieren. Dies sind in der Regel institutionelle Anleger, deren Verhalten Shortseller beeinflussen möchten.[383] Verkaufen diese, wie bezweckt, aufgrund des mit der negativen Berichterstattung verbundenen Kursrisikos kurzfristig größere Aktienpakete, führt dies zu einem Wertverlust in der Aktie, wodurch die nicht verkaufenden Anleger geschädigt werden. Dabei können die institutionellen Anleger bereits durch das mehrfache Verwenden bestimmter Reizwörter oder bestimmter Kombinationen in einem Bericht zu großen Verkäufen bewegt werden, was u.a. computergesteuert geschieht. Im Kern geht es also darum, dass Shortseller-Aktivisten professionelle Anleger als Mittel zum Zweck

---

380 *Oechsler*, in: Staudinger, 2021, § 826 Rn. 536; *Oechsler*, AG 2018, 388 ff.

381 BGH, Urt. v. 19.2.2008 – XI ZR 170/07, BGHZ 175, 276 = WM 2008, 825; OLG Hamm, Urt. v. 25.02.2010 – 28 U 77/09, BeckRS 2010, 9193 = juris; *Oechsler*, in: Staudinger, 2021, § 826 Rn. 426, 537.

382 *Schockenhoff/Culmann*, AG 2016, 517, 526.

383 S. auch *Wagner*, in: MünchKommBGB, 8. Aufl. 2020, § 826 27.

ausnutzen, und zwar in der Kenntnis, dass nicht verkaufende Aktionäre hierdurch einen Schaden erleiden.[384]

Für die Sittenwidrigkeit dieses Verhaltens i.S.d. § 826 BGB spricht, dass die institutionellen Anleger letztlich als Werkzeuge zur Schädigung anderer Kapitalmarktteilnehmer dienen. Nicht unberücksichtigt darf dabei zwar bleiben, dass Anleger stets mit Kursschwankungen rechnen müssen und diese häufig durch irrationale Kauf- oder Verkaufsentscheidungen ausgelöst werden. Um eine derartige typische Volatilität handelt es sich jedoch nicht, wenn diese auf dem o.g. Verhalten institutioneller Anleger beruht. Denn diese handeln nicht irrational, sondern gerade rational zur Schadensverhinderung bzw. -minimierung. Dies gilt ebenso für den Fall des Verkaufs ohne vorhergehende dezidierte Prüfung des negativen Berichts, da es primär um das Abfangen eines drohenden Kursdifferenzschadens geht. Für Shortseller-Aktivisten kommt es auf dieses vorhersehbare Verhalten gerade an.[385]

Gegen die Sittenwidrigkeit spricht jedoch, dass das Ausnutzen eines vorhersehbaren Verhaltens mit Gewinnerzielungsabsicht nicht ohne weiteres und generell besonders verwerflich ist. Dies gilt insbesondere dann, wenn die negativen Berichte das vertretbare Ergebnis einer umfangreichen und nachvollziehbaren Recherche darstellen. Führt die Recherche zu der Erkenntnis (des Verfassers), dass der Aktienkurs nicht das Spiegelbild des „wahren" Unternehmenswerts ist, darf er dies grundsätzlich veröffentlichen und die Reaktionen hierauf zu seinen Gunsten nutzen; selbst dann, wenn dies auf Kosten anderer Anleger erfolgt.

Letztlich läuft die Bewertung eines Sittenwidrigkeitsverstoßes auf eine Einzelfallbewertung hinaus. Von Relevanz ist hierbei u.a. ob und wie deutlich auf die bestehenden Interessenkonflikte hingewiesen wurde. Auch bei diesem Punkt mag man einerseits argumentieren, dass dieser Hinweis von den geschädigten „Kleinanlegern" gar nicht zur Kenntnis genommen wird und daher nicht allein ausschlaggebend sein kann und andererseits, dass durch entsprechende „Disclaimer" die Wahrscheinlichkeit panikartiger Verkäufe professioneller Investoren jedenfalls reduziert wird.[386]

---

384 *Schockenhoff/Culmann*, AG 2016, 517, 526.
385 *Schockenhoff/Culmann*, AG 2016, 517, 526.
386 *Schockenhoff/Culmann*, AG 2016, 517, 526, 527.

Im Ergebnis bleibt festzuhalten, dass Ersatzansprüche negativ betroffener Marktteilnehmer aus § 826 BGB nicht von vornherein auszuschließen sind, jedoch allenfalls in Extremfällen in Betracht kommen und mit Darlegungs- und Beweisschwierigkeiten verbunden sind.[387]

IX. § 824 BGB (Kreditgefährdung)

Ein Anspruch aus § 824 BGB setzt voraus, dass über den Geschädigten eine wahrheitswidrige Tatsache behauptet wird. Verunglimpfte und geschädigte Person müssen dabei identisch sein.[388] Im Falle von Shortseller-Attacken richtet sich die negative Berichterstattung jedoch gegen das Zielunternehmen, nicht gegen ihre Aktionäre. Mithin scheidet ein Anspruch wegen Kreditgefährdung aus.[389]

X. § 117 Abs. 1 Satz 2 AktG (Benutzung des Einflusses auf die Gesellschaft)

Gemäß § 117 Abs. 1 AktG wird bestimmt, dass jemand, der vorsätzlich seinen Einfluss auf die Gesellschaft nutzt, um ein Vorstandsmitglied, ein Aufsichtsratsmitglied, einen Prokuristen oder einen Handlungsbevollmächtigten dazu zu veranlassen, zum Schaden der Gesellschaft oder ihrer Aktionäre zu handeln, für den entstandenen Schaden der Gesellschaft haftbar gemacht wird. Wenn den Aktionären ein darüber hinausgehender Schaden entstanden ist, ist auch dieser ersatzfähig. Hiernach muss der Anspruchsgegner also Einfluss auf Führungskräfte der Gesellschaft nehmen, damit diese zum Schaden der Gesellschaft oder ihrer Aktionäre handeln.

Der Wortlaut der Norm setzt dabei nicht voraus, dass der Einflussnehmende zugleich Aktionär ist, sodass grundsätzlich auch Shortseller als Dritte in Betracht kommen.[390] Der Kreis der potenziell Haftenden ist somit sehr weit gefasst. Es ist jede Form des tatsächlichen Einflusses ausreichend, die

---

[387] Vgl. auch *Mülbert*, in: Assmann/Schneider/Mülbert, Wertpapierhandelsrecht, 7. Aufl. 2019, Art. 15 VO (EU) Nr. 596/2014 Rn. 49.

[388] *Katzenmeier*, in: Dauner-Lieb/Langen, BGB, 4. Aufl. 2021, § 824 Rn. 24.

[389] *Schockenhoff/Culmann*, AG 2016, 517, 527.

[390] *Schockenhoff/Culmann*, AG 2016, 517, 519.

dem Täter eine Einflussnahme auf die Organe der Gesellschaft ermöglicht. Darüber hinaus haftet nach § 117 Abs. 3 AktG jeder, der durch die schädigende Handlung einen Vorteil erlangt als Gesamtschuldner, sofern er die Beeinflussung vorsätzlich veranlasst hat. Damit ist die Haftung nicht auf den unmittelbaren Gesellschafter begrenzt, sondern ermöglicht nach § 117 AktG auch die Geltendmachung von Ansprüchen gegen Hintermänner, von denen die eigentliche Einflussnahme auf die Gesellschaft ausgeht.[391]

Im Hinblick auf Shortseller-Attacken ist jedoch zu beachten, dass die Shortseller keinen Einfluss auf die Organe der Zielgesellschaft nehmen. Sie bezwecken nicht ein bestimmtes Verhalten des Personals, sondern vielmehr ein bestimmtes Verhalten der Aktionäre der Zielgesellschaft, nämlich panikartige Verkäufe institutioneller Anleger mit der Folge des Kurssturzes. Diese Attacke ist jedoch von § 117 AktG nicht erfasst und läuft an der Zielgesellschaft vollständig vorbei. Mithin fehlt es bereits an einer „Einflussnahme" im Sinne der Norm.[392]

Somit kann auch offenbleiben, ob zusätzlich ein Anspruch aus § 823 Abs. 2 BGB i.V.m. § 117 AktG besteht, was nach allgemeiner Meinung mangels Schutzgesetzeigenschaft abgelehnt wird.[393]

§3 Ansprüche der Zielgesellschaft

I. § 117 Abs. 1 Satz 1 AktG (Benutzung des Einflusses auf die Gesellschaft)

Wie bereits im Rahmen der Ansprüche der Aktionäre aus § 117 Abs. 1 S. 1 AktG erörtert, scheidet auch ein Anspruch der Zielgesellschaft aus § 117 Abs. 1 S. 1 AktG aus. Denn die Shortseller üben nicht ihren Einfluss auf ein Mitglied des Vorstands oder des Aufsichtsrats, einen Prokuristen oder einen Handlungsbevollmächtigten aus.[394]

---

391 *Link*, ZGR 2021, 904 ff.

392 *Schockenhoff/Culmann*, AG 2016, 517, 519.

393 *Zimmer/Steinhaeuser*, in: Schwark/Zimmer, Kapitalmarktrecht, 5. Aufl. 2020, §§ 97, 98 WpHG Rn. 155.

394 *Schockenhoff/Culmann*, AG 2016, 517, 527.

II. § 824 BGB (Kreditgefährdung)

Der Tatbestand der Kreditgefährdung erfordert nach § 824 Abs. 1 BGB, dass der Anspruchsgegner der Wahrheit zuwider eine Tatsache behauptet oder verbreitet, die geeignet ist, den Kredit eines anderen zu gefährden oder sonstige Nachteile für dessen Erwerb oder Fortkommen herbeizuführen. Auf Rechtsfolgenseite hat er dem Geschädigten den daraus entstehenden Schaden auch dann zu ersetzen, wenn er die Unwahrheit zwar nicht kennt, aber kennen muss.[395]

Der Schutz reicht allerdings nicht so weit, dass auch abwertende Meinungsäußerungen oder Werturteile erfasst werden.[396] Da auch negative Berichte von Shortseller-Aktivisten regelmäßig hierunter fallende Bewertungen sind, ist der Tatbestand des § 824 Abs. 1 BGB in der Regel nicht erfüllt. Dies schließt jedoch nicht aus, dass die Bewertungen einen Tatsachenkern enthalten, dem eigenständige Bedeutung zukommt.[397] Dies nämlich dann, wenn diese tatsächliche Feststellung aus der Sicht des Durchschnittsanlegers wesentlich für die Anlageentscheidung ist.[398] In diesen Fällen kommt also eine Haftung aus § 824 Abs. 1 BGB in Betracht, wenn die o.g. Voraussetzungen in Bezug auf diesen Tatsachenkern vorliegen. Die Abgrenzung zwischen Werturteil und Tatsachenbehauptung bleibt allerdings – wie so oft – einer Entscheidung im Einzelfall vorbehalten.[399]

Zu beachten ist hierbei ferner die zu Gunsten der Shortseller ausfallende Beweislast, wonach – anders als man auf den ersten Blick meinen mag – die Zielgesellschaft dafür verantwortlich ist, die Unwahrheit der in Rede stehenden Tatsache zu beweisen.[400]

Nach § 824 Abs. 2 BGB wiederum wird der Mitteilende – also hier der Shortseller – durch eine Mitteilung, deren Unwahrheit ihm unbekannt ist,

---

[395] *Katzenmeier*, in: Dauner-Lieb/Langen, BGB, 4. Aufl. 2021, § 824 Rn. 6 ff.; *Spindler*, in: BeckOGK, BGB, § 824 Rn. 2 ff.; *Förster*, in: Hau/Poseck, BeckOK, BGB, § 824 Rn. 1 ff.

[396] StRspr., zuletzt BGH, Urt. v. 14.1.2020 – VI ZR 496/18, NJW 2020, 1587, 1588; *Förster*, in: Hau/Poseck, BeckOK, BGB, § 824 Rn. 1; *Spindler*, in: BeckOGK, BGB, § 824 Rn. 2; *Schockenhoff/Culmann*, AG 2016, 517, 527.

[397] *Spindler*, in: BeckOGK, BGB, § 824 Rn. 12; Vgl. auch *Förster*, in: Hau/Poseck, BeckOK, BGB, § 824 Rn. 13.

[398] *Poelzig*, ZHR 184 (2020), 697, 753.

[399] *Förster*, in: Hau/Poseck, BeckOK, BGB, § 824 Rn. 14.

[400] *Poelzig*, ZHR 184 (2020), 697, 753; *Förster*, in: Hau/Poseck, BeckOK, BGB, § 824 Rn. 61; *Teichmann*, in: Stürner, Jauernig BGB, 18. Aufl. 2021, § 824 Rn. 13.

nicht zum Schadensersatz verpflichtet, wenn er oder der Empfänger der Mitteilung an ihr ein berechtigtes Interesse hat. Es ist also zu fragen, ob Dritten und der Allgemeinheit durch die Veröffentlichung der Informationen ein Nutzen entstanden ist, der das Integritätsinteresse der Zielgesellschaft überwiegt.[401] In Betracht käme dabei die Argumentation des Shortsellers, dass der Kapitalmarkt sowie die Allgemeinheit daran interessiert sind, von kritischen Berichten zu erfahren, die eine Diskrepanz zu der Eigendarstellung des betroffenen Unternehmens aufweisen und ggf. anlageentscheidungsrelevante Tatsachen aufdecken.[402] Allerdings ist zu berücksichtigen, dass Shortseller mit ihren negativen Berichten wirtschaftliche Interessen verfolgen. Daher wird in der Literatur vertreten, dass i.d.R. der Schutz der Meinungsfreiheit der Shortseller gem. Art. 5 Abs. 1 GG in der Abwägung weniger stark ins Gewicht falle und sich Shortseller damit grundsätzlich nicht auf § 824 Abs. 2 BGB berufen könnten.[403] Hierfür spreche auch ein Vergleich mit dem lauterkeitsrechtlichen Tatbestand der Anschwärzung gem. § 4 Nr. 2 UWG.[404] Hiernach gilt bei geschäftlichen Handlungen gegenüber Mitbewerbern keine dem § 824 Abs. 2 BGB entsprechende Privilegierung und auch für fahrlässige Falschbehauptungen besteht eine Einstandspflicht nach §§ 3 Abs. 1, 4 Nr. 2 i.V.m. § 9 UWG.[405] Andererseits lässt sich auch argumentieren, die Interessenabwägung zu Gunsten oder zu Lasten der Shortseller von der Sorgfalt der erfolgten Recherche abhängig zu machen. So gehen Rechtsprechung[406] und teilweise Literatur[407] davon aus, dass regelmäßig das Grundrecht aus Art. 5 Abs. 1 GG des Äußernden überwiegt, wenn die Behauptung auf einer

---

[401] *Poelzig*, ZHR 184 (2020), 697, 754; *Schockenhoff/Culmann*, AG 2016, 517, 527; *Spindler*, in: BeckOGK, BGB, § 824 Rn. 28 ff.

[402] *Schockenhoff/Culmann*, AG 2016, 517, 527.

[403] *Poelzig*, ZHR 184 (2020), 697, 754.

[404] *Poelzig*, ZHR 184 (2020), 697, 754.

[405] *Poelzig*, ZHR 184 (2020), 697, 754.

[406] BVerfG, Beschl. v. 10. 11. 1998 – 1 BvR 1531–96, BVerfGE 99, 185, 196 = NJW 1999, 1322; BGH, Urt. v. 17.11.1992 – VI ZR 352/91, NJW 1993, 525, 527 („Ketten-Mafia"); BGH, Urt. v. 19.5.2009 – VI ZR 160/08, VersR 2009, 1241, 1242 f. („Joschka Fischer"); OLG Köln, Urt. v. 6.12.1999 – 16 U 44/99, NJW-RR 2000, 829; OLG Koblenz, Urt. v. 13.6.2000 – 4 U 1865/99, NJW-RR 2000, 1356, 1357.

[407] *Spindler*, in: BeckOGK, BGB, § 824 Rn. 29; Vgl. auch *Wagner*, in: MünchKommBGB, 8. Aufl. 2020, § 824 Rn. 51 ff.

sorgfältigen Recherche beruht, ein sachliches Interesse des Äußernden oder der Allgemeinheit an der Verbreitung der Behauptung besteht und sofern es sich nicht um Tatsachen aus der Intim-, Privat- oder Vertraulichkeitssphäre des Betroffenen handelt.[408]

Sofern man zu einer relevanten Behauptung oder Verbreitung einer falschen Tatsache i.S.d. § 824 BGB gelangt, muss diese ferner dazu geeignet sein, den Kredit eines anderen zu gefährden oder sonstige Nachteile für dessen Erwerb oder Fortkommen herbeizuführen. Letzteres kommt bereits dann in Betracht, wenn die zukünftigen Erwerbsaussichten gemindert werden.[409] Kreditgefährdung hingegen liegt allgemein vor, wenn das Vertrauen Dritter in die Bonität und Seriosität des Betroffenen erschüttert ist, insbesondere in die Fähigkeit, Verbindlichkeiten zu bedienen.[410] Der Nachweis der abstrakten Eignung hierzu erscheint jedoch nicht unproblematisch; jedenfalls dürfte der bloße Kursverfall nach Veröffentlichung eines negativen Berichts noch nicht hierunter fallen.[411] Anders wird dies jedoch zu beurteilen sein, wenn gegenüber Geschäftspartnern konkrete Betrugsvorwürfe erfolgen.[412]

Ein weiteres Problem in diesem Zusammenhang dürfte das Erfordernis des unmittelbaren Kausalzusammenhangs zwischen Behauptung und Betroffenheit sein. So kann Anspruchsberechtigter nur sein, wer von der unwahren Tatsachenbehauptung unmittelbar betroffen ist. Dieses Erfordernis entspricht dem Merkmal des *betriebsbezogenen Eingriffs* bei Ansprüchen aus § 823 Abs. 1 BGB wegen Verletzung des eingerichteten und ausgeübten Gewerbebetriebs,[413] worauf als subsidiären Auffangtatbestand[414] nachfolgend eingegangen wird.

---

408 Zu dieser Formulierung BVerfGE 99, 185, 196 = NJW 1999, 1322, 1324.

409 *Schockenhoff/Culmann*, AG 2016, 517, 527; M.w.N. *Wagner*, in: MünchKommBGB, 8. Aufl. 2020, § 824 Rn. 37.

410 *Spindler*, in: BeckOGK, BGB, § 824 Rn. 24.

411 *Schockenhoff/Culmann*, AG 2016, 517, 527.

412 *Schockenhoff/Culmann*, AG 2016, 517, 527.

413 BGH, Urt. v. 20.12.1988 – VI ZR 95/88, NJW-RR 1989, 924; BGH, Urt. v. 10.12.1991 – VI ZR 53/91, NJW 1992, 1312; *Wagner*, in: MünchKommBGB, 8. Aufl. 2020, § 824 Rn. 39.

414 BGH, Urt. v. 20.12.1988 – VI ZR 95/88, NJW-RR 1989, 924.

III. § 823 Abs. 1 BGB (Eingerichteter und ausgeübter Gewerbebetrieb)

1. Grundsätzliches

Der eingerichtete und ausgeübte Gewerbebetrieb ist ein von der Rechtsprechung entwickeltes Institut und als „sonstiges Recht" i.S.d. § 823 Abs. 1 BGB anerkannt. Ziel ist der Schutz von Unternehmen in ihrer wirtschaftlichen Tätigkeit und ihrem Funktionieren vor widerrechtlichen Eingriffen. Da im Grundsatz das reine Vermögen im BGB nicht geschützt wird (s. bereits Teil 2:§ 2II.), wird einschränkend eine „Betriebsbezogenheit" des Eingriffs gefordert. Weiterhin wird die Rechtswidrigkeit des Eingriffs nicht indiziert, sondern muss positiv im Rahmen einer Interessenabwägung festgestellt werden.[415]

Schutzgegenstand des Rechts am eingerichteten und ausgeübten Gewerbebetrieb ist dabei alles, „was in seiner Gesamtheit den Betrieb zur Entfaltung und Betätigung in der Wirtschaft befähigt und damit den wirtschaftlichen Wert des Betriebs als bestehender Einheit ausmacht, also nicht nur den Bestand des Betriebs, sondern auch einzelne Erscheinungsformen, Geschäftsideen und Tätigkeitskreise, Kundenstamm und Geschäftsbeziehungen, Organisationsstruktur, Know-How und Good Will."[416] Erfasst ist somit auch der „gute Ruf" eines Unternehmens, das unternehmerische Ansehen.[417]

Betriebsbezogen sind nur solche Eingriffe, „die gegen den Betrieb als solchen gerichtet [...] sind und nicht vom Gewerbebetrieb ohne weiteres ablösbare Rechte oder Rechtsgüter betreffen".[418] Erforderlich ist demnach, dass sich der Eingriff „gegen den betrieblichen Organismus oder die unternehmerische Entscheidungsfreiheit" richtet.[419] Mittelbare Eingriffe sind dagegen nicht betriebsbezogen in diesem Sinne und fallen aus dem Schutzbereich. Schließlich ist neben den qualitativen Voraussetzungen eine gewisse quantitative

---

[415] *Förster*, in: Hau/Poseck, BeckOK, BGB, § 823 Rn. 178; *Spindler*, in: BeckOGK, BGB, § 823 Rn. 208 ff.; *Wilhelmi*, in: Grunewald/Maier-Reimer/Westermann, Erman BGB, 16. Aufl. 2020, § 823 Rn. 49 ff.

[416] OLG München, Urt. v. 27.2.2020 – 29 U 2584/19, NJW-RR 2020, 611.

[417] OLG München, Urt. v. 27.2.2020 – 29 U 2584/19, NJW-RR 2020, 611 im Hinblick auf die Löschung von positiven Bewertungen durch den Portalbetreiber auf Ärztebewertungsportalen.

[418] grundlegend BGH, Urt. v. 9.12.1958 – VI ZR 199/57, BGHZ 29, 65, 74 = NJW 1959, 479, 480.

[419] BGH, Urt. v. 21.4.1998 - VI ZR 196–97, BGHZ 138, 311, 317 = NJW 1998, 2141, 2143.

Erheblichkeitsschwelle in der Art erforderlich, dass der Eingriff im konkreten Fall eine Schadensgefahr begründet, die über eine bloße Belästigung oder eine sozialübliche Behinderung hinausgeht.[420]

Das Erfordernis der positiven Ermittlung der Rechtswidrigkeit des Eingriffs im Einzelfall folgt aus dem Umstand, dass es sich nach der ständigen Rechtsprechung um einen sog. „offenen" Tatbestand handelt.[421] Die in diesem Rahmen zu erfolgende Interessenabwägung ist besonders in solchen Fällen praktisch relevant in denen es – wie gerade beim Shortseller-Aktivismus – um kritische Äußerungen als Gegenstand der vermeintlichen Verletzung geht, die selbst verfassungsrechtlich als Meinungsfreiheit durch Art. 5 GG geschützt sind.[422] Ist ein Verhalten des Anspruchsgegners als „subjektiv redlich" einzustufen, lässt jedoch allein die Beeinträchtigung des Gewerbebetriebs nicht den Schluss auf die Rechtswidrigkeit des Eingriffs zu, vielmehr hat der Betriebsinhaber zu beweisen, dass das schadensursächliche Verhalten als solches gegen Gebote der gesellschaftlichen Rücksichtnahme verstieß.[423]

2. „Warentest"-Rechtsprechung des Bundesgerichtshofs

Eine renommierte und vielfach im Zusammenhang mit Eingriffen in den eingerichteten und ausgeübten Gewerbebetrieb zitierte Entscheidung ist die Rechtsprechung des BGH[424] zur Haftung der Stiftung Warentest für wertende Äußerungen über Waren in einem von ihr veröffentlichten Bericht eines vergleichenden Warentests gegenüber dem Hersteller (Leitsatz).[425] Der

---

420 BGH, Urt. v. 6.2.2014 – I ZR 75/13, NJW-RR 2014, 1508, 1509; Zum Ganzen m.w.N. *Förster*, in: Hau/Poseck, BeckOK, BGB, § 823 Rn. 183 ff.

421 BGH, Urt. v. 16.12.2014 – VI ZR 39/14, NJW 2015, 773; BGH, Urt. v. 11.3.2008 – VI ZR 7/07, NJW 2008, 2110; BGH, Urt. v. 21.4.1998 – VI ZR 196–97, BGHZ 138, 311, 317 = NJW 1998, 2141, 2143; BGH, Urt. v. 24.1.2006 – XI ZR 384/03, BGHZ 166, 84 = NJW 2006, 830 („Kirch/Deutsche Bank"); S. auch *Teichmann*, in: Stürner, Jauernig BGB, 18. Aufl. 2021, § 823 Rn. 49.

422 *Förster*, in: Hau/Poseck, BeckOK, BGB, § 823 Rn. 189.

423 BGH, Urt. v. 13.3.1979 – VI ZR 117/77, BGHZ 74, 9, 14 = NJW 1979, 1351, 1352; *Förster*, in: Hau/Poseck, BeckOK, BGB, § 823 Rn. 190.

424 BGH, Urt. v. 9.12.1975 – VI ZR 157/73, BGHZ 65, 325 = NJW 1976, 620 („Warentest II").

425 Vgl. nur *Franz*, in: Fezer/Büscher/Obergfell, UWG, 3. Aufl. 2016, Kap. S8 Rn. 81; *Hasselblatt/Leister*, in: Loschelder/Danckwerts, UWG-HdB, 5. Aufl. 2019, Kap. 15 § 60 Rn. 101 ff; *Katzenmeier*, in: Dauner-Lieb/Langen, BGB, 4. Aufl. 2021, § 823 Rn. 277; *Menke*, in: MünchKommUWG, 3. Aufl. 2020, § 6 Rn. 335 ff; *Köhler*, in: Köhler/Bornkamm/

BGH leitet damit ein, dass sich ein Gewerbebetrieb einer Kritik seiner Leistung stellen müsse. Eine gewerbeschädigende Kritik – jedenfalls außerhalb von Wettbewerbsverhältnissen – sei nicht schon grundsätzlich unzulässig. Im Einzelfall könnten die Grenzen zulässiger Kritik sehr weit gezogen sein und die Bedeutung des in Art. 5 Abs. 1, 2 GG gewährleisteten Grundrechts dürfe nicht zu gering eingeschätzt werden, wenn es um Ansprüche gehe, die aus abfälligen Wertungen gewerblicher Leistungen oder Vorgänge hergeleitet werden.[426] Handle es sich um einen Beitrag zum geistigen Meinungskampf in einer die Öffentlichkeit wesentlich berührenden Frage, so streite die Vermutung für die Zulässigkeit der „freien Rede“. Dieser Grundsatz treffe im Kern – wenn auch unter gebotener Beachtung aller Eigenheiten und Unterschiedlichkeiten – ebenfalls für die Äußerung über die Bewertung von Waren und Leistungen zu. Hierbei müsse dem Handelnden jedoch zur ordnungsgemäßen Interessenausübung im Hinblick auf die Veröffentlichungen, Untersuchungsmethoden sowie die vorgenommenen Wertungen ein angemessener Spielraum zur Verfügung stehen. Dies sei grundsätzlich auch tragbar, weil die Stiftung Warentest durch ihre Satzung und die mit vielen Sicherungen versehene Handhabung eine weitgehende Gewähr dafür biete, dass sie auf ordnungsmäßigem Wege zu jedenfalls vertretbaren Wertungen gelangt, was selbstverständlich im Einzelfall eine andere rechtliche Beurteilung eines von ihr durchgeführten und veröffentlichten Tests nicht ausschließe.[427]

Die für Werturteile geltenden äußersten Grenzen in Form der Schmähkritik seien auch der gewerbliche Leistungen kritisierenden Meinungsäußerung jedenfalls dann gezogen, wenn sie nicht im Zusammenhang mit einer zum geistigen Meinungskampf gehörenden in einer die Öffentlichkeit wesentlich berührenden Frage gemacht werde. Auch wenn sich die gewerbsschädigende wertende Kritik außerhalb eines solchen Rahmens bewege, sei deren Zulässigkeit an Art. 5 Abs. 1 GG zu messen, allerdings unter Zugrundelegung anderer Bezugspunkte bei der Interessenabwägung. Dem geschützten Rechtsgut (Gewerbebetrieb) stünde die ebenso geschützte Freiheit der

Feddersen u.a., UWG, 41. Aufl. 2023, § 6 Rn. 206; *Förster*, in: Hau/Poseck, BeckOK, BGB, § 823 Rn. 178 ff.

426 BGH, Urt. v. 9.12.1975 – VI ZR 157/73, BGHZ 65, 325 = NJW 1976, 621 („Warentest II“).

427 BGH, Urt. v. 9.12.1975 – VI ZR 157/73, BGHZ 65, 325 = NJW 1976, 620, 622 („Warentest II“).

Meinungsäußerung gegenüber, die die Befriedigung des Informationsinteresses der Öffentlichkeit – im zugrundeliegenden Fall: der Verbraucher an den Waren – in Anspruch nehme. Je nach dem angesprochenen und erreichten Empfängerkreis, der auf die Objektivität der Darstellung vertraue, sei derjenige, der sich auf sein Recht zur freien Meinungsäußerung beruft, zu sorgfältiger Prüfung gehalten, ob er mit seiner Äußerung (in Fernsehen, Rundfunk und Presse) den Boden sachlich nicht gerechtfertigter Kritik verlasse.[428]

Gemessen an diesen Ausführungen müsse die (Warentest-)Untersuchung neutral vorgenommen werden (anderenfalls liege i.d.R. schon ein Verstoß gegen die Wettbewerbsfreiheit vor), objektiv sein – nicht im Sinne einer objektiven Richtigkeit, sondern im Sinne eines Bemühens um diese – und die der Veröffentlichung zugrundeliegende Untersuchung sachkundig durchgeführt worden sein.[429]

Sofern diese Kriterien erfüllt sind, sei für entsprechende Werturteile ein erheblicher Spielraum eröffnet, dessen Grenzen von den Umständen des Einzelfalls abhingen. Diese seien jedenfalls dort überschritten, wo es um bewusste Fehlurteile und bewusste Verzerrungen, insbesondere auch bei bewusst unrichtigen Angaben und bewusst einseitiger Auswahl der zum Vergleich gestellten Waren und Leistungen gehe. Insbesondere aus der o.g. Objektivität der Untersuchung folge ferner, dass eine Äußerung auch dann unzulässig sei, wenn die Art des Vorgehens bei der Prüfung und die aus den durchgeführten Untersuchungen gezogenen Schlüsse als nicht mehr vertretbar („diskutabel") erscheinen.[430]

Schließlich weist der BGH im Zusammenhang mit vergleichenden Warentests darauf hin, dass ein Testbericht im allgemeinen als Gesamtheit rechtlich zu beurteilen sei. Liege der Schwerpunkt in wertenden Äußerungen und werden die Grundlagen des Testverfahrens und die bei der Gewichtung berücksichtigten Gesichtspunkte offengelegt, dann werde, wenn sich der Betroffene dadurch beeinträchtigt fühlt, größte Zurückhaltung gegenüber der Behandlung als selbständige tatsächliche Äußerungen im Rechtssinne

---

428 BGH, Urt. v. 9.12.1975 – VI ZR 157/73, BGHZ 65, 325 = NJW 1976, 620, 622 („Warentest II").

429 BGH, Urt. v. 9.12.1975 – VI ZR 157/73, BGHZ 65, 325 = NJW 1976, 620, 622 („Warentest II").

430 BGH, Urt. v. 9.12.1975 – VI ZR 157/73, BGHZ 65, 325 = NJW 1976, 620, 622 („Warentest II").

geboten sein. Nur wenn einer Äußerung jeder Wertungscharakter abgehe und ihr in ihrem tatsächlichen Gehalt im Rahmen des Testberichts eigenständige Bedeutung zukommen sollte, könne das anders sein.[431]

3. Haftung von Rating-Agenturen

Diese Grundsätze vorausgeschickt, wird auch im Rahmen der Haftung von Rating-Agenturen wegen abwertender Ratings gleichermaßen argumentiert.[432] Zunächst wird die grundsätzliche Eignung negativer Ratings zur direkten Beeinflussung des geschäftlichen Fortkommens, der Beziehungen zu Vertragspartnern, vor allem aber der Finanzierungsmöglichkeiten und des Gesamtansehens bejaht.[433] Unter Anwendung der „Warentest“-Grundsätze liege aber dann kein rechtswidriger Eingriff in den eingerichteten und ausgeübten Gewerbebetrieb i.S.d. § 823 Abs. 1 BGB vor, wenn die dem Rating zugrundeliegenden Untersuchungen neutral, objektiv und sachkundig durchgeführt worden seien und sowohl die Art des Vorgehens bei der Prüfung als auch die aus den Untersuchungen gezogenen Schlüsse vertretbar erscheinen.[434] Dagegen könnten Ratings als rechtswidriger Eingriff angesehen werden, wenn sie auf einer unvollständigen Tatsachenauswahl, unwissenschaftlicher, nicht objektivierbarer und allgemein gültiger Bewertungsmethode und/oder unsachlicher und tendenziöser Darstellung der Ergebnisse basieren.[435] Ebenfalls rechtswidrig sei die Veröffentlichung bewusster Fehlurteile sowie unbeauftragte Ratings „zur Unzeit“.[436]

Unter ausdrücklicher Bezugnahme richtet jedenfalls auch das Kammergericht Berlin mit Urteil vom 12.05.2006[437] die Zulässigkeit der Veröffentlichung von Ratings an den Maßstäben der „Warentest“-Rechtsprechung des BGH aus, wobei beim Rating ein besonderes Augenmerk auf eventuelle Interessenkonflikte zu legen sei.[438] Dieses Augenmerk sei deshalb geboten,

---

431 BGH, Urt. v. 9.12.1975 – VI ZR 157/73, BGHZ 65, 325 = NJW 1976, 620, 623 („Warentest II“).

432 M.w.N. *Wagner*, in: MünchKommBGB, 8. Aufl. 2020, § 826 Rn. 147.

433 *Arntz*, BKR 2012, 89, 94.

434 *Arntz*, BKR 2012, 89, 94; *Habersack*, ZHR 169 (2005), 185, 201, 202.

435 *Arntz*, BKR 2012, 89, 94.

436 *Arntz*, BKR 2012, 89, 94.

437 KG NJOZ 2006, 3347

438 KG NJOZ 2006, 3347, 3348 unter Verweis auf *Habersack*, ZHR 169 (2005), 185, 191, 195, 199.

weil im Unterschied zu vergleichenden Warentests, die unabhängig von einer Beauftragung erfolgen, Unternehmens-Ratings Vertragsbeziehungen in der Gestalt zugrunde liegen, dass die Rating-Agenturen von den zu bewertenden Unternehmen beauftragt werden (können).[439]

Eine Haftung der Rating-Agentur komme ferner in Betracht, wenn die Unternehmensbewertung auf einer unzureichenden Informationsbasis erstellt worden sei. Dies könne zum einen dann der Fall sein, wenn wesentliche Informationen gar nicht berücksichtigt werden, zum anderen dann, wenn die Tatsachengrundlage unzutreffend sei. Dies dürfe allerdings nicht dazu führen, dass die Anforderungen an die Tatsachenermittlung und -verifizierung überspannt werden.[440] Eine Rating-Agentur dürfe sich daher grundsätzlich auf die ihr vom Emittenten überlassenen Dokumente verlassen; insbesondere obliege ihr nicht die erneute Überprüfung bereits testierter Jahres- und Konzernabschlüsse.[441] Die Rating-Agentur dürfe sich andererseits nicht der Pflicht entziehen, sich aktiv um eine hinreichende Informationsbasis zu bemühen. Hierfür reiche die passive Entgegennahme von Informationen und Dokumenten noch nicht aus. Vielmehr müsse die Agentur von sich aus auf die Erteilung aller wesentlichen Auskünfte bestehen.[442]

Darüber hinaus verlange das Gebot der „fair presentation", dass die Rating-Agentur dem Emittenten Gelegenheit zur Stellungnahme zu einem vorläufigen und begründeten Rating einräumt und bereit ist, sich mit vorgetragenen Bedenken ernsthaft auseinanderzusetzen.[443] Mache der Emittent geltend, dass das Rating wesentliche Tatsachen nicht berücksichtige, sehe er aber davon

---

439 *Habersack*, ZHR 169 (2005), 185, 191, 195.

440 *Habersack*, ZHR 169 (2005), 185, 201.

441 *Habersack*, ZHR 169 (2005), 185, 201; a.A. *Hennrichs*, FS Hadding, 2004, S. 875, 882, nach dem Rating-Agenturen sich nicht ohne weiteres auf die geprüften und testierten Abschlüsse verlassen könnten. Die jüngsten Bilanzskandale würden belegen, dass selbst bei geprüften Gesellschaften Betrug und Irrtum vorkommen. Es würden etwa Vermögensgegenstände „erfunden" oder überbewertet oder Schulden bewusst nicht berücksichtigt oder unterbewertet. Deshalb werde der Analyst beispielsweise bei wesentlichen Forderungsbeständen sich nicht allein auf interne Unterlagen des gerateten Unternehmens verlassen dürfen, sondern auch verifizierende Informationen zum Geschäftspartner und zur Bewertung der (angeblichen) Informationen einzuholen haben.

442 *Habersack*, ZHR 169 (2005), 185, 201.

443 *Habersack*, ZHR 169 (2005), 185, 197.

ab, diese Tatsachen offenzulegen, so sei die Rating-Agentur im Falle einer Veröffentlichung des Ratings gehalten, hierauf hinzuweisen.[444]

Schließlich wird im Rahmen der Veröffentlichung negativer Ratings noch die Verletzung des Allgemeinen (Unternehmens-)Persönlichkeitsrechts als „sonstiges Recht" i.S.d. § 823 Abs. 1 BGB diskutiert. Allerdings stellen sich vor dem Hintergrund des Art. 5 Abs. 1, 2 GG im Ergebnis dieselben Fragen wie bereits oben im Rahmen eines Eingriffs in den eingerichteten und ausgeübten Gewerbetrieb. Ein Anspruch aus § 823 Abs. 1 BGB käme daher etwa nur dann in Betracht, wenn bewusst unwahre Tatsachen verbreitet werden.[445]

4. Haftung von Shortseller-Aktivisten nach den Grundsätzen für vergleichende Warentests und Unternehmensratings

Eingedenk vorstehender Ausführungen stellt sich die Frage, ob der für vergleichende Warentests entwickelte und für die Haftung von Rating-Agenturen angewandte strenge Maßstab auch auf die Haftung von Shortseller-Aktivisten übertragen werden kann. Sieht man in den negativen Shortseller-Berichten Anlageempfehlungen (s. hierzu Teil 2:§ 2VI.), so enthalten diese eine subjektive Bewertung des Emittenten bzw. seiner Finanzinstrumente. Hierin ist in Anlehnung an die o.g. „Warentest"-Rechtsprechung des BGH eine Meinungsäußerung zu sehen, sofern die wertenden Elemente des Berichts im Verhältnis zu der Tatsachengrundlage überwiegen.[446]

Ein Eingriff hierdurch in den eingerichteten und ausgeübten Gewerbebetrieb der Zielgesellschaft liegt vor, wenn und sofern durch die negative Berichterstattung die Wahrnehmung des Unternehmens in der öffentlichen Meinung oder dessen Finanzierungsmöglichkeiten beeinträchtigt werden.[447]

In einem weiteren Schritt stellt sich die Frage der Rechtswidrigkeit dieses Eingriffs. Für die hier vorzunehmende Interessenabwägung ist auf der einen Seite das Grundrecht der Shortseller-Aktivisten aus Art. 5 Abs. 1, 2 GG und

---

[444] *Habersack*, ZHR 169 (2005), 185, 204.

[445] *Arntz*, BKR 2012, 89, 94.

[446] *Poelzig*, ZHR 184 (2020), 697, 751.

[447] *Poelzig*, ZHR 184 (2020), 697, 751; Zur grundsätzlichen Haftbarkeit auch *Mülbert/ Sajnovits*, BKR 2019, 313, 322, wonach je nach konkretem Sachverhalt Ansprüche aus § 823 Abs. 1 BGB (Recht am eingerichteten und ausgeübten Gewerbebetrieb), 824 BGB und § 826 BGB denkbar seien.

auf der anderen Seite der Schutz des geschäftlichen Rufs der Zielgesellschaft nach Art. 2 Abs. 1, Art. 12 GG zu berücksichtigen.[448]

An dieser Stelle wird in der Literatur u.a. die Übertragbarkeit der („mildereren") Rechtsprechung des BGH in Sachen „Kirch gegen Deutsche Bank" diskutiert (zu Rspr. des OLG München in dieser Sache vgl. bereits Teil 2:§ 2VIII.2.).[449] Hiernach hat der BGH u.a. ausgesprochen, dass sachliche Meinungsäußerungen in einer die Öffentlichkeit wesentlich berührenden Frage sowie wahre Tatsachenbehauptungen grundsätzlich keinen Eingriff in das Recht am eingerichteten und ausgeübten Gewerbebetrieb darstellen.[450] Diesem Grundsatz folgend würden auch Shortseller-Aktivisten stets behaupten können, dass ihre Berichte für die Öffentlichkeit von Interesse und die verbreiteten Informationen wahre Tatsachen seien. Einer solchen (Schutz-)Behauptung seien aber jedenfalls dann Grenzen gesetzt, wenn den Shortsellern bewusst sei, dass ein verständiger Anleger – eine sorgfältige Prüfung des Berichts durch diesen unterstellt – die in dem Bericht veröffentlichten Informationen nicht einpreisen würde.[451] Die Öffentlichkeit habe kein Interesse an der Veröffentlichung von Berichten, die nur dazu dienen, Shortseller auf Kosten anderer Anleger zu bereichern.[452]

Geht man noch etwas weiter und möchte das vergleichsweise „schärfere Schwert" der „Warentest"-Rechtsprechung des BGH über die Haftung von Rating-Agenturen hinaus auch auf die Haftung von Shortseller-Aktivisten ausdehnen – wie dies für Anlageempfehlungen teilweise vertreten wird –,[453] stellt sich die Frage nach der Vergleichbarkeit der Fälle. Nimmt man die Vergleichbarkeit an, erfordert der in der „Warentest"-Rechtsprechung aufgestellte Maßstab, dass die Bewertung den Geboten der Neutralität, Objektivität und Sachkunde entspricht. Sind diese Voraussetzungen erfüllt, geht damit ein erheblicher Spielraum einher, da die „Verbraucheraufklärung [...] zur Gewinnung von Markttransparenz unerläßlich, und zwar nicht nur im

---

448 *Poelzig*, ZHR 184 (2020), 697, 751.
449 S. *Schockenhoff/Culmann*, AG 2016, 517, 528.
450 BGH, Urt. v. 24.1.2006 – XI ZR 384/03, BGHZ 166, 84 = NJW 2006, 830 („Kirch/Deutsche Bank").
451 *Schockenhoff/Culmann*, AG 2016, 517, 528.
452 *Schockenhoff/Culmann*, AG 2016, 517, 528.
453 M.w.N. *Poelzig*, ZHR 184 (2020), 697, 751.

Interesse der Verbraucher, sondern schlechthin unter volkswirtschaftlichen Gesichtspunkten" ist.[454]

In puncto Vergleichbarkeit ergibt sich mit Warentests und Unternehmens-Ratings eine dahingehende Gemeinsamkeit, dass auch die Veröffentlichung und Verbreitung negativer Shortseller-Berichte, die Missstände im Unternehmen aufdecken, zur Markttransparenz[455] beitragen.[456] Während sich die Gemeinsamkeiten jedoch hierin erschöpfen, unterscheiden sich die Berichte in drei wesentlichen Punkten: Zum einen verfolgen Shortseller-Aktivisten mit ihren Veröffentlichungen wirtschaftliche Interessen.[457] Zum anderen beziehen sich ihre negativen Berichte – anders als die Bewertungen von Rating-Agenturen – nicht zwingend auf die Bonität des Zielunternehmens, auch wenn sie sich hierauf auswirken können.[458] Ein gewichtiger Unterschied liegt schließlich darin, dass Shortseller nicht für sich in Anspruch nehmen, eine objektive Bewertung über das Zielunternehmen zu präsentieren.[459]

Ausgehend von dem erstgenannten Unterschied (*wirtschaftliche Interessen*) nimmt eine Auffassung unter niedrigschwelligen Voraussetzungen die Rechtswidrigkeit des Eingriffs und damit eine Haftung aus § 823 Abs. 1 BGB an.[460] Mit dem Argument des Verfolgens wirtschaftlicher Interessen könne zwar nicht der Schutz der Meinungsfreiheit verwehrt werden, vorrangig geschäftlichen Interessen dienende Meinungsäußerungen seien nach der „Benetton"-Rechtsprechung des BVerfG[461] aber strenger zu beurteilen als sonstige Äußerungen. Daher sei in der Abwägung *Meinungsfreiheit vs. Ruf*

---

454 BGH, Urt. v. 9.12.1975 – VI ZR 157/73, BGHZ 65, 325 = NJW 1976, 620, 621 („Warentest II"); *Poelzig*, ZHR 184 (2020), 697, 752.

455 Zur Bedeutung von Markttransparenz im Rahmen der privatautonomen Vertragsgestaltung *Dauner-Lieb*, in: Schmoeckel/Kanzleiter, Vertragsschluss – Vertragstreue – Vertragskontrolle, 2010, S. 49, 55 f.; sowie *Dauner-Lieb*, Verbraucherschutz, 1983, S. 65 und *passim*.

456 *Poelzig*, ZHR 184 (2020), 697, 752.

457 *Poelzig*, ZHR 184 (2020), 697, 752.

458 *Schockenhoff/Culmann*, AG 2016, 517, 528.

459 *Schockenhoff/Culmann*, AG 2016, 517, 528 unter Bezugnahme auf den Muddy Waters Research Report, der mit den Worten „*Muddy Waters is Short in Ströer*" eingeleitet wird.

460 So *Poelzig*, ZHR 184 (2020), 697, 752, 753.

461 BVerfGE 102, 347 („Benetton I") = NJW 2001, 591; BVerfGE 107, 275 („Benetton II") = NJW 2003, 1303

der Zielgesellschaft, die Meinungsfreiheit mit einem geringeren Gewicht zu berücksichtigen.[462] Unter Anwendung der Grundsätze, die im Zusammenhang mit § 4 Nr. 1 UWG (Mitbewerberschutz) entwickelt wurden, sei die Grenze der Meinungsfreiheit gemäß Art. 5 Abs. 1 GG durch die negativen Shortseller-Berichte nicht erst dann überschritten, wenn Formalbeleidigungen oder Schmähkritik vorlägen, sondern schon dann, wenn es keinen ausreichenden Anlass für eine Aufklärung gebe, d.h. kein schutzwürdiges Interesse von Anlegern und Kapitalmarkt bestünde oder wenn die Berichterstattung nicht im erforderlichen oder sachlich gebotenen Rahmen erfolgte.[463]

Auch nach der Gegenauffassung fehlt es – wie auch im Hinblick auf die „Kirch gegen Deutsche Bank"-Entscheidung – an einer hinreichenden Vergleichbarkeit. Unter Bezugnahme auf die letztgenannten Unterschiede argumentiert sie jedoch, dass es nicht sachgerecht sei, einem Shortseller, der erkennbar zum Ausdruck bringe kein objektives Urteil über das Urteil zu fällen, die in der „Warentest"-Rechtsprechung aufgestellte Pflicht zur „neutralen" Analyse aufzuerlegen.[464] Die Rechtswidrigkeit des Eingriffs werde daher nur mit den Argumenten begründet, die auch im Rahmen einer Haftung nach § 826 BGB herangezogen werden, um die Sittenwidrigkeit des Shortseller-Aktivismus zu bejahen.[465] Ein Eingriff in den eingerichteten und ausgeübten Gewerbebetrieb sei nur in solchen Ausnahmefällen als rechtswidrig anzusehen, in denen der Shortseller nicht damit rechnen dürfe, dass ein verständiger Anleger die in seinem Bericht offengelegten Informationen zusätzlich einpreisen würde, sondern offenkundig nur darauf setze, dass einige institutionelle Investoren verkaufen und der Kurs kurzfristig abstürze.[466] Ein Indiz hierfür könne sein, dass sich der Kurs sehr schnell wieder erhole, ohne dass hierfür die Ursächlichkeit eines anderen Grundes ersichtlich sei.[467]

Der Verfasser schließt sich dieser Auffassung an. Kennzeichnend für vergleichende Warentests ist zunächst, dass diese für sich die Objektivität ihrer

---

462 *Poelzig*, ZHR 184 (2020), 697, 752.

463 *Poelzig*, ZHR 184 (2020), 697, 753.

464 *Schockenhoff/Culmann*, AG 2016, 517, 528 unter Bezugnahme auf den Muddy Waters Research Report, der mit den Worten *„Muddy Waters is Short in Ströer"* eingeleitet wird.

465 *Schockenhoff/Culmann*, AG 2016, 517, 528.

466 *Schockenhoff/Culmann*, AG 2016, 517, 528.

467 *Schockenhoff/Culmann*, AG 2016, 517, 528.

Untersuchungen in Anspruch nehmen. Insbesondere werden die Tests von einer Stiftung durchgeführt, die von der Bundesrepublik errichtet wurde,[468] sodass ein stärkeres Vertrauen der Verbraucher in die durchgeführten Tests begründet wird. Shortseller-Aktivisten dagegen fehlt eine vergleichbare Stellung. Ferner geht es bei Warentests um den Vergleich ähnlicher Produkte, die alle einer bestimmten Kategorie zuzuordnen sind. Negative Shortseller-Berichte hingegen beziehen sich – ohne Vergleiche mit anderen Unternehmen zu ziehen – auf ein konkretes Zielunternehmen, das kritisch beurteilt wird. Da hiernach der Ausgangspunkt bereits ein anderer ist, erscheint die Übertragbarkeit der „Warentest"-Grundsätze fraglich. Im Hinblick auf Unternehmens-Ratings mögen negative Shortseller-Berichte diesen zwar sehr nahe zu kommen, sodass jedenfalls die hierzu ergangenen Ausführungen verwertbar erscheinen. Allerdings bleibt auch hier der Einwand erhalten, dass Ratings – auch wenn Auftraggeber die gerateten Unternehmen selbst sein können – einen objektiven Ansatz haben. Auf der anderen Seite liegt es zwar auf der Hand, dass allein die wirtschaftliche Motivation der Shortseller und die (mehr oder weniger offensichtliche) Absicht nicht objektiver Berichterstattung, nicht ohne weiteres eine Haftungsprivilegierung begründen können. Allerdings treten eben besondere Umstände hinzu, die im Unterschied zu Warentests und Ratings die Rechtswidrigkeit des Eingriffs – sofern keine offensichtlich falsche Tatsachenbehauptung u.Ä. vorliegen (s. Teil 2:§ 3III.1.) – regelmäßig entfallen lassen, wobei es selbstverständlich auf eine Interessenabwägung im Einzelfall ankommt. So kommt der Meinungsfreiheit ein großes Gewicht zu, wenn und soweit die Tatsachengrundlage ihrem Umfang und Gewicht nach den subjektiven und damit wertenden Gesamtcharakter des Berichts nicht entfallen lässt. Die Shortseller werden gleichzeitig für sich in Anspruch nehmen, Missgeschicke aufzudecken und somit die Marktransparenz zu fördern. Selbst wenn hierdurch das Unternehmen einen enormen Schaden (zum Schaden der Zielgesellschaft siehe bereits Teil 2:§ 1I.) erleiden sollte und die Shortseller nicht ernsthaft eine „Marktförderungsabsicht" sondern Gewinnerzielungsabsicht haben, erreicht der Ruf der Zielgesellschaft nicht ein derart starkes Gegengewicht, welches die Meinungsfreiheit entfallen lässt. Hierfür spricht bereits der abstrakte Vergleich der Schranken der betroffenen

---

[468] BGH, Urt. v. 9.12.1975 – VI ZR 157/73, BGHZ 65, 325 = NJW 1976, 620 („Warentest II").

Grundrechte. Die Rechte aus Art. 5 Abs. 1 GG finden ihre Schranken (*erst*) „in den Vorschriften der allgemeinen Gesetze, den gesetzlichen Bestimmungen zum Schutze der Jugend und in dem Recht der persönlichen Ehre". Es handelt es sich um einen sog. qualifizierten Gesetzesvorbehalt.[469] Das Grundrecht aus Art. 2 Abs. 1 GG (Ruf des Unternehmens) kann hingegen (*bereits*) durch die sog. Schrankentrias (Rechte anderer, verfassungsmäßige Ordnung, Sittengesetz) eingeschränkt werden, wobei allein der verfassungsmäßigen Ordnung praktische Bedeutung zukommt.[470] Unter dem Terminus der verfassungsmäßigen Ordnung versteht das BVerfG *alle* Rechtsnormen, die formell und materiell mit der Verfassung in Einklang stehen.[471] Mithin handelt es sich um einen einfachen Gesetzesvorbehalt.[472] Der Wertung des Grundgesetzes ist demnach zu entnehmen, dass Eingriffe in das (jedenfalls die äußere Sphäre betreffende) Persönlichkeitsrecht unter geringeren Voraussetzungen gerechtfertigt sein können, als Eingriffe in die Meinungsfreiheit. Sofern man nun argumentieren mag, dass Grundrechte aber auch verfassungsimmanenten Schranken – namentlich kollidierendem Verfassungsrecht – unterliegen und der Unternehmensruf aus Art. 2 Abs. 1 GG ein solches Recht ist, bleibt Folgendes entgegenzuhalten: Verfassungsunmittelbare Schranken ermöglichen zwar Freiheitsbeschränkungen; ihre Konkretisierung aber unterliegt dem Vorbehalt des Gesetzes. Sie bedürfen daher einer gesetzlichen Grundlage.[473] Eine solche gesetzliche Grundlage aber fehlt vorliegend. Möchte der Gesetzgeber dem Unternehmensschutz also den Vorrang gebieten, muss er aktiv für eine entsprechende Gesetzesgrundlage sorgen. Mit einer Grundrechts-Argumentation gelangt man jedenfalls nicht ohne weiteres zur Verletzung des Rechts am eingerichteten und ausgeübten Gewerbebetrieb und damit zu einer Haftung aus § 823 Abs. 1 BGB.

---

469 Vgl. *Michaelis*, JA 2021, 573, 575; *Theß*, JuS 2021, 247, 250; *Schwarz*, JA 2017, 241, 243.

470 *Lang*, in: Epping/Hilgruber, BeckOK, GG, Art. 2 51, 52.

471 stRspr seit BVerfGE 6, 32 ff. = NJW 1957, 297, vgl. etwa BVerfGE 90, 145, 172 = NJW 1994, 1577; NJW 1994, 1577, 1578, BVerfGE 80, 137, 153 = NJW 1989, 2525; NJW 2008, 3698; BVerfGE 128, 193, 206 = NJW 2011, 836; Vgl. *Lang*, in: Epping/Hilgruber, BeckOK, GG, Art. 2 Rn. 52.

472 *Jarass*, in: Jarass/Pieroth, GG, 17. Aufl. 2022, Art. 2 Rn. 65.

473 *Schemmer*, in: Epping/Hilgruber, BeckOK, GG, Art. 5 Rn. 113.

IV. § 823 Abs. 2 BGB i.V.m. Art. 12, 15 MMVO

Die Schutzgesetzqualität des Art. 12 MMVO ist wegen der Konzentration der MMVO auf ein *Public Enforcement*[474] abzulehnen, sodass Ansprüche aus § 823 Abs. 2 i.V.m. Art. 12 MMVO bzw. Art. 15 MMVO (der auf Art. 12 MMVO Bezug nimmt) ausscheiden (s. bereits Teil 2:§ 2III.2.b)).[475]

V. § 823 Abs. 2 BGB i.V.m. § 186 StGB

In Betracht kommt zwar der Tatbestand der üblen Nachrede (§ 186 StGB) als Schutzgesetz i.S.d. § 823 Abs. 2 BGB, wonach sich strafbar macht, wer in Beziehung auf einen anderen eine Tatsache behauptet oder verbreitet, welche denselben verächtlich zu machen oder in der öffentlichen Meinung herabzuwürdigen geeignet ist, wenn nicht diese Tatsache erweislich wahr ist. An dieser Stelle eröffnet sich allerdings wieder die bereits oben (s. Teil 2:§ 3III.4.) ausführlich erörterte Frage, ob die Berichterstattung als Meinungsäußerung zu bewerten ist oder ob die subjektive Komponente des Berichts derart in den Hintergrund rückt, dass es sich vorwiegend um Tatsachenbehauptungen handelt. Ersteres dürfte – solange keine offensichtlich falschen Tatsachen verbreitet werden – der Regelfall sein. Mithin dürften entsprechende Ansprüche regelmäßig ausscheiden.

VI. § 826 BGB (Sittenwidrige Schädigung)

Entsprechend den Ausführungen zu den Schadensersatzansprüchen betroffener Aktionäre unter Teil 2:§ 2VIII., kommen auch Ansprüche der Zielgesellschaft nur unter den dort genannten strengen Voraussetzungen in Betracht.[476]

---

[474] *Schmolke*, ZBB 2012, 165, 169 f., wonach dieses Verständnis durch den Kommissionsvorschlag für eine Marktmissbrauchsverordnung (Europäische Kommission, Vorschlag für eine Verordnung des Europäischen Parlaments und des Rates über Insider-Geschäfte und Marktmanipulation v. 20. 10. 2011, KOM(2011) 651 endg.) und eine Richtlinie über strafrechtliche Sanktionen für Insider-Geschäfte und Marktmanipulation (Europäische Kommission, Vorschlag für eine Richtlinie des Europäischen Parlaments und des Rates über strafrechtliche Sanktionen für Insider-Geschäfte und Marktmanipulation v. 20. 10. 2011, KOM(2011) 654 endg.) noch einmal bekräftigt werde.

[475] S. auch *Poelzig*, ZHR 184 (2020), 697, 754, 755.

[476] So auch *Schockenhoff/Culmann*, AG 2016, 517, 527; *Poelzig*, ZHR 184 (2020), 697, 749.

§4 Ansprüche abgeleitet aus der Treuepflicht

I. Gesellschaftsrechtliche Treuepflicht und Shareholder-Aktivismus

Vor allem im Rahmen des Shareholder-Aktivismus (zum Begriff siehe bereits Teil 1:§ 1 I.) werden die Grenzen zulässigen Verhaltens durch die gesellschaftsrechtliche Treuepflicht gezogen.[477] Unabhängig von der dogmatischen Grundlage (hierzu ausführlich sogleich unter Teil 3:§ 2) beruhe diese auf dem zentralen Gedanken, dass Maßnahmen einzelner Aktionäre einerseits nicht dem Gesellschaftszweck und andererseits nicht in unverhältnismäßiger Weise anderen Aktionärsinteressen zuwiderlaufen dürften.[478] Neben Mehrheitsaktionären können auch Minderheitsaktionäre eine gesellschaftsrechtliche Treuepflicht treffen, deren Inhalt und Tragweite anhand der Realstruktur der Gesellschaft zu ermitteln ist.[479] Liegt ein Verstoß gegen die gesellschaftsrechtliche Treuepflicht vor, können die Gesellschaft und andere Aktionäre einen Unterlassungsanspruch sowie einen Schadensersatzanspruch aus § 280 Abs. 1 BGB haben.[480]

Allerdings dürfe nicht vorschnell ein solcher Verstoß angenommen werden. So seien egoistische Ziele eines Aktionärs für sich genommen noch nicht unzulässig.[481] Vielmehr habe eine einzelfallbezogene Konkretisierung des Inhalts der Treuepflicht zu erfolgen. Maßgeblich seien dabei die widerstreitenden Interessen sowie die reale Gesellschaftsstruktur. Ein Indiz für die Intensität der Treuepflichtbindung sei dabei das Maß des Einflusses. So sei der Inhalt der gesellschaftsrechtlichen Treuepflicht abhängig vom Umfang des Aktienbesitzes, der Art der konkreten Ausübung von Aktionärsrechten sowie insbesondere von der Betroffenheit von Gesellschafts- und Mitaktionärsinteressen.[482]

---

477 *Schmolke*, ZGR 2007, 701, 726; *Poelzig*, ZHR 184 (2020), 697, 747.
478 *Thaeter/Guski*, AG 2007, 301, 303.
479 *Thaeter/Guski*, AG 2007, 301, 303.
480 *Thaeter/Guski*, AG 2007, 301, 303; *Poelzig*, ZHR 184 (2020), 697, 747.
481 *Thaeter/Guski*, AG 2007, 301, 303.
482 *Thaeter/Guski*, AG 2007, 301, 303.

Eine Verletzung der gesellschaftsrechtlichen Treuepflicht wird unter anderem bei der Begünstigung einer feindlichen Übernahme oder bei einer Verunglimpfung der Gesellschaft angenommen.[483]

II. Übertragbarkeit der gesellschaftsrechtlichen Treuepflicht auf Shortseller-Aktivisten

Vor allem letzteres (Treuepflichtverletzung durch Verunglimpfung der Gesellschaft) ist mit Bezug auf die vorausgegangenen Ausführungen zu den Haftungsgrundlagen von Relevanz. Nimmt man eine Bindung der Shortseller-Aktivisten an die gesellschaftsrechtliche Treuepflicht an, kommt jedenfalls eine grundsätzliche Haftung aus § 280 Abs. 1 BGB in Betracht, und zwar als nachteilige Einwirkung (des Aktionärs) auf das Gesellschaftsunternehmen.[484] So wird vertreten, dass sich die gesellschaftsrechtliche Treuepflicht nicht auf die Ausübung der mitgliedschaftlichen Rechte und Pflichten beschränkt, sondern auch die Nebenpflicht besteht, die Gesellschaft nicht zu schädigen.[485] Eine solche Haftung liegt – jedenfalls bei wertender Betrachtung – deshalb besonders nahe, weil Shortseller im Unterschied zu den o.g. Shareholder-Aktivisten nicht auf eine positive Entwicklung des Aktienkurses und der Gesellschaft, sondern auf eine Beeinträchtigung des guten Rufes der Zielgesellschaft – und damit einhergehend auf einen Kursverfalls – abzielen.[486] Vom Umfang der gesellschaftsrechtlichen Treuepflicht sind auch quasi-deliktische Verhaltenspflichten umfasst, die den Aktionär im inner- wie außergesellschaftlichen Bereich binden und Schädigungen der Gesellschaft, etwa durch Pressekampagnen, verbieten.[487]

Kennzeichnend für den Shortseller-Aktivismus ist jedoch, dass diese im Zeitpunkt der negativen Berichterstattung in der Regel gar nicht (mehr)

---

483 *Thaeter/Guski*, AG 2007, 301, 304.

484 *Wentz*, WM 2019, 196, 203; *Lutter*, ZHR 153 (1989), 446, 452, 453; *Koch*, in: Hüffer/Koch, AktG, 16. Aufl. 2022, § 53a Rn. 19; Zum faktischen Konzern *Cahn/v. Spannenberg*, in: Spindler/Stilz, BeckOGK, AktG, § 311 Rn. 72.

485 So ausdrücklich *Wentz*, WM 2019, 196, 203; Andeutend *Schockenhoff/Culmann*, AG 2016, 517, 524, 525.

486 *Poelzig*, ZHR 184 (2020), 697, 748.

487 *Weber*, Vormitgliedschaftliche Treubindungen, 1999, S. 99; *Poelzig*, ZHR 184 (2020), 697, 748.

Aktionäre der Zielgesellschaft sind, formaljuristisch also keine Eigentümer der Aktien (s. bereits Teil 1:§ 1). In Betracht kommt daher allenfalls eine Haftung aus der *vor*mitgliedschaftlichen Treuepflicht. Eine solche Vorwirkung der Treuepflicht wird jedoch unterschiedlich beurteilt. Ein Teil in der Literatur lehnt dies mit der fehlenden Aktionärsstellung ab.[488] Shortseller hielten eine wirtschaftlich entgegengesetzte Position, da sie – anders als die Aktionäre – vom Kursverfall profitieren. Eine Treuepflicht könne auch nicht deshalb abgeleitet werden, weil Shortseller möglicherweise einmal Aktionäre waren und zu einem späteren Zeitpunkt (nach „Rückerwerb" der Aktien an der Börse) wieder Aktionäre sein werden. Hierfür spreche schließlich, dass es nicht einmal erforderlich sei, dass Shortseller jemals Eigentum an den verkauften Aktien erwerben.[489] Denn nach Art. 12 Abs. 1 lit. b) LeerverkaufsVO genügt es, dass „die natürliche oder juristische Person [...] bezüglich der Aktie eine Leihvereinbarung getroffen [hat] oder [...] einen vertragsrechtlich oder eigentumsrechtlich unbedingt durchsetzbaren Anspruch auf Übertragung des Eigentums an einer entsprechenden Anzahl von Wertpapieren derselben Gattung [hat], so dass das Geschäft bei Fälligkeit abgewickelt werden kann". Nach Art. 12 Abs. 1 lit. c) LeerverkaufsVO ist ferner ausreichend, dass „die natürliche oder juristische Person [...] von einem Dritten die Zusage erhalten [hat], dass die Aktie lokalisiert wurde, und dass dieser Dritte die Maßnahmen gegenüber Dritten ergriffen hat, die dafür notwendig sind, dass die natürliche oder juristische Person berechtigterweise erwarten kann, dass das Geschäft bei Fälligkeit abgewickelt werden kann." (sog. Lokalisierungszusage).[490]

Ein anderer Teil in der Literatur bejaht dagegen eine vorvertragliche Treuepflichtbindung von Shortseller-Aktivisten für den Fall, dass sie einen Anspruch auf Übereignung der betreffenden Aktien haben, da sich die Treuepflicht dann auf den Zeitraum vor dem Erwerb erstrecke. Durch die Gestaltung über eine Lokalisierungszusage hätten sie jedoch die Möglichkeit, eine Schadensersatzhaftung zu verhindern, da zu keinem Zeitpunkt ein Schuldverhältnis i.S.d. § 280 Abs. 1 BGB entstünde.[491]

---

488 *Schockenhoff/Culmann*, AG 2016, 517, 525; *Poelzig*, ZHR 184 (2020), 697, 748.

489 *Schockenhoff/Culmann*, AG 2016, 517, 525.

490 Vgl. auch *Schockenhoff/Culmann*, AG 2016, 517, 525; *Poelzig*, ZHR 184 (2020), 697, 748. Zu den Erscheinungsformen des Leerverkaufs vgl. Teil 1: § 1 IV und V.

491 *Wentz*, WM 2019, 196, 202, 203.

Hiergegen wird wiederum eingewandt, dass die unterschiedliche Anwendung der gesellschaftsrechtlichen Treuepflicht auf Shortseller-Aktivisten, je nachdem, wie die Deckung des Leerverkaufs erfolgt sei, aus Sicht der geschädigten Gesellschaft zufällig erscheine und daher einheitlich abzulehnen sei.[492]

Aus Sicht des Verfassers erscheint die erstgenannte Ansicht vorzugswürdig. Zur Begründung wird in den Teilen 3 und 4 dieser Arbeit ausgearbeitet, wie die vormitgliedschaftliche Treuepflicht dogmatisch hergeleitet und zur Haftungsgrundlage gemacht werden kann.

§5 Zwischenergebnis

Die Haftung von Shortseller-Aktivisten für Schäden, die sie durch Shortseller-Attacken dem Zielunternehmen sowie dessen Aktionären zufügen erscheint de lege lata problematisch. Weder die LeerverkaufsVO noch die MMVO selbst regeln entsprechende Haftungstatbestände. Auch die Anwendung über § 823 Abs. 2 BGB führt zu keinem befriedigenden Ergebnis, da den Regelungen kein Schutzgesetzcharakter zukommt. Schließlich lässt sich auch dem WpHG kein Haftungstatbestand (auch hier nicht über § 823 Abs. 2 BGB) entnehmen. Mithin liefern die kapitalmarkrechtlichen Vorschriften insgesamt kein handhabbares Instrumentarium, um Shortseller-Aktivisten zur Verantwortung zu ziehen.

Eine gesellschaftsvertragliche Haftung aus § 280 Abs. 1 BGB wegen Verletzung der mitgliedschaftlichen Treuepflicht scheitert ebenfalls, weil Shortseller im Zeitpunkt der schädigenden Handlung (Veröffentlichung und Verbreitung des negativen Research Reports) nicht Gesellschafter sind. Licht ins Dunkel könnte aber die Begründung *vor*mitgliedschaftlicher Treuepflichten bringen. Zur Lösung dieser Frage wird nachfolgend die Rechtsgrundlage der gesellschaftsrechtlichen Treuepflicht herausgearbeitet, um hierauf aufbauend Stellung zur grundsätzlichen Vorwirkung von Treuepflichten nehmen zu können. Sodann wird die Übertragbarkeit der Ergebnisse auf die Haftung von Shortseller-Aktivisten diskutiert, um letztendlich zu entscheiden, welche der o.g. Literaturmeinungen vorzugswürdig erscheint. Denn eine gerichtliche Entscheidung ist hierzu – soweit ersichtlich – nicht ergangen.

---

[492] *Poelzig*, ZHR 184 (2020), 697, 748.

TEIL 3

Grundlagen und gesetzliche Ausprägung der gesellschaftsrechtlichen Treuepflicht

§1 Einführung und Begriffsbildung

Grundlage einer sauberen Analyse der gesellschaftsrechtlichen Treuepflicht ist zunächst dessen begriffliche Präzision. Bereits früh erkannte *Goethe*: *„Um Worte läßt sich trefflich streiten"*.[493] So sind auch die Meinungen zum Begriff sowie zu den Rechtsgrundlagen der Treuepflicht sehr vielfältig.[494] Zwar ist die richtige Begriffsbildung nicht rechtsbegründend, aber von Bedeutung für die sachgemäße Erfassung und Bearbeitung des Problems.[495]

Teilweise wird unter dem Begriff der gesellschaftsrechtlichen Treuepflicht nur die gesteigerte, über die „schlichte Normalität" des § 242 BGB hinausgehende Pflichtenbindung bezeichnet.[496] Andere wiederum lehnen dies mit dem Argument ab, dass es eine „schlichte Normalität" im Rahmen des § 242 BGB gar nicht gebe. Es handle sich ebenso wie die allgemeine Rücksichtnahme- und Loyalitätspflicht in anderen rechtlichen Sonderverbindungen vielmehr um eine Rahmen- oder Generalpflicht, die wertender Konkretisierung im Einzelfall bedürfe.[497] *Lutter* hingegen formuliert, „Grundlage" der Treuepflicht sei „Gesetz und Satzung und die notwendige Kontrolle der dem Mitaktionär eingeräumten [...] Einwirkungsbefugnisse und Einwirkungsmöglichkeiten"[498] und fasst hiermit von anderen Autoren vertretene rechtsfunktionelle und rechtsdogmatische Anknüpfungspunkte zusammen (Zu diesen Anknüpfungspunkten siehe sogleich unter Teil 3:§ 2I.). Wieder andere verzichten ganz auf den Begriff der „gesellschaftsrechtlichen Treuepflicht" und ziehen die Unterscheidung zwischen einer „mitgliedschaftlichen

---

[493] Mephisto in Faust 1. Teil, Zeile 1997; Vgl. hierzu auch *Lutter*, AcP 180 (1980), 84, 104.

[494] Vgl. zu dieser Meinungsvilefalt überblicksartig *Henze*, BB 1996, 489, 491; Zur Entwicklung gesellschaftsrechtlicher Treuepflichten vgl. auch etwa *Dembski*, Gesellschaftsrechtliche Treubindungen, 2009, S. 20 ff.

[495] Vgl. *Hennrichs*, AcP 195 (1995), 221, 228; *Oertmann*, Interesse und Begriff in der Rechtswissenschaft, 1931, S. 42 ff., 68; Zu einer Systematisierung ausführlich auch *Reidt*, Die mitgliedschaftliche Treupflicht als gesellschaftsrechtliche Generalklausel, 2021, S. 45 ff.

[496] *Lutter*, AcP 180 (1980), 84, 103 f; Vgl. auch *Lutter*, JZ 31 (1976), 225, 230; Zum Meinungsstand auch *Hennrichs*, AcP 195 (1995), 221, 225 f. m.w.N.; *Schubert*, in: MünchKommBGB, 9. Aufl. 2022, § 242 Rn. 186.

[497] *Hennrichs*, AcP 195 (1995), 221, 227 f., der sich auf die Entscheidung des LG Düsseldorf, Urt. v. 22.12.1992 – 7 O 74/92, WM 1993, 153, 159 f., bezieht.; Vgl. hierzu auch *Schmiedel*, ZHR 134 (1970), 173, 173 ff., 182.

[498] *Lutter*, ZHR 153 (1989), 446, 455.

Treuepflicht" und einer „mehrheitsbezogenen Treuepflicht" vor. Erstere soll dabei anspruchsbegründende wie rechtshemmende Wirkung haben, letztere sei hingegen nur Rechtsausübungsschranke.[499] Andere Autoren nehmen an, es handele sich bei der gesellschaftsrechtlichen Treuepflicht um eine auf § 705 BGB beruhende Förder- und Unterlassungs- sowie Loyalitätspflicht.[500] Schließlich wird die Treuepflicht auch als Inhalt eines Rechtssatzes gesehen, der die Gestalt einer auf richterlicher Rechtsfortbildung beruhenden Generalklausel angenommen hat, deren Basis in mehreren Grundsätzen und Vorschriften liege.[501]

Diese Vielfalt an Meinungen zeigt zugleich, dass die Begriffsbildung nicht völlig losgelöst ist von der rechtlichen Grundlage, die der gesellschaftsrechtlichen Treuepflicht zugrunde liegt. Mit den nachfolgenden Ausführungen soll diese aber zur Bildung von Konturen – ausführlicher als eingangs bereits geschehen – nähergebracht werden. Bereits jetzt kann aber festgehalten werden, dass es sich bei der gesellschaftsrechtlichen Treuepflicht um Pflichtenbindungen zwischen gesellschaftsrechtlich organisierten Individuen handelt. Ob diese Pflichtenbindungen auch so stark sein können, dass sie über die Sphäre der Gesellschaftsmitglieder hinausreichen, also im „vormitgliedschaftlichen" Bereich gelten, wird in Teil 4: beleuchtet.

§2 Grundlagen: Existenz und Umfang der gesellschaftsrechtlichen Treuepflichten

Die generelle Existenz von Treuepflichten in der Rechtswissenschaft wird allgemein anerkannt;[502] so schrieb *Hueck* bereits 1947, dass es nicht etwa so sei, dass die Bedeutung des Treuegedankens für das Privatrecht überhaupt

---

499 *Wiedemann*, FS Heinsius, 1991, S. 949, 950 f; Vgl. auch *Immenga*, FS 100 Jahre GmbHG, 1992, S. 189, 205; Zur Wirksamkeits- und Ausübungskontrolle im Kontext des Ehevertragsrechts vgl. *Dauner-Lieb*, AcP 201 (2010), 580, 599 ff.

500 *Lutter*, AcP 180 (1980), 84, 102 ff.; *Lutter*, ZHR 153 (1989), 446, 454.

501 Vgl. *Hüffer*, FS Steindorff, 1990, S. 59, 73 ff.; *Häuser*, Unbestimmte »Maßstäbe« als Begründungselement richterlicher Entscheidungen, 1978, 176 ff.; *Winter*, Mitgliedschaftliche Treubindungen, 1988, 13 f.; Zu dieser Thematik ausführlich *Reidt*, Die mitgliedschaftliche Treupflicht als gesellschaftsrechtliche Generalklausel, 2021.

502 Vgl. *Gsell*, in: Beck'sches Handbuch der Personengesellschaften, 5. Aufl. 2020, § 4 Rn. 155; Vgl. aber auch die nachfolgenden Fundstellen, die alle stillschweigend von der Existenz der Treuepflicht ausgehen und lediglich dessen Herleitung diskutieren:

geleugnet werden sollte. Wer das täte, würde wertvollste Errungenschaften der deutschen Rechtsentwicklung preisgeben, gerade so wie derjenige, der die bona fides und ihre Auswirkungen im römischen Recht streichen wollte, das Wertvollste der römischen Rechtsentwicklung verneinen würde.[503]

Nachfolgend wird der Frage nachgegangen, worin der Rechtsgrund für die Begründung von Treuepflichten gesehen werden kann. Es sei bereits vorweggenommen, dass die Treuepflichten nicht gesetzlich kodifiziert sind, aber einen wesentlichen Teil der „ungeschriebenen Legalordnung“ des Gesellschaftsrechts ausmachen.[504] Die Grundlage der Treuepflicht wird jedoch unterschiedlich beurteilt, wobei die richtige Einordnung für die Begründung von vormitgliedschaftlichen Treuepflichten eine maßgebliche Bedeutung haben wird.

I. Rechtsfunktionelle und rechtsdogmatische Grundlagen

Die rechtsfunktionellen und rechtsdogmatischen Anknüpfungspunkte[505] sind umstritten,[506] wobei im Vordergrund die folgenden sechs Ansatzpunkte stehen:

1. Das Bestehen eines vom gegenseitigen Vertrauen getragenen Gemeinschaftsverhältnisses (Organisationsvertrag) als Rechtsgrund

Zunächst wird vertreten, dass gesellschaftsrechtliche Treuepflichten aus dem mitgliedschaftlichen Gemeinschaftsverhältnis resultieren, wobei diese

---

Reif/Walter, JuS 2021, 630 ff.; *Geibel*, in: BeckOGK, BGB, § 706 Rn. 60 ff.; *Schubert*, in: MünchKommBGB, 9. Aufl. 2022, § 242 Rn. 186 f.

503 *Hueck*, Der Treuegedanke im modernen Privatrecht, 1947, S. 4.

504 *Schmidt*, Gesellschaftsrecht, 4. Aufl. 2002, § 20 IV 1 a), S. 588; Vgl. auch *Hueck*, Der Treuegedanke im modernen Privatrecht, 1947, S. 9, wonach die Treuepflicht so allgemein erkannt ist, dass man von einer gewohnheitsrechtlichen Geltung sprechen könne.

505 Statt von *„rechtsfunktionellen Anknüpfungspunkten“* (zu diesem Ausdruck vgl. *K. Schmidt*, Gesellschaftsrecht, 4. Aufl. 2002, § 20 IV 1 a), S. 588; *Kort*, ZIP 1990, 294, 295 f.) sprechen andere vom *„tragenden Rechtsgrund“* für Treupflichten (so *Timm*, WM 1991, 481, 482) oder von ihrem *„rechtstechnischen Geltungsgrund“* (vgl. *Kindler*, FS Spiegelberger, S. 778, 780).

506 *Schmidt*, Gesellschaftsrecht, 4. Aufl. 2002, § 20 IV 1 a), S. 588.

Auffassung von einem personenrechtlichen Verständnis der Gesellschaft ausgeht. Das Verhältnis der Gesellschafter werde, wie jedes andere Rechtsverhältnis auch, von der allgemeinen Treuepflicht beherrscht, die hier lediglich eine bereichsspezifische Steigerung erfahre.[507] Allerdings gibt es auch Stimmen, die ausgehend von diesem Ansatz, die Treuepflichten nicht nur für das Personengesellschaftsrecht, sondern auch für das Kapitalgesellschaftsrecht begründen.[508]

a) Personengesellschaftsrecht

aa) Reine Anwendbarkeit auf das personenbezogene Gemeinschaftsrecht

Insbesondere in der älteren Literatur wird das Bestehen von gesellschaftsrechtlichen Treuepflichten nur im Bereich des Personengesellschaftsrechts bejaht und die Treuepflicht des Aktionärs skeptisch betrachtet.[509] Begründet wird dies zunächst damit, dass nur in den Fällen enge persönliche Beziehungen bestehen würden, in denen man von einem Gemeinschaftsverhältnis, und zwar von einer die Person selbst ergreifenden Gemeinschaft, in diesem Sinne von einer personenrechtlichen Gemeinschaft, sprechen könne. Neben den typischen Fällen der Ehe, Familie und der Volksgemeinschaft seien aber auch die vertraglich begründeten Gemeinschaften erfasst, vor allem Gesellschafts- und Arbeitsverhältnisse.[510] In Gesellschaftsverhältnissen sei gegenseitige Treue geschuldet, weil sich im Gesellschaftsvertrag mehrere Personen zur Erreichung eines gemeinsamen Zwecks zusammenschließen. In Arbeitsverhältnissen hingegen deshalb, weil der Arbeitnehmer seine persönliche Arbeitskraft dem Arbeitgeber unter dessen Leitung zur Verfügung stelle und damit den Einsatz seiner Person verspreche.[511]

---

507 Vgl. *Hueck*, Das Recht der OHG, 3. Aufl. 1964, S. 105; *Hueck*, Der Treuegedanke im modernen Privatrecht, 1947, 5, 12, 13; Vgl. auch *Weber*, Vormitgliedschaftliche Treubindungen, 1999, S. 110.

508 Vgl. *Hüffer*, FS Steindorff, 1990, S. 59, 62, 63; hiermit stark symapthisierend *Weber*, Vormitgliedschaftliche Treubindungen, 1999, 110 ff; So gewertet werden *Webers* Ausführungen zumindest von *Kort*, ZHR 164 (2000), 444, 449.

509 So *Kort*, ZIP 1990, 294, 295, der wie nachfolgend auf *Hueck* verweist; *Hueck*, Der Treuegedanke im modernen Privatrecht, 1947, 14 ff.

510 *Hueck*, Der Treuegedanke im modernen Privatrecht, 1947, S. 12.

511 *Hueck*, Der Treuegedanke im modernen Privatrecht, 1947, 12, 13.

bb) Eingeschränkte Übertragbarkeit auf Verhältnisse zu juristischen Personen

Aber auch für Beziehungen der Organe von juristischen Personen zu diesen, also etwa der Vorstands- und Aufsichtsratsmitglieder zur Aktiengesellschaft, sei eine Treuepflicht anzunehmen (ethisch gesehen bestehe die Treue gegenüber der Gesellschaft, organisiert in der Rechtsform der juristischen Person; geltend gemacht würden die Ansprüche aber von der juristischen Person als Träger dieser Ansprüche).[512] Von der Treuepflicht des Aktionärs zu sprechen, sei jedoch nicht richtig. Denn zwischen den Aktionären bräuchten keine unmittelbaren Beziehungen zu bestehen, weder tatsächlicher noch rechtlicher Natur, da sich die Aktionäre oftmals gar nicht kennen würden. Aus diesem Grund könne man keine Treubindung der Aktionäre untereinander annehmen. Ebenso sei eine Treuepflicht des Aktionärs gegenüber der Aktiengesellschaft zu verneinen.[513] Die geforderte personenrechtliche Gemeinschaft werde nicht durch die Zusammenfassung der nur mit einer Kapitaleinlage beteiligten Aktionäre in der Aktiengesellschaft begründet.[514] Dass der Aktionär nicht zum Schaden der Gesellschaft handeln und seine Aktionärsrechte nicht missbrauchen dürfe, folge bereits aus den guten Sitten (§§ 138, 826 BGB), jedenfalls aber aus Treu und Glauben (§ 242 BGB). Einer besonderen Treuepflicht bedürfe es daher nicht.[515]

b) Kapitalgesellschaftsrecht

Andere Literaturstimmen hingegen sprechen sich für eine Ausdehnung der gesellschaftsrechtlichen Treuepflicht auch auf das Kapitalgesellschaftsrecht aus. Dass die Treuepflicht der Gesellschafter untereinander sich ebenfalls auf das mitgliedschaftliche Gemeinschaftsverhältnis stütze, gelte auch in der Kapitalgesellschaft, trotz der lockeren Bindung der Gesellschafter untereinander.[516]

---

512 *Hueck*, Der Treuegedanke im modernen Privatrecht, 1947, 13, 14.

513 *Hueck*, Der Treuegedanke im modernen Privatrecht, 1947, S. 14.

514 *Hueck*, Der Treuegedanke im modernen Privatrecht, 1947, S. 15.

515 *Hueck*, Der Treuegedanke im modernen Privatrecht, 1947, S. 15, bzgl. der guten Sitten sowie Treu und Glauben vgl. S. 9 ff.

516 *Kort*, ZIP 1990, 294, 295, mit Verweis auf BGH, Urt. v. 1.2.1988 – II ZR 75/87, BGHZ 103, 184 = ZIP 1988, 301, 305 („Linotype“).

Aus einer Entscheidung des BGH aus dem Jahr 1954[517] werde außerdem deutlich, dass die Treuepflicht des Gesellschafters der Kapitalgesellschaft von Verpflichtungen zu unterscheiden sei, die sich aus Treu und Glauben (§ 242 BGB) ergeben könnten.[518] Die Treuepflicht des Gesellschafters der GmbH oder der Aktiengesellschaft sei keineswegs eine schuldrechtliche Verpflichtung, sondern habe ihre Wurzel im Gesellschaftsrecht.[519] Hieraus folge, dass sie nicht nur von Verpflichtungen aus Treu und Glauben zu unterscheiden sei, sondern auch von der besonderen Treuepflicht aus lang andauernder Verbindung, also aus einem Dauerschuldverhältnis. Denn auch aus Dauerschuldverhältnissen folgende Treuepflichten würden sich außerhalb des besonderen Verbandsverhältnisses, welches für Verein und Gesellschaft charakteristisch sei, auf schuldrechtliche Beziehungen und damit letztlich auf § 242 BGB gründen.[520]

Hüffer, der die gesellschaftsrechtliche Treuepflicht als Generalklausel des Richterrechts versteht (hierzu näher sogleich), führt in Bezug auf Kapitalgesellschaften allgemein aus, dass der unbefriedigende dogmatische Entwicklungsstand darauf zurückzuführen sei, dass man Treuepflichten für das Recht der Kapitalgesellschaften vor der ITT-Entscheidung[521] des BGH ablehnte. Daher habe die Frage nach der Begründung solcher Pflichten nur wenig Interesse auf sich gezogen. Aber auch der frühere Entwicklungsstand des Personengesellschaftsrechts (Verständnis von einer Gesamthandsgesellschaft als die mit einem Sondervermögen ausgestattete Vertragsgemeinschaft der Gesellschafter)[522] habe sich dahin ausgewirkt, dass man auch für die Kapitalgesellschaft nach einem Vertragsband zwischen den Gesellschaftern suchte, die Vertragsbindung aber nicht ohne weiteres finden konnte. Man sei nämlich davon ausgegangen, dass sämtliche Rechtsbeziehungen auf die juristische Person konzentriert seien, weshalb etwa formuliert wurde, dass

---

517 BGH, Urt. v. 9.6.1954 – II ZR 70/53, BGHZ 14, 25 = NJW 1954, 1401.

518 *Lutter*, ZHR 153 (1989), 446, 452; Vgl. auch *Lutter*, JZ 31 (1976), 225, 230; *Kort*, ZIP 1990, 294, 295.

519 *Kort*, ZIP 1990, 294, 295, mit Verweis auf BGH, Urt. v. 1.2.1988 – II ZR 75/87, BGHZ 103, 184 = ZIP 1988, 301, 305 („Linotype"); *Wiedemann*, JZ 1989, 447, 448.

520 *Kort*, ZIP 1990, 294, 295.

521 BGH, Urt. v. 5.6.1975 – II ZR 23/74, BGHZ 65, 15 = NJW 1976, 191 („ITT").

522 *Hüffer*, FS Steindorff, 1990, S. 59, 64; Siehe hierzu auch *Dauner-Lieb*, DStR 2001, 356, 356 ff.

AG und GmbH als Zurechnungssubjekt jede direkte Verbindung zwischen den Gesellschaftern zerschneide.[523]

c) Aus dem Gemeinschaftsverhältnis folgender Inhalt der gesellschaftsrechtlichen Treuepflicht

In diesem Rahmen wird schließlich die Ansicht vertreten, der Inhalt der Treuepflicht sei abhängig von dem in Rede stehenden Gemeinschaftsverhältnis. Man könne aber die abstrakte Formel aufstellen, dass jeder Beteiligte dazu verpflichtet sei, jede Schädigung der Interessen der Gemeinschaft und der durch den Gemeinschaftszweck umfassten Interessen der Mitbeteiligten zu unterlassen und darüber hinaus diese Interessen im Rahmen der durch die Gemeinschaft bedingten Tätigkeit zu fördern.[524] Hiernach seien auch an sich zulässige Handlungen dann verboten, wenn sie die Gemeinschaft oder Gemeinschaftsangehörige schädigen.[525] Der Inhalt der Treuepflicht gehe damit weit über das hinaus, was Treu und Glauben bei gewöhnlichen Vertragsverhältnissen vorschrieben. Dort erschöpfe sich die Leistungspflicht des Schuldners im Allgemeinen in der ordnungsmäßigen, nämlich Treu und Glauben entsprechenden Erbringung der vertraglich vereinbarten Leistung, und nur besondere Umstände würden Nebenpflichten (Mitteilungspflichten, Fürsorgepflichten, Schutzpflichten usw.) hervorrufen können, wenn die Rücksichtnahme auf besondere Interessen des Vertragsgegners es verlange.[526]

Diesen von *Alfred Hueck* und *Robert Fischer*[527] vorgestellten Begründungsansatz kritisiert *Hüffer* dahingehend, dass dadurch die Diskussion nach der Tragweite des § 242 BGB unglücklich verlaufen sei.[528] Denn das von ihnen postulierte vertrauensgetragene Gemeinschaftsverhältnis sei mangels Normqualität für eine rechtssatzmäßige Begründung von vornherein nicht geeignet[529] gewesen und habe deshalb dem Prinzip von Treu und Glauben nicht

---

[523] M.w.N. *Hüffer*, FS Steindorff, 1990, S. 59, 65.
[524] *Hueck*, Der Treuegedanke im modernen Privatrecht, 1947, S. 15.
[525] *Hueck*, Der Treuegedanke im modernen Privatrecht, 1947, S. 16.
[526] *Hueck*, Der Treuegedanke im modernen Privatrecht, 1947, S. 16.
[527] *Fischer*, in: Großkomm. HGB, 3. Aufl. 1973, § 105 Anm. 31a; Vgl. hierzu auch *Hüffer*, FS Steindorff, 1990, S. 59, 61, 65, Rn. 8 bzw. Rn. 61.
[528] *Hüffer*, FS Steindorff, 1990, S. 59, 70.
[529] So auch *Winter*, Mitgliedschaftliche Treubindungen, 1988, S. 44.

entgegengesetzt werden dürfen.[530] Außerdem lese sich das von *Hueck* vorgetragene Fallmaterial durchaus so, dass eine Lösung auf der Basis des § 242 BGB möglich gewesen wäre.[531]

2. Ableitung aus der mitgliedschaftlichen Zweckförderungspflicht

Als weiterer Anknüpfungspunkt der gesellschaftsrechtlichen Treuepflicht wird zuvorderst von *Karsten Schmidt* die mitgliedschaftliche Zweckförderungspflicht genannt.[532]

a) Personengesellschaftsrecht

Für den Bereich der Personengesellschaften wird auch von anderen Literaturstimmen anerkannt, dass die Zweckförderungspflicht für die Begründung von Treuepflichten eine sehr wichtige Rolle spielt.[533]

b) Kapitalgesellschaftsrecht

aa) GmbH-Recht

Aber auch im GmbH-Recht wird eine Zweckförderungspflicht der Gesellschafter dahingehend bejaht, die Gesellschaft als Mitglied aktiv zu fördern.[534] Allerdings sei diese Zweckförderungspflicht im GmbH-Recht gegenüber jener im Personengesellschaftsrecht abgeschwächt.[535] Anders als im Personengesellschaftsrecht trete nämlich die aktive Förderpflicht in den Hintergrund, während die Schrankenfunktion[536] der Treuepflicht für die Ausübung von Gesellschafterrechten deutlich hervorsteche.[537] Des Weiteren wird bezüglich der Treuepflicht unterschieden, wie die GmbH ausgestaltet ist. Je personalistischer sie sei, umso eher seien auch Handlungspflichten des Gesellschafters aus der Treuepflicht ableitbar. Sei die GmbH hingegen eher

---

530 *Hüffer*, FS Steindorff, 1990, S. 59, 70.
531 *Hüffer*, FS Steindorff, 1990, S. 59, 71.
532 *Schmidt*, Gesellschaftsrecht, 4. Aufl. 2002, § 20 IV 1 b), S. 589.
533 *Kort*, ZIP 1990, 294, 295; Vgl. auch *Servatius*, in: Henssler/Strohn, Gesellschaftsrecht, 5. Aufl. 2021, § 705 Rn. 41; *Schäfer*, in: MünchKommBGB, 8. Aufl. 2020, § 705 Rn. 233.
534 *Lieder*, in: Heidinger/Leible/Schmidt, Michalski, GmbHG, 3. Aufl. 2017, § 13 Rn. 135.
535 *Kort*, ZIP 1990, 294, 295; *Rottnauer*, NZG 2001, 115, 117.
536 *Fastrich*, in: Noack/Servatius/Haas, GmbHG, 22. Aufl. 2022, § 13 Rn. 24.
537 *Kort*, ZIP 1990, 294, 295.

kapitalistisch ausgestaltet, so verstärke sich die bloße Schrankenfunktion der Treuepflicht.[538] Hieraus schließt *Kort*, dass nicht die mitgliedschaftliche Zweckförderungspflicht als die Grundlage der Treuepflicht anzusehen, sondern umgekehrt, aus der Treuepflicht eine mitgliedschaftliche Zweckförderungspflicht herzuleiten sei, allerdings rechtsformspezifisch abgestuft.[539]

bb) Aktienrecht

Der letztgenannte Ansatz finde seine Bestätigung auch im Aktienrecht, wo die mitgliedschaftliche Zweckförderungspflicht ganz zurücktrete. Denn auch wenn das Interesse des Aktionärs auf die aktive Förderung der Aktiengesellschaft gerichtet sein könne, müsse es dies nicht zwingend. Die Schrankenfunktion der mitgliedschaftlichen Treuepflicht sei hier daher in dem Sinne besonders ausgeprägt, dass sich die Treuepflicht darin erschöpfe, zweckwidrige Handlungen zu unterlassen.[540]

In Bezug auf die mitgliedschaftliche Förderpflicht tritt *Hüffer* der Ansicht bei, dass mit dieser allein nicht auszukommen sei; denn der Gesellschafter habe nicht nur Pflichtrechte, sondern auch eigennützige Rechte, und die Rücksichtspflichten im Verhältnis der Gesellschafter untereinander würden sich ebenfalls nicht auf die Förderpflicht zurückführen lassen.[541]

c) Begriffliche Unterscheidung zwischen „Treuepflicht“ und der weiter reichenden „mitgliedschaftlichen Förderpflicht“

Lutter hingegen kritisiert, dass die mitgliedschaftliche Förderpflicht allgemein als „Treuepflicht“ bezeichnet wird, da diese Formulierung zwangsläufig zur Assoziation mit den Pflichten aus Treu und Glauben nach § 242 BGB führe. Auch wenn die Übergänge durchaus fließend seien, reiche die mitgliedschaftliche Förderpflicht weiter; sie gründe – in Anlehnung an die Systematik des Schuldrechts – als Hauptpflicht in jeder Mitgliedschaft.[542] Zur Vermeidung

538 *Kort*, ZIP 1990, 294, 295; Zur Bestimmung des Treuepflichtgrades anhand der Realstruktur - allerdings rechtsformunabhänging - vgl. u.a. *Reidt*, Die mitgliedschaftliche Treupflicht als gesellschaftsrechtliche Generalklausel, 2021, S. 53 ff.

539 *Kort*, ZIP 1990, 294, 295.

540 *Kort*, ZIP 1990, 294, 296.

541 *Hüffer*, FS Steindorff, 1990, S. 59, 70.

542 *Lutter*, AcP 180 (1980), 84, 103, 104.

der sachlichen Verwechslung mit § 242 BGB nennt er folgendes Beispiel (angelehnt an die „ITT"-Entscheidung[543]):

> „Wenn ein Mitgesellschafter zu Nutz und Frommen seiner Konzerninteressen in die Kasse der gemeinsamen Veranstaltung greift, so handelt es sich um das Gegenteil der Förderpflicht: man braucht dabei nicht zusätzlich noch an Treue zu appellieren."[544]

Zu den aktiven Förderpflichten zählt *Lutter* beispielhaft die Pflicht des GmbH-Gesellschafters und insbesondere des Inhabers einer Sperrquote zur Mitwirkung an der Feststellung des Jahresabschlusses; die Pflicht zur Mitwirkung an der mindestens erforderlichen Änderung des Gesellschaftsvertrags, wenn sie sich für die künftige gemeinsame Zweckverfolgung als hinderlich erweist; die Pflicht des einflussnehmenden GmbH-Gesellschafters ggf. für eine Kapitalerhöhung, die Einschränkung des Geschäftsbetriebes oder gar die ordnungsgemäße Liquidation Sorge zu tragen; sowie die Pflicht in personennahen Mitarbeitergesellschaften bei Entscheidungen neben der Abstimmung selbst auch Stellung zu beziehen.[545]

Die passiven Förderpflichten sollen hingegen aus der Offenheit jedes Verbandes nach vorne (künftige Willensbildung, die durch Gesetz, Gesellschaftsvertrag oder Satzung kaum vorgeordnet werden kann) folgen und in Unterlassungs- und Loyalitätspflichten bestehen. Ferner begreift *Lutter* die mitgliedschaftlichen Förderpflichten als einen einheitlichen Gedanken (im Sinne von aktivem Tun und Unterlassen), der in der Substanz identisch mit der weitgehend akzeptierten allgemeinen mitgliedschaftlichen Treuepflicht sei.[546] Denn auch die aus der Förderpflicht ableitbaren mitgliedschaftlichen Unterlassungspflichten seien stärker und tiefgreifender als die allgemeinen Sorgfaltspflichten und Missbrauchsverbote, wie sie aus § 242 BGB folgen.[547]

Im Ergebnis – wenn auch etwas anders formuliert – vertritt damit aber auch *Lutter*, dass die gesellschaftsrechtliche Treuepflicht (inhaltsgleich tituliert als die mitgliedschaftliche Treuepflicht) aus § 705 BGB folgt.[548] Außerdem sei

---

543 BGH, Urt. v. 5.6.1975 – II ZR 23/74, BGHZ 65, 15 = NJW 1976, 191 („ITT").

544 *Lutter*, AcP 180 (1980), 84, 104.

545 *Lutter*, AcP 180 (1980), 84, 110; Vgl. auch *Lutter*, JZ 31 (1976), 225, 230.

546 *Lutter*, AcP 180 (1980), 84, 110.

547 *Lutter*, AcP 180 (1980), 84, 110, 111; Vgl. auch *Lutter*, JZ 31 (1976), 225, 230.

548 Vgl. insb. *Lutter*, AcP 180 (1980), 84, 104, wo er mit seiner Formulierung eine dogmatische Rückbindung „dieser in der Sache allgemein anerkannten Pflicht" in das Gesetz und ihren Nachweis aus dem Gesetz (§ 705 BGB) vornehmen möchte.

nur die *gesteigerte*, über die „schlichte Normalität"[549] des § 242 BGB hinausgehende Pflichtenbindung bezeichnet.[550]

3. Rechtsformunabhängige Ableitung aus dem Gesichtspunkt der Einwirkungskontrolle

Bereits 1963 zeigte *Zöllner* auf, dass es bei der Treuepflicht um das rechtliche Gegengewicht für die gesteigerten Einwirkungsmöglichkeiten gehe, die Gesellschafter infolge ihrer Mitgliedspositionen erlangen.[551] Die Treuepflicht wird also – so formuliert es *Hüffer* – als Inbegriff von Verhaltenspflichten verstanden. Auch wenn dieser Gesichtspunkt in Rechtsprechung[552] und Schrifttum[553] zunehmend Bedeutung erlangt hat, sei es – so *Hüffer* weiter – bisher nicht voll gelungen, sein Verhältnis zur *Hueck/Fischer*-Formel zu definieren.[554]

Ähnlich begründet *Wiedemann* die Treuepflicht des herrschenden (Mehrheits-)Gesellschafters mit der aus der Mehrheitsstellung als solcher folgenden überproportionalen, den eigenen Kapitaleinsatz übersteigenden Einflussmöglichkeit. Bei der Treuepflicht handele es sich um eine Konkretisierung des allgemeinen Rechtsprinzips, wonach Einfluss und Verantwortung korrespondierten.[555] Dabei habe es keinen Einfluss auf die Pflichtenstellung des herrschenden Gesellschafters, dass GmbH und Aktiengesellschaft als juristische Person, Kapitalgesellschaft und Körperschaft ausgestaltet seien.[556]

Auch *Winter* tendiert in diese Richtung, wobei er zur Begründung von Treuepflichten im GmbH-Recht aber auf die Satzung der Gesellschaft abstellt (hierzu siehe sogleich unterTeil 3:§ 2I.5.).[557]

Eine weitere Ansicht sieht in der Korrelation zwischen Rechtsmacht und Verantwortung (sogar) den tragenden Rechtsgrund für die Treuepflichten.

---

549 Nach *Hennrichs*, AcP 195 (1995), 221, 227 ist dies eine „wenig glückliche Bezeichnung".

550 *Lutter*, ZHR 153 (1989), 446, 452; Vgl. auch *Lutter*, JZ 31 (1976), 225, 230.

551 *Zöllner*, Die Schranken mitgliedschaftlicher Stimmrechtsmacht, 1963, S. 339 ff.

552 BGH, Urt. v. 5.6.1975 – II ZR 23/74, BGHZ 65, 15, 18f. = NJW 1976, 191 („ITT") und BGH, Urt. v. 1.2.1988 – II ZR 75/87, BGHZ 103, 184 = WM 1988, 325, 328 – hier insb. die Entscheidungen zur Beschlusskontrolle seit BGH, Urt. v. 13.3.1978 – II ZR 142/76, BGHZ 71, 40 = NJW 1978, 1316 zusammengestellt.

553 Vgl. z.B. *Winter*, Mitgliedschaftliche Treubindungen, 1988.

554 *Hüffer*, FS Steindorff, 1990, S. 59, 74.

555 *Wiedemann*, Gesellschaftsrecht I, 1980, § 8 II 3, S. 431 ff.; Siehe hierzu auch *Winter*, Mitgliedschaftliche Treubindungen, 1988, S. 63.

556 *Wiedemann*, Gesellschaftsrecht I, 1980, § 8 II 3, S. 433.

557 *Winter*, Mitgliedschaftliche Treubindungen, 1988, S. 16 ff. und passim.

Inhalt und Ausmaß der Treuepflichten seien im Einzelfall nach dem Maß der dem Aktionär allein oder im Verband mit anderen gegebenen Einflussmöglichkeiten zu bestimmen, die hierfür die entscheidende Messlatte sei.[558]

Dem wird aber entgegengehalten, dass mit dem Prinzip der Korrelation zwischen Rechtsmacht und Verantwortung keine Rechtsgrundlage für die gesellschaftsrechtliche Treuepflicht bezeichnet werde, sondern vielmehr zunächst nur die Funktion der Treuepflichten im Gesellschaftsrecht angesprochen sei. Diese bestehe darin, der schrankenlosen Ausübung von (Mehrheits-)Macht gegenzusteuern.[559] Ein ähnliches Verständnis hat auch *Hüffer*, der ausführt, dass mit den Stichworten Einwirkungskontrolle und Vertrauensschutz die Zwecke der als Rechtssatz verstandenen Treuepflicht richtig bezeichnet seien.[560] Ein Zusammentreffen von Verstößen gegen diese beiden Zwecke sei zwar möglich, aber nicht erforderlich, um Treuepflichten zu aktualisieren.[561] Außerdem führt er aus, dass der Anwendungsbereich der Einwirkungskontrolle erheblich breiter als der des Vertrauensschutzes sei, weil Einwirkungsgegenstand sowohl das Gesellschaftsunternehmen als auch das Mitgliedschaftsrecht der anderen Gesellschafter sein könne. Vertrauensschutz hingegen könne nur unter den Gesellschaftern bestehen.[562] In diese Richtung (Funktion statt Rechtsgrundlage) ist der Terminus „rechtsfunktioneller Anknüpfungspunkt" laut *Hennrichs* wohl auch gemeint.[563]

4. Rechtsformunabhängige Ableitung aus der Sonderverbindung

Die gegenseitige Treuepflicht der Gesellschafter einer Kapitalgesellschaft möchte *Winter* aus einer durch die gemeinsame Mitgliedschaft vermittelten Sonderbeziehung herleiten. Dies biete sich auch deshalb an, weil das Vorliegen

558 *Timm*, WM 1991, 481, 482 f; Vgl auch *Kindler*, FS Spiegelberger, 2009, S. 778, 780, der in dem Prinzip der Korrelation zwischen Rechtsmacht und Verwantwortung den materiellen Anknüpfungspunkt der Treuepflicht sieht.

559 *Hennrichs*, AcP 195 (1995), 221, 236; Vgl. auch *Paschke*, FS Serick, 1992, S. 313, 317; *Kort*, ZIP 1990, 294, 296; *Marsch-Barner*, ZHR 157 (1993), 172, 176, auf die Hennrichs verweist.

560 *Hüffer*, FS Steindorff, 1990, S. 59, 74.

561 *Hüffer*, FS Steindorff, 1990, S. 59, 74.

562 *Hüffer*, FS Steindorff, 1990, S. 59, 74, 75; In diese Richtung (Funktion statt Rechtsgrundlage) ist der Terminus „rechtsfunktioneller Anknüpfungspunkt" laut *Hennrichs* wohl auch gemeint *Hennrichs*, AcP 195 (1995), 221, 236 Fn. 70.

563 *Hennrichs*, AcP 195 (1995), 221, 236 Fn. 70.

einer Sonderverbindung[564], und nicht notwendigerweise das Vorliegen eines Vertrages,[565] Anwendbarkeitsvoraussetzung des § 242 BGB sei. Die gesellschaftsrechtsspezifische Ausprägung des § 242 BGB sei dabei auch im Personengesellschaftsrecht die Treuepflicht der Gesellschafter untereinander.[566]

a) Funktion des § 242 BGB

Der Zweck des § 242 BGB bestehe u.a. darin, die Verhaltensanforderungen innerhalb von Schuldverhältnissen gegenüber denjenigen, die gegenüber jedermann bestehen, abzugrenzen.[567]

b) Merkmal der Sonderverbindung

Die nähere Bestimmung des unbestimmten Rechtsbegriffes der „Sonderverbindung" erfolgt nicht einheitlich und wird mitunter unterschiedlich kontextualisiert. Mal scheint mit der Sonderverbindung das gesellschaftsrechtliche Gemeinschaftsverhältnis oder der Organisations(-rechts)vertrag, mal ein in § 242 BGB interpretiertes bzw. aus ihr gefolgertes Verhältnis der Gesellschafter untereinander gemeint zu sein.[568] Dies hat bereits *Hüffer* erkannt, als er – allerdings ausgehend von einem vertraglichen Ursprung der Treuepflichten – die Eingliederung der Treuepflichten in eine Sonderrechtsbeziehung wegen der Mehrdeutigkeit des Begriffs als wenig empfehlenswert erachtet.[569]

Inhaltlich vorausgesetzt wird jedoch das Vorliegen engerer Beziehungen, d.h. „soziale Kontakte qualifizierter Art" bzw. eine „speziell herausgehobene Interessenverknüpfung".[570] Teilweise wird, angelehnt an *Canaris*[571],

---

564 BGH, Urt. v. 11.6.1996 – VI ZR 256/95, NJW 1996, 2724.

565 So die h.M., vgl. statt aller *Schubert*, in: MünchKommBGB, 9. Aufl. 2022, § 242 Rn. 88; Siehe auch *Sutschet*, in: Hau/Poseck, BeckOK, BGB, § 242 Rn. 14, der auch die duch ein nichtiges Rechtsgeschäft entstandene Rechtsbeziehung als vom Grundsatz von Treu und Glauben erfasst ansieht.

566 *Winter*, Mitgliedschaftliche Treubindungen, 1988, 67, 68.

567 *Looschelders/Olzen*, in: Staudinger, 2019, § 242 Rn. 128.

568 Siehe auch *Lutter*, AcP 180 (1980), 84, 122, der ausführt, dass zwischen Verband und Mitglied bzw. Gesamtheit der Mitglieder und Einzelmitglied ein Rechtsverhältnis besteht, eine meist langfristig angelegte zivilrechtliche Sonderverbindung.

569 *Hüffer*, FS Steindorff, 1990, S. 59, 68.

570 *Schubert*, in: MünchKommBGB, 9. Aufl. 2022, § 242 Rn. 89; *Weber*, JuS 1992, 631, 635; So auch *Sutschet*, in: Hau/Poseck, BeckOK, BGB, § 242 Rn. 14.

571 *Canaris*, JZ 1965, 475 ff.

die Sonderverbindung auch definiert als jede Beziehung, in der besondere Einwirkungsmöglichkeiten auf die Rechtsgüter der Gegenseite bestehen und die zusätzlich auf die Erbringung einer legalen Leistung oder Unterlassung einschließlich der Klärung der Existenz einer Leistungs- oder Unterlassungspflicht gerichtet ist.[572]

Unabhängig von der genauen Begriffsbestimmung scheint doch Übereinstimmung dahingehend zu bestehen, dass das Vorliegen einer Sonderverbindung unerlässlich ist. Nur so soll eine Abgrenzung zwischen den besonderen und den allgemeinen Pflichtenstandards stattfinden können, also zwischen den aus § 242 BGB abzuleitenden erhöhten Pflichten einerseits und den gegenüber jedermann bestehenden allgemeinen deliktsrechtlichen Pflichten andererseits.[573] Dies zeigt sich bei der aus § 242 BGB abgeleiteten Haftung für *culpa in contrahendo*, welche nach überwiegender Ansicht das Vorliegen einer Sonderverbindung voraussetzt.[574]

c) Sonderverbindung zwischen den Gesellschaftern

Lutter sieht in der Mitgliedschaft eine zivilrechtliche Sonderverbindung (Rechtsverhältnis), die entweder unter den Gesellschaftern (Personenverbände) oder zwischen dem einzelnen Gesellschafter und der rechtlich selbständigen Korporation bestehe.[575]

Besteht die Mitgliedschaft *intuito personae*, so sei unabhängig von der Rechtsform des Verbandes eine rechtliche Sonderverbindung auch unter den Mitgliedern selbst zu bejahen mit dem Inhalt wechselseitiger Schutz- und Rücksichtspflichten in Bezug auf ihre mitgliedschaftlichen Interessen. Fehlt es an dieser besonderen Struktur, beschränke sich die Verbindung auf den durch die Mitgliedschaft vermittelten sozialen Kontakt.[576]

An anderer Stelle betont *Lutter* aber auch, dass die Sonderverbindung unter den Partnern problematisch sei, wenn sich die Mitglieder eines rechtlich selbständigen Verbandes von der rechtlichen Konstruktion her ferner stehen.[577]

---

[572] *Krebs*, in: Dauner-Lieb/Langen, BGB, 4. Aufl. 2021, § 241 Rn. 32.
[573] *Winter*, Mitgliedschaftliche Treubindungen, 1988, S. 68.
[574] M.w.N. *Winter*, Mitgliedschaftliche Treubindungen, 1988, S. 68.
[575] *Lutter*, AcP 180 (1980), 84, 158.
[576] *Lutter*, AcP 180 (1980), 84, 127; Vgl. auch *Lutter*, JZ 31 (1976), 225, 230.
[577] *Lutter*, AcP 180 (1980), 84, 125, 126.

Allerdings könne man mit *Wiedemann*[578] die Frage nicht allein mit der Rechtsform beantworten. Ansonsten würden die Partner einer GmbH, welche AG wird, oder die einer KG, die Genossenschaft wird, ihrer bisherigen Rechte und Pflichten untereinander sehr einfach an der Garderobe abgeben können. Er hebt aber auch hervor, dass man naturgemäß keine wie auch immer gearteten Verträge mit einigen tausend anderen Mitgliedern schließe, wenn man ein paar Aktien von VW kaufe, Genosse bei Konsum werde oder dem ADAC beitrete. Aus diesem Grund liege der Gedanke von *Mertens*[579] durchaus nahe, die Lösung über das Deliktsrecht und nicht der rechtsgeschäftlichen Sonderverbindung zu suchen; und zwar über § 826 BGB.[580]

d) Kritik

Hüffer ist in diesem Zusammenhang der Ansicht, dass der gesellschaftsrechtliche Normbedarf sich nicht an der Frage der pflichtbegründenden Funktion des allgemeinen Prinzips richte, auch nicht an der etwas vordergründigen Unterscheidung von Haupt- und Nebenpflichten. Maßgeblich sei vielmehr, ob die spezifisch gesellschaftsbezogenen Rechtsfolgen der Treuepflichtverletzung in § 242 BGB zwanglos Platz finden, was in wichtigen Bereichen nicht positiv beantwortet werden könne.[581]

Zunächst könne die Norm nicht erklären, dass und warum Ansprüche aus der Verletzung von Treuepflichten nicht den Gesellschaftern, sondern ausnahmslos der Gesellschaft zustehen.[582] Ferner sei § 242 BGB überfordert, soweit Eigenbelange der Organisation auf dem Spiel stünden, die über die Summe der Gesellschafterinteressen hinausweisen; dies folge daraus, dass § 242 BGB auf den Individualschutz gerichtet sei.[583] Schließlich könne dem § 242 BGB nicht ohne weiteres die Pflicht entnommen werden, einer Änderung des Gesellschaftsvertrags gerade in strukturrelevanten Fragen zuzustimmen, weil damit die von der Norm vorausgesetzte Rechtsbeziehung selbst verändert werde. Das allgemeine Prinzip von Treu und Glauben erweise sich

578 *Wiedemann*, FS Barz, 1974, S. 561, 569.
579 *Mertens*, FS Fischer, 1979, S. 461, 461 ff.
580 *Lutter*, AcP 180 (1980), 84, 126.
581 *Hüffer*, FS Steindorff, 1990, S. 59, 71.
582 *Hüffer*, FS Steindorff, 1990, S. 59, 71.
583 *Hüffer*, FS Steindorff, 1990, S. 59, 71.

daher gerade dann als nicht hinreichend leistungsfähig, wenn es um die für das Gesellschaftsrecht spezifischen organisationsrechtlichen Belange gehe.[584]

5. Die Satzung als Grundlage der Treuepflicht

In Bezug auf das GmbH-Recht zieht *Winter* zur Begründung von Treuepflichten der Gesellschafter gegenüber der Gesellschaft die Satzung heran.[585] Hierbei stützt er sich auf ein BGH-Urteil[586], das deutlich mache, dass der BGH mit Recht von der Existenz organisationsrechtlicher, aus der durch Gesetz und Satzung konkretisierten Mitgliedschaft fließender Pflichten gegenüber der Gesellschaft ausgehe, die über die Pflichten zur Leistung der Stammeinlage hinausreichen. Die Satzung regele somit nicht nur die Organisation der Gesellschaft, sondern begründe darüber hinaus Pflichtbindungen des Gesellschafters gegenüber der GmbH.[587]

Soweit es jedoch um die Rechtsgrundlage der Treuepflicht der Gesellschafter untereinander geht, stellt *Winter* auf § 242 BGB ab (hierzu bereits vorstehend unter Teil 3:§ 21.4.). Denn wechselseitige vertragliche Beziehungen der Gesellschafter untereinander bei der GmbH würden nicht bestehen, und ein deliktsrechtlicher Schutz der Mitgliedschaft aus verbandsrechtlicher Sicht erweise sich als problematisch.[588]

6. Die gesellschaftsrechtliche Treuepflicht als (rechtsformunabhängige) Generalklausel des Richterrechts

Auch *Hüffer* differenziert zunächst zwischen der Treuepflicht der Gesellschafter zur Gesellschaft und der Gesellschafter untereinander. Erstere folge jedenfalls für Personengesellschaften aus dem Gesellschaftsvertrag. Dies gelte aber auch für juristische Personen. Als Begründung führt er aus, dass die Satzung, auf der AG und GmbH beruhen, ihrerseits durch den Organisationsvertrag der Gründer entstehe. Weil diese die Gesellschaft wollen, erstrecke sich ihr

---

[584] *Hüffer*, FS Steindorff, 1990, S. 59, 71.

[585] *Winter*, Mitgliedschaftliche Treubindungen, 1988, 63 ff.

[586] BGH, Urt. v. 10.12.1984 – II ZR 308/83, BGHZ 93, 146 = NJW 1985, 1030.

[587] *Winter*, Mitgliedschaftliche Treubindungen, 1988, S. 65.

[588] *Winter*, Mitgliedschaftliche Treubindungen, 1988, S. 67.

Konsens notwendig auch auf die Begründung von Mitgliedschaften und damit auf Treubindungen gegenüber der Gesellschaft.[589]

In Bezug auf die Treuepflichten zwischen den Gesellschaftern differenziert *Hüffer* wiederum zwischen Personen- und Kapitalgesellschaften. Für das Recht der Personengesellschaften seien diese Pflichten vertraglicher Natur, wobei man aufgrund der Doppelnatur des Gesellschaftsvertrags entsprechend dem Inhalt der Pflicht weiter unterscheiden müsse. Die Pflicht sei als organisationsrechtlich einzustufen, wenn es gerade um die Wirkungseinheit selbst geht, dagegen als schuldrechtlich, wenn die Mitgliedsinteressen einzelner Gesellschafter betroffen sind.[590]

Aber auch hinsichtlich der Kapitalgesellschaften geht er davon aus, dass die Satzung nicht nur das Rechtsverhältnis zwischen Verband und Mitglied, sondern auch dasjenige der Mitglieder untereinander bestimmt.[591] Dies folge aus den Entscheidungen zur materiellen Beschlusskontrolle[592], aus denen sich eine unausgesprochene Feststellung ergebe, dass es eine Verpflichtung der Gesellschafter untereinander gebe, die Regelung ihrer Angelegenheiten am Gesellschaftsinteresse und am Verhältnismäßigkeitsgrundsatz auszurichten. Weil sich diese Pflicht wiederum auf die Satzung beziehe, sei sie organisationsrechtlicher Natur.[593]

In einem nächsten Schritt geht *Hüffer* dazu über, die rechtliche Begründung der Treuepflichten zu vervollständigen. Dabei stellt er aufgrund der Komplexität der gesellschaftsrechtlichen Beziehungen auf das Erfordernis einer Norm ab, die den Beteiligten und der Judikatur die Richtung vorgibt, die es aber der Rechtsprechung[594] überlässt, die benötigten Einzelrechtssätze durch Konkretisierung selbst zu entwickeln. Entsprechend dem bisherigen

---

589 *Hüffer*, FS Steindorff, 1990, S. 59, 66; So auch *Kindler*, FS Spiegelberger, 2009, S. 778, 779, 780.
590 *Hüffer*, FS Steindorff, 1990, S. 59, 66.
591 M.w.N. *Hüffer*, FS Steindorff, 1990, S. 59, 67.
592 *Hüffer*, FS Steindorff, 1990, S. 59, 67 verweist in Fußnote 50 auf BGH, Urt. v. 13.3.1978 – II ZR 142/76, BGHZ 71, 40, 43 ff. = NJW 1978, 1316; BGH, Urt. v. 19.4.1982 – II ZR 55/81, BGHZ 83, 319, 321 = NJW 1982, 2444 (genehmigtes Kapital).
593 *Hüffer*, FS Steindorff, 1990, S. 59, 67 f.
594 Zur Kodifikation des Richterrechts *Dauner-Lieb*, in: Ernst/Zimmermann, Zivilrechtswissenschaft und Schuldrechtsreform, 2001, S. 305, 305 ff.

Diskussionsstand könne eine solche Generalklausel – die Sachnorm, aber zugleich Ermächtigungs- oder Delegationsnorm sei – wie folgt lauten:[595]

> „Die Gesellschafter sind verpflichtet, in Ausübung ihrer im Gesellschaftsinteresse begründeten mitgliedschaftlichen Befugnisse diejenigen Handlungen vorzunehmen, die der Förderung des Gesellschaftszwecks dienen, und zuwiderlaufende Maßnahmen zu unterlassen. Bei der Ausübung eigennütziger Mitgliedsrechte sind die Schranken einzuhalten, die sich aus dem Verbot einer willkürlichen oder unverhältnismäßigen Rechtsausübung ergeben. Auf die mitgliedschaftlichen Interessen anderer Gesellschafter ist angemessen Rücksicht zu nehmen."[596]

Die Basis dieser Generalklausel liege dabei in mehreren Grundsätzen und Vorschriften. Dazu werden die in §§ 242 und 705 BGB enthaltenen Rechtsgedanken, das Wettbewerbsverbot der §§ 112 und 113 HGB, der Grundsatz der Gleichbehandlung im Gesellschaftsrecht und das Verbot unzulässiger Verfolgung von Sondervorteilen i.S.d. § 243 Abs. 2 AktG gezählt. Dieses Bild werde durch die offene Formulierung des § 243 Abs. 1 AktG, die auch den Verstoß gegen Generalklauseln einschließe, vervollständigt. Der Rechtssatz ziele darauf ab, die Treuepflicht aus dem Zweck des Vertrauensschutzes sachlich zu rechtfertigen und der Ausübung von Mitgliedschaftsrechten Schranken zu setzen.[597]

Dass Treuepflichten auch rechtformübergreifend anzuerkennen seien, erklärt *Hüffer* mit dem bereits oben erwähnten Doppelzweck der Treuepflichten. Demnach seien sie existent, soweit die Mitgliedschaft in der Gesellschaft kontrollbedürftige Einwirkungsmöglichkeiten begründe oder soweit nach der Realstruktur der Gesellschaft eine schutzwürdige Vertrauensbeziehung bestehe. In Kapitalgesellschaften stehe dabei die Einwirkungskontrolle im Vordergrund.[598]

---

[595] Zu diesem Verständnis ausführlich auch *Reidt*, Die mitgliedschaftliche Treupflicht als gesellschaftsrechtliche Generalklausel, 2021, S. 133 ff.

[596] *Hüffer*, FS Steindorff, 1990, S. 59, 69; ihn zitierend und folgend *Kindler*, FS Spiegelberger, 2009, S. 778, 779.

[597] *Hüffer*, FS Steindorff, 1990, S. 59, 73 ff.

[598] *Hüffer*, FS Steindorff, 1990, S. 59, 75; Vgl. zu dieser zusammenfassenden Darstellung *Henze*, BB 1996, 489, 491.

II. Die Entwicklung in der Rechtsprechung

Die Rechtsprechung zur Treuepflicht reicht bis in die Zeit vor dem ersten Weltkrieg zurück,[599] wobei in der Rechtsprechung des BGH die Treuepflicht bei den Kapitalgesellschaften über vier Jahrzehnte nur in der GmbH die ihr zukommende Bedeutung erlangte.[600]

Bereits 1954[601] bejahte der BGH in einer Entscheidung, welche an sich Treuepflichtfragen bei der GmbH zum Gegenstand hatte, in einem obiter dictum, dass es grundsätzlich eine Treuepflicht der Aktionäre gegenüber der Aktiengesellschaft gebe, diese aber weniger weit gehe als die Treuepflicht der GmbH-Gesellschafter gegenüber der GmbH. Bereits in dieser Entscheidung wird sichtbar, dass der BGH eine rechtsformspezifische Differenzierung zwischen der zumeist personalistisch ausgestalteten GmbH und der regelmäßig kapitalistischen Aktiengesellschaft vornimmt.[602]

In der Rechtsprechung wurden gesellschaftsrechtliche Treuepflichten im Aktienrecht aber lange Zeit als auf das Verhältnis zwischen Gesellschaft und Aktionäre beschränkt angesehen. Aufgrund der körperschaftlichen und kapitalistischen Struktur der Aktiengesellschaft fand eine Ausdehnung auf das Verhältnis der Aktionäre untereinander zunächst nicht statt.[603] In dem „Audi/NSU"-Urteil heißt es ausdrücklich, dass eine Treuepflicht unter den Aktionären nicht im Sinne einer über die allgemeinen Rechtsgrundsätze der §§ 226, 242 und 826 BGB hinausgehenden Bindung bestehe.[604]

---

599 *Hüffer*, FS Steindorff, 1990, S. 59, 60, der sich auf „erste Entscheidungen, die sich noch auf den Grundsatz von Treu und Glauben stützen" bezieht: RG Warn. 1908, Nr. 511; RG LZ 1912, 545; RG JW 1913, 29.

600 *Henze*, BB 1996, 489 mit Verweis auf die ersten Urteile, und zwar BGH, Urt. v. 1.4.1953 – II ZR 235/52, BGHZ 9, 157, 163 = NJW 1953, 780; BGH, Urt. v. 9.6.1954 – II ZR 70/53, BGHZ 14, 25 = NJW 1954, 1401.

601 BGH, Urt. v. 11.6.1954 – I ZR 174/52, BGHZ 14, 15 = NJW 1954, 1565 („Römer").

602 Hierzu auch *Kort*, ZIP 1990, 294, 295.

603 Vgl. BGH, Urt. v. 9.6.1954 – II ZR 70/53, BGHZ 14, 25, 38 = NJW 1954, 1401; BGH, Urt. v. 27.10.1995 – II ZR 310/53, BGHZ 18, 350, 365 = NJW 1955, 1919, 1921; BGH, Urt. v. 19.2.1976 – II ZR 61/74, WM 1976, 449 („Audi/NSU"); Vgl. auch *Henze*, BB 1996, 489.

604 BGH, Urt. v. 19.2.1976 – II ZR 61/74, WM 1976, 449 („Audi/NSU").

1. „ITT"-Entscheidung

a) Das Bestehen einer Treuepflicht unter den Gesellschaftern

In der „ITT"-Entscheidung[605] des BGH wird im GmbH-Recht das Bestehen einer Treuepflicht unter den Gesellschaftern bejaht.[606] Begründet wird dies damit, dass bei der GmbH unbeschadet ihrer körperschaftlichen Verfassung die nähere Ausgestaltung ihrer Organisation und ihre wirtschaftliche Betätigung oft in erheblichem Maße dem unmittelbaren Einfluss ihrer Gesellschafter unterliegen, sodass ihre inneren Verhältnisse auf eine deutliche Nähe zu den Personengesellschaften angelegt sein könnten.

Weiterhin betont der BGH, dass in der Situation, in der eine Gesellschaftermehrheit Einfluss auf die Geschäftsführung ausüben kann und dadurch die Interessen der Mitgesellschafter beeinträchtigt werden könnten, eine gesellschaftsrechtliche Pflicht bestehe, auf diese Interessen Rücksicht zu nehmen. Diese Aussage sollte in unterschiedlicher Form auch für das Aktienrecht maßgebend sein.[607]

b) Zur gesetzlichen Grundlage der Treuepflicht

Auch wenn sich der BGH in dieser Entscheidung nicht ausdrücklich zur gesetzlichen Grundlage der Treuepflicht äußert, so ist das Urteil offensichtlich durch die von *R. Fischer*, *Hueck* und auch *Stimpel* vertretene Ansicht beeinflusst worden, die Treuepflicht empfange ihren Gehalt aus dem von gegenseitigem Vertrauen getragenen Gemeinschaftsverhältnis.[608]

2. „Linotype"-Entscheidung

Zwölf Jahre später nahm der BGH mit der „Linotype"-Entscheidung[609] erstmals von der eingangs erwähnten Auffassung Abstand und führte aus, dass „eine gesellschaftsrechtliche Treupflicht [...] auch zwischen den Aktionären" bestehe. Hier ging es um die gesellschaftsrechtliche Treuepflicht des Mehrheitsaktionärs gegenüber den Minderheitsgesellschaftern zur Begrenzung der Mehrheitsmacht. Dabei hat der BGH eine nicht auf § 242 BGB gestützte, sondern im Gesellschaftsrecht begründete Treuepflicht der

---

605 BGH, Urt. v. 5.6.1975 – II ZR 23/74, BGHZ 65, 15 = NJW 1976, 191 („ITT").

606 Die Entscheidung ist acht Monate vor Erlass des „Audi/NSU"-Urteils ergangen.

607 Vgl. *Henze*, BB 1996, 489.

608 *Henze*, BB 1996, 489, 491.

609 BGH, Urt. v. 1.2.1988 – II ZR 75/87, BGHZ 103, 184 = ZIP 1988, 301, 305 („Linotype").

Aktionäre untereinander anerkannt. In diesem Urteil macht der BGH ferner deutlich, dass er an die ITT-Entscheidung[610] anknüpft. Die ITT-Entscheidung hatte für die Entwicklung von Treuepflichten im Recht der GmbH grundlegende Bedeutung, insbesondere auch für Treuepflichten im GmbH-Konzernrecht, welches damals noch wenig entwickelt war.[611] In seiner Linotype-Entscheidung überträgt der BGH[612] die im ITT-Urteil entwickelten Grundsätze auf die Aktiengesellschaft und nimmt damit weiter Abstand von einer rechtsformspezifischen Betrachtungsweise der Treuepflichten von Verbandsmitgliedern.[613]

a) Geltung von Treuepflichten in der Aktiengesellschaft

Zusammenfassend lassen sich aus diesem Urteil die nachfolgenden drei Gesichtspunkte zur Treuepflicht in der AG herausarbeiten:[614]

Zunächst wird anerkannt, dass eine Treuepflicht zwischen Gesellschaft und Gesellschaftern besteht (1). Ferner wird sie als Pflicht des Mehrheitsaktionärs zur Rücksichtnahme auf die Interessen der Mitaktionäre qualifiziert (2), was aus folgender Argumentation in den Urteilsgründen folgt: Auch bei der Aktiengesellschaft habe ein Mehrheitsgesellschafter die Möglichkeit, durch Einflussnahme auf die Geschäftsführung die gesellschaftsbezogenen Interessen der Mitgesellschafter zu beeinträchtigen, so dass auch hier als Gegengewicht die gesellschaftsrechtliche Pflicht zu fordern sei, auf diese Interessen Rücksicht zu nehmen.[615] Schließlich legt sich der BGH in Bezug auf den Kleinaktionär nicht eindeutig fest (3);[616] die Gesellschafterpflichten

---

[610] BGH, Urt. v. 5.6.1975 – II ZR 23/74, BGHZ 65, 15 = NJW 1976, 191 („ITT").

[611] *Kort*, ZIP 1990, 294, 295.

[612] Entschieden hat der II. Senat, der hauptsächlich für Gesellschaftsrecht und Vereinsrecht zuständig ist.

[613] *Kort*, ZIP 1990, 294, 295; *Reidt*, Die mitgliedschaftliche Treupflicht als gesellschaftsrechtliche Generalklausel, 2021, S. 53 ff., geht wohl in Anlehnung an BGH, Urt. v. 9.6.1954 – II ZR 70/53, BGHZ 14, 25 = NJW 1954, 1401 (zu dieser Entscheidung s. Teil 3: § 2 II.) hingegen davon aus, dass weiterhin eine Typisierung der Treuepflicht nach Rechtsformen stattfindet. Zu Recht lehnt er eine solche Vorstellung im Ergebnis aber u.a. mit der Begründung ab, dass eine rechtsformspezifische Unterscheidung der Treuepflicht ihre Flexibilität nähme.

[614] *Henze*, BB 1996, 489, 490.

[615] BGH, Urt. v. 1.2.1988 – II ZR 75/87, BGHZ 103, 184 = ZIP 1988, 301, 305 („Linotype").

[616] *Henze*, BB 1996, 489, 490.

eines Kleinaktionärs würden in der Regel nicht von der gesellschaftsrechtlichen Treuepflicht bestimmt.[617]

b) Rechtsformübergreifende Geltung von Treuepflichten

Im Übrigen lässt sich der Entscheidung aber auch entnehmen, dass der BGH betreffend die Treuepflicht unter den Gesellschaftern im Vergleich zur „ITT"-Entscheidung wesentlich weiter geht. Zu der „Audi/NSU"-Entscheidung[618] führt der BGH aus, die Annahme, unter den Aktionären bestehe keine Treuepflicht, beruhe auf einer Überbewertung der körperschaftlichen Struktur der Aktiengesellschaft, die zu der Vorstellung geführt habe, Rechtsbeziehungen bestünden nur zwischen der Gesellschaft und den Aktionären. Demgegenüber sei anzuerkennen, dass auch das Verhältnis der Mitglieder einer Korporation untereinander den Charakter einer Sonderverbindung haben könne.[619]

Des Weiteren weist der BGH[620] darauf hin, dass die Treuepflicht im Gesellschaftsrecht unabhängig von der Rechtsform gelte und ihr Inhalt hauptsächlich von der internen Struktur der Gesellschaft abhänge.[621] Dies würden jene Beispiele zeigen, in denen die Rechtsform einer Gesellschaft geändert wurde, jedoch ihre interne Struktur und Organisation beibehalten wurden. In der Tat sei es unverständlich, die gesellschaftsrechtliche Treuepflicht der Aktionäre einer Aktiengesellschaft abzulehnen, wenn sie nach der Umwandlung in eine Personengesellschaft unter Beibehaltung ihrer inneren Struktur und Organisation als Treuepflicht der Gesellschafter bejaht werde. [622]

Damit macht er eine Anspielung auf die bereits unter Teil 3:§ 2I.4.c) erwähnten und von *Lutter*[623] zitierten Ausführungen *Wiedemanns*[624], der Mehrheitsgesellschafter könne im Zuge der Umwandlung einer Personen- in eine Kapitalgesellschaft seine Pflichtenstellung bei Eintritt in die AG nicht an der Garderobe abgeben.[625]

---

617 BGH, Urt. v. 1.2.1988 – II ZR 75/87, BGHZ 103, 184 = ZIP 1988, 301, 305 („Linotype").
618 BGH, Urt. v. 19.2.1976 – II ZR 61/74, WM 1976, 449 („Audi/NSU").
619 BGH, Urt. v. 1.2.1988 – II ZR 75/87, BGHZ 103, 184 = ZIP 1988, 301, 305 („Linotype").
620 BGH, Urt. v. 1.2.1988 – II ZR 75/87, BGHZ 103, 184 = ZIP 1988, 301, 305 („Linotype").
621 Vgl. hierzu auch *Henze*, BB 1996, 489, 490.
622 BGH, Urt. v. 1.2.1988 – II ZR 75/87, BGHZ 103, 184 = ZIP 1988, 301, 305 („Linotype").
623 *Lutter*, AcP 180 (1980), 84, 126.
624 *Wiedemann*, FS Barz, 1974, S. 561, 569.
625 *Henze*, BB 1996, 489, 490.

c) Rechtsgrundlage der Treuepflicht

Bis heute hat der BGH zur gesetzlichen Grundlage der Treuepflicht im Aktienrecht keine Stellung genommen.[626] Der „Linotype"-Entscheidung lässt sich lediglich entnehmen, dass er sich der Literaturansicht angeschlossen hat, Inhalt und Umfang der Treuepflicht würden von der Realstruktur der Gesellschaft bestimmt.[627] Unter diesem Aspekt ist in „Linotype" aber auch das Begründungselement enthalten, die Treuepflicht empfange ihren Gehalt aus dem von gegenseitigem Vertrauen getragenen Gemeinschaftsverhältnis.[628]

Was die vertragliche Grundlage der Treuepflicht betrifft, so hat der BGH in dieser Entscheidung ausgesprochen, dass auch das Verhältnis der Mitglieder einer Korporation untereinander den Charakter einer Sonderverbindung haben könne.[629] Zwar hat der BGH nicht ausdrücklich klargestellt, ob eine solche Sonderverbindung aus dem Organisationsvertrag herzuleiten sei oder ob sie ihren Ursprung in den gesetzlichen Bestimmungen habe. Seine Ansicht dazu lasse sich aber – so *Henze* – mittelbar erschließen: Da Entstehungsgrundlage der Mitgliedschaft der Organisationsvertrag sei und die Treubindung unter den Aktionären als Ausfluss der mitgliedschaftlichen Beteiligung angesehen werden müsse, wie sich aus der „Girmes"-Entscheidung ergebe, sei die aus dem Organisationsvertrag hervorgegangene Satzung notwendigerweise Entstehungsgrund für die Treuepflicht unter den Aktionären.[630]

Schließlich etablierte sich die Treuepflicht im Aktienrecht endgültig mit den „Kochs Adler"-[631], „IBH/Scheich Kamel"- [632] und „BMW-AG"- [633]Entscheidungen des BGH.[634]

---

626 So schon *Henze*, BB 1996, 489, 491.

627 BGH, Urt. v. 1.2.1988 – II ZR 75/87, BGHZ 103, 184 = ZIP 1988, 301, 305 („Linotype"); Zu dieser Ansicht vgl. *Lutter*, AcP 180 (1980), 84, 105 ff; *Lutter*, ZHR 153 (1989), 446, 452 f.

628 *Henze*, BB 1996, 489, 491.

629 BGH, Urt. v. 1.2.1988 – II ZR 75/87, BGHZ 103, 184 = ZIP 1988, 301, 305 („Linotype").

630 *Henze*, BB 1996, 489, 492.

631 BGH, Urt. v. 22.5.1989 – II ZR 206/88, BGHZ 107, 296 = NJW 1989, 2689 („Kochs Adler").

632 BGH, Urt. v. 22.6.1992 – II ZR 178/90, NJW 1992, 3167 („IBH/Scheich Kamel").

633 BGH, Urt. v. 19.9.1994 – II ZR 248/92, BGHZ 127, 107 = NJW 1994, 3094 („BMW").

634 So auch *Henze*, BB 1996, 489, 490.

3. „Girmes"-Entscheidung

In der „Girmes"-Entscheidung[635] wird das Bestehen einer Treuepflicht unter den Aktionären uneingeschränkt festgeschrieben.[636] Hier ging es um den umgekehrten Fall als bei „Linotype", nämlich um gesellschaftsrechtliche Treuepflichten von Minderheitsaktionären gegenüber Mehrheitsaktionären in der Krise der Gesellschaft; auch für dieses Verhältnis wurden entsprechende Treuepflichten bejaht.

Allgemein wird klargestellt, dass jeder Aktionär seine Mitgliedschaftsrechte, insbesondere seine Mitverwaltungs- und Kontrollrechte, unter angemessener Berücksichtigung der Gesellschaftsbelange oder der gesellschaftsbezogenen Interessen der anderen Aktionäre auszuüben habe. Das Gesetz eröffne Minderheitsaktionären ebenso wie Mehrheitsaktionären Einwirkungsmöglichkeiten auf die Interessen der Gesellschaft, sodass als Gegengewicht hierzu eine Rücksichtnahmepflicht – eben auch für Minderheitsaktionäre – bestehe. Aus diesem Grund sei die Ausübung von Minderheitsrechten zur Verhinderung von Gesellschafterbeschlüssen (durch die Ausnutzung einer Sperrminorität) nur in den Grenzen der Treuepflicht zulässig.[637]

4. Bundesgerichtshof: „Sanieren oder Ausscheiden"

In einer Reihe aktuellerer Entscheidungen[638] zu Sanierungsfällen hat der BGH schließlich entschieden, dass sich aus der gesellschafterlichen Treuepflicht eine Zustimmungspflicht ergeben könne, wenn durch vertragsändernden Beschluss die Gesellschafter nur die Wahl haben sollen, zwischen der Übernahme neuer Einlagen nach „Kapitalherabsetzung" (Herabsetzung des festen Kapitalanteils der Gesellschafter) und einem Ausscheiden aus der Gesellschaft mit der Verpflichtung zur Leistung des Auseinandersetzungsfehlbetrags nach § 739 BGB („Sanieren oder Ausscheiden") zu entscheiden. Bestehe eine aus der

---

635 BGH, Urt. v. 20.3.1995 – II ZR 205/94, BGHZ 129, 136 = NJW 1995, 1739 („Girmes").

636 *Henze*, BB 1996, 489, 490.

637 BGH, Urt. v. 20.3.1995 – II ZR 205/94, BGHZ 129, 136 = NJW 1995, 1739 („Girmes"); Vgl. hierzu auch *Henze*, BB 1996, 489, 490.

638 BGH, Urt. v. 19.10.2009 – II ZR 240/08, BGHZ 183, 1 = NJW 2010, 65 („Sanieren oder Ausscheiden"); BGH, Urt. v. 25.1.2011 – II ZR 122/09, NJW 2011, 1667 (Ergänzung zu „Sanieren oder Ausscheiden"); BGH, Urt. v. 9.6.2015 – II ZR 420/13, NJW 2015, 2882 (Weitere Fortführung von „Sanieren oder Ausscheiden"); vgl. auch OLG Karlsruhe, Urt. v. 22.4.2016 – 4 U 226/15, NZG 2017, 260.

gesellschafterlichen Treuepflicht folgende Zustimmungspflicht, so müssten sich zustimmungsunwillige Gesellschafter so behandeln lassen, als hätten sie dem Beschluss zugestimmt. [639]

5. Zusammenfassung und abschließende Ausführungen

Die reichsgerichtliche Rechtsprechung zur Treuepflicht hat sich von der anfänglich strengen Anwendung des § 242 BGB gelöst und später eigenständige gesellschaftsrechtliche Gesichtspunkte in den Vordergrund gestellt. In dessen Weiterführung hat der BGH die Treuepflicht zunehmend als Inhalt eines Rechtssatzes in Gestalt einer richterrechtlichen Generalklausel verstanden, mag dabei auch der Gesichtspunkt des Vertrauensschutzes als Geltungsgrund – und nicht als Zweck – lange Zeit bestimmend gewesen sein.[640] Die „ITT"-Entscheidung unterscheidet sich hiervon dadurch, dass zusätzlich auf den Gesichtspunkt der Einwirkungskontrolle abgestellt wird – allerdings nicht in deutlich erkennbarer Form. Die Nachfolgeentscheidung „Linotype" (auch wenn nicht zum GmbH-Recht, sondern im Aktienrecht ergangen), ist diesbezüglich konkreter. Hiernach wird die Treuepflicht als rechtsformübergreifender Bestandteil aller Gesellschaftstypen vorausgesetzt.[641] Ferner werden als Inhalt der Treuepflicht die Ziele des Vertrauensschutzes einschließlich der Förderpflicht und der Einwirkungskontrolle angesehen und ihre inhaltlichen Auswirkungen auf das Gesellschafterverhalten von der Realstruktur[642] der Gesellschaft abhängig gemacht. Die „Girmes"-Entscheidung ergänzt schließlich den Aspekt der in „Linotype" auf das Mehrheitsverhalten bezogenen Einwirkungskontrolle: auch das von einer qualifizierten Minderheit ausgehende Verhalten, das auf die Rechte der Mehrheit einwirkt sowie die allgemeine, von derartigen Auswirkungen unabhängige Ausübung mitgliedschaftlicher Rechte könne treuepflichtwidrig sein.[643] Die zur Treuepflicht in

639 Zum Ganzen m.w.N. *Wertenbruch*, in: Joost/Strohn, HGB, 4. Aufl. 2020, § 105 Rn. 125 ff.

640 *Henze*, BB 1996, 489, 491.

641 Vgl. hierzu auch *Reidt*, Die mitgliedschaftliche Treupflicht als gesellschaftsrechtliche Generalklausel, 2021, S. 53 ff.

642 *Reidt*, Die mitgliedschaftliche Treupflicht als gesellschaftsrechtliche Generalklausel, 2021, S. 54, sieht das Kriterium der Realstruktur nur abstrakt und im Ansatz geeignet, abstrakte Leitlinien für die Handhabung der Treuepflicht zu bilden. Die Realstruktur sei lediglich Ausgangspunkt weiterer Konkretisierungsüberlegungen im Einzelfall.

643 Vgl. zu dieser Zusammenfassung auch *Henze*, BB 1996, 489, 491, 492.

der AG bzw. allgemein in der Kapitalgesellschaft ergangene Rechtsprechung deckt sich somit mit dem im Schrifttum entwickelten Rechtssatz, nach dem der Inhalt der Treuepflicht in dem Doppelzweck des Vertrauensschutzes einschließlich der Förderpflicht und der Rechtsbegrenzungs-(Schranken-)funktion besteht.[644]

III. Stellungnahme

Die Ausführungen zu den Grundlagen der gesellschaftsrechtlichen Treuepflicht zeigen, dass sich die Rechtsprechung und die (modernen) Auffassungen in der Literatur – so vielfältig sie auch sind – jedenfalls in einem wesentlichen Kern einig sind: Unabhängig davon, wie man die gesellschaftsrechtliche Treuepflicht genau bezeichnet, existiert sie und gilt rechtsformunabhängig, und zwar sowohl zwischen Gesellschaft und Gesellschafter sowie zwischen den Gesellschaftern untereinander. Ihr Inhalt bzw. die Intensität der Treuepflichten ist jedoch davon abhängig, ob die Gesellschaft eher personalistisch oder eher kapitalistisch ausgestaltet ist. Dabei dürfte auch hier im Kern Einigkeit darüber bestehen, dass die gesellschaftsrechtliche Treuepflicht ein solches Verhalten gebietet, das weder der Gesellschaft noch den Gesellschaftern einen ungerechtfertigten Nachteil bzw. Schaden zufügt, auch wenn die Pflichten nicht so weit reichen dürften, dass man von einer gegenseitigen Garantenpflicht sprechen könnte.

Was allerdings die normative Anknüpfung betrifft, so bringt – jedenfalls die Rechtsprechung – nicht besonders viel Licht ins Dunkel. Vielmehr scheint der BGH von einer Art allgemeiner Rechtssatz auszugehen, der wolkenartig über dem BGB bzw. HGB, GmbHG und AktG sowie den Gesellschaften schwebt und seine Energie mal von hier mal von da zieht. Eine Lösung also, die sich an das Problem von der Rechtsfolgenseite nähert, was in der Praxis des BGH nicht unüblich (aber sicherlich praxisgerecht) sein dürfte. Aber auch in der Literatur besteht – wie so oft – keine Einigkeit über den normativen Anknüpfungspunkt und wird versucht die schwebende Wolke mal von § 242 BGB, mal von § 705 BGB oder sogar von allgemeinen Rechtsgrundsätzen abzuleiten. Keine dieser Literarturmeinungen ist dabei offensichtlich abwegig oder gar unvertretbar. Allerdings bedarf es für die Erörterung über die

[644] Vgl. hierzu *Henze*, BB 1996, 489, 492.

Vorwirkung gesellschaftsrechtlicher Treuepflichten einer Entscheidung, da eine Ausdehnung nur dann in Betracht kommt, wenn die Rechtsgrundlage eine gewisse Flexibilität aufweist.

Nach Auffassung des Verfassers erscheint es dabei sinnvoll, entsprechend dem Vorgehen von *Hennrichs*[645] zwischen Rechtsgrundlage der Treuepflicht einerseits und dessen Entstehungsgrund andererseits zu differenzieren. Dies fördert die Übersichtlichkeit dieses durchaus komplexen Themas und erlaubt, dogmatisch sauber an das Phänomen der gesellschaftsrechtlichen Treuepflicht heranzutreten.

Zum besseren Verständnis des Unterschieds zwischen Rechtsgrundlage und Entstehungsgrund greift *Hennrichs* dabei auf „normale" Schuldverhältnisse zurück. Bei diesen liege der Rechtsgrund „weiterer Verhaltenspflichten" in § 242 BGB, während ihr Entstehungsgrund das Schuldverhältnis sei.[646]

Als Entstehungsgrund für die gesellschaftsrechtlichen Treuepflichten kann dabei zunächst das Gemeinschafts- bzw. Gesellschaftsverhältnis gesehen werden. Erst hier kann sich der Wirkungskreis der Treuepflicht entfalten, sodass auch der Ursprung hier zu sehen ist. Hand in Hand mit dem Wirkungskreis geht aber auch die Funktion der gesellschaftsrechtlichen Treuepflicht. Diese Funktion kann wiederum teilweise in der oben näher beschriebenen „Zweckförderungsfunktion" und der „Korrelation zwischen Rechtsmacht und Verantwortung" gesehen werden. Diese fasst *Karsten Schmidt* zwar als „rechtsfunktionelle Anknüpfungspunkte" zusammen, jedoch ist hiermit wohl auch (nur) die Funktion der gesellschaftsrechtlichen Treuepflicht gemeint und nicht ihre Rechtsgrundlage.[647] Die Rechtsgrundlage ist richtigerweise in § 242 BGB zu sehen.[648] Der Gesichtspunkt der Einwirkungsmöglichkeit des Gesellschafters ist nach Auffassung des Verfassers dabei der „Aktivierungsgrund" der gesellschaftsrechtlichen Treuepflicht,

---

645 *Hennrichs*, AcP 195 (1995), 221 ff.

646 *Hennrichs*, AcP 195 (1995), 221, 234.

647 So versteht ihn auch *Hennrichs*, AcP 195 (1995), 221, 236 Fn. 70.

648 So auch *Hennrichs*, AcP 195 (1995), 221, S. 231 ff.; sowie *Weber*, Vormitgliedschaftliche Treubindungen, 1999, S. 132 ff.; S. auch *Kort*, ZHR 164 (2000), 444, 450: „[...] im Ergebnis sicherlich gut vertretbar [...]"; Vgl. auch *Reidt*, Die mitgliedschaftliche Treupflicht als gesellschaftsrechtliche Generalklausel, 2021, S. 129, der ebenfalls der Ansicht ist, dass - entgegen der überwiegenden Auffassung im Schrifttum - § 242 BGB keineswegs überfordert ist, die Treuepflicht als Rechtsgrundlage normativ aufzunehmen.

die praktisch in dem Gesellschaftsverhältnis „ruht". Die Beschränkung der Einwirkungsmöglichkeit des Gesellschafters ist zudem „die andere Seite der Münze", stellt also zugleich die Funktion der aus § 242 BGB abzuleitenden gesellschaftsrechtlichen Treuepflicht dar.

Letztlich stimmt dieses Ergebnis auch mit dem Verständnis von *Hueck* überein, wenn er schreibt, dass es darauf ankomme, den Umfang des Anwendungsgebietes des Treuegedankens richtig abzugrenzen. Es komme darauf an, diejenigen Rechtsverhältnisse zu bestimmen, für die vom ethischen Standpunkt aus eine besondere Treue gefordert sei und dann zu prüfen, ob dieser ethischen Pflicht auch eine Rechtspflicht entspreche und welchen Inhalt sie habe.[649]

Dass im Verhältnis von Shortseller-Aktivisten zur Gesellschaft sowie zu den Gesellschaftern vom ethischen Standpunkt aus eine besondere Treue zu fordern ist, folgt nach Auffassung des Verfassers bereits aus der oben dargestellten Haftungslücke. Es erscheint nicht billig, nachteilig betroffene Marktteilnehmer lediglich auf § 826 BGB zu verweisen, der allenfalls in Extremfällen in Betracht kommt und mit Darlegungs- sowie Beweisschwierigkeiten verbunden ist. Ob dieser ethischen Pflicht letztlich eine Rechtspflicht im vormitgliedschaftlichem Bereich entspricht, wird in Teil 4: dieser Arbeit erörtert.

§3 Inhaltliche Reichweite der gesellschaftsrechtlichen Treuepflicht

Der Inhalt der gesellschaftsrechtlichen Treuepflicht reicht sehr weit und lässt sich auch allgemein sehr weitgehend umschreiben, weshalb sie einer weiteren Konkretisierung bedarf.[650]

Lutter führt unter Bezugnahme auf die in dieser Arbeit zitierten Autoren aus, dass Dichte und Intensität der Loyalitätspflicht im Verband vom Inhalt der Maßnahme und der ausgeübten Befugnisse abhänge.[651] Je stärker der Konflikt mit der Geschäftsführung, also Zielverwirklichung zusammenhänge,

---

649 *Hueck*, Der Treuegedanke im modernen Privatrecht, 1947, S. 7.

650 Vgl. auch *Lutter*, AcP 180 (1980), 84, 129, 130.

651 *Lutter*, AcP 180 (1980), 84, 84, 115, 116 mit Verweis auf Alfred Hueck, Robert Fischer, Zöllner und Immenga.

desto stärker sei die Bindung; je mehr die in Anspruch genommenen Rechte der Sicherung eigener mitgliedschaftlicher Interessen dienen, desto mehr könne das allgemeine Loyalitätsgebot zurückgedrängt werden. Gehe es also in einem Beschluss unmittelbar oder auch nur mittelbar um Fragen zur und Einflüsse auf die Geschäftsführung der Korporation, so habe das Loyalitätsgebot klaren Vorrang vor allen „Privatinteressen" des Mitglieds.[652]

Nach *Kindler* – der sich lediglich auf die Aktiengesellschaft bezieht – wirkt die Treuepflicht als Rücksichtnahmepflicht und als Förderpflicht. Bei der Konkretisierung dieser Pflichten unterscheide man zwischen gesellschaftsbezogenen Mitgliedsrechten (Verwaltungsrechten) und eigennützigen Mitgliedsrechten (Vermögensrechten).[653]

Letztere seien dabei vor allem das Dividendenrecht sowie das Recht am Liquidationserlös. Bei deren Geltendmachung seien nach der o.g. Formel von *Hüffer* (s. Teil 3:§ 21.6.) lediglich diejenigen Schranken einzuhalten, die sich aus dem Verbot einer willkürlichen oder unverhältnismäßigen Rechtsausübung ergeben. Die Treuepflicht wirke allein als Rücksichtnahmepflicht und entfalte eine Schrankenfunktion.[654]

Verwaltungsrechte hingegen seien darauf gerichtet, Einfluss auf die Willensbildung der Gesellschaft zu nehmen oder unrechtmäßigen Einfluss anderer abzuwehren. Hierzu zählt er das Recht auf Teilnahme an der Hauptversammlung, das Auskunftsrecht, das Stimmrecht und das Anfechtungsrecht sowie aus systematischen Gründen auch die Minderheitenrechte nach §§ 122, 147 AktG.[655]

Die Verwaltungsrechte dürften nicht ausgeübt werden, um der Gesellschaft einen Schaden zuzufügen; insoweit entfalte die Treuepflicht als Rücksichtnahmepflicht eine Schrankenfunktion. Der Aktionär dürfe demzufolge weder Beschlüsse herbeiführen, die ihm einseitige Vorteile zu Lasten der AG oder Mitgesellschafter verschaffen oder in sonstiger Weise die Interessen der Mitgesellschafter unangemessen beeinträchtigen, noch dürfe er Beschlüsse

---

652 *Lutter*, AcP 180 (1980), 84, 115, 116 mit Verweis auf Alfred Hueck, Robert Fischer, Zöllner und Immenga.

653 *Kindler*, FS Spiegelberger, 2009, S. 778, 781; Zur Unterscheidung von eigennützigen und uneigennützigen Gesellschafterrechten auch *Reidt*, Die mitgliedschaftliche Treupflicht als gesellschaftsrechtliche Generalklausel, 2021, S. 50 ff.

654 *Kindler*, FS Spiegelberger, 2009, S. 778, 781.

655 *Kindler*, FS Spiegelberger, 2009, S. 778, 781.

verhindern, die im Interesse der AG oder der Mitaktionäre erforderlich seien. Darüber hinaus seien auch das Recht auf Teilnahme an der Hauptversammlung und das Rederecht sowie das Auskunftsrecht erfasst. Aber auch das missbräuchliche Erheben einer Anfechtungsklage gegen Hauptversammlungsbeschlüsse könne eine Treuepflichtverletzung darstellen.[656]

Neben den soeben erwähnten Schranken unterliege die Ausübung der Verwaltungsrechte auch in engen Grenzen einer Förderpflicht. Eine solche sei dann anzunehmen, wenn die AG in ganz besonderem Maß auf die Mitwirkung eines einzelnen Aktionärs angewiesen sei, wobei auch die Förderpflicht letztlich aus der allgemeinen Pflicht zur Wahrung der Gesellschaftsinteressen folge.[657]

§4 Gesetzliche Ausprägungen der gesellschaftsrechtlichen Treuepflicht

Hüffer ist der Ansicht, dass die gesellschaftsrechtliche Treuepflicht die gedankliche und sprachliche Zusammenfassung im Gesetz vorhandener Teilelemente sei. Nicht gemeint sei eine bloße Addition, sondern eine Verknüpfung und Fortführung von Einzelregelungen.[658] Anders gewendet können diese Teilelemente selbst als Ausprägung der gesellschaftsrechtlichen Treuepflicht gewertet werden. Unter anderem bei folgenden (gesellschaftsrechtlichen) Normen ist dies (wohl) allgemein anerkannt:

§ 53a AktG, wonach „Aktionäre [...] unter gleichen Voraussetzungen gleich zu behandeln“ sind;[659] § 243 Abs. 1 AktG[660], wonach ein Beschluss der Hauptversammlung wegen Verletzung des Gesetzes oder der Satzung durch Klage angefochten werden kann sowie § 243 Abs. 2 S. 1 AktG[661], nach

---

656 *Kindler*, FS Spiegelberger, 2009, S. 778, 781.

657 *Kindler*, FS Spiegelberger, 2009, S. 778, 782.

658 *Hüffer*, FS Steindorff, 1990, S. 59, 72.

659 OLG Stuttgart, Urt. v. 12.5.1999 – 20 U 62/98, NZG 2000, 159, 162; *Mayer/Albrecht vom Kolke*, in: Hölters/Weber, AktG, 4. Aufl. 2022, § 53a Rn. 3; *Götze*, in: MünchKommAktG, 5. Aufl. 2019, § 53a Rn. 4; *Hüffer*, FS Steindorff, 1990, S. 59, 72; *Lutter*, JZ 31 (1976), 225, 229, 231 zum Gleichbehandlungsgrundsatz bereits vor Inkrafttreten des § 53a AktG; *Lutter*, AcP 180 (1980), 84, 122; *Janssen*, in: Heidel, AktR, 5. Aufl. 2020, §53a Rn. 26; So wohl auch *Koch*, in: Hüffer/Koch, AktG, 16. Aufl. 2022, § 53a Rn. 2.

660 *Schäfer*, in: MünchKommAktG, 5. Aufl. 2021, § 243 Rn. 46; *Hüffer*, FS Steindorff, 1990, S. 59, 72.

661 *Englisch*, in: Hölters/Weber, AktG, 4. Aufl. 2022, § 243 Rn. 53.

dem die Anfechtung auch darauf gestützt werden kann, dass ein Aktionär mit der Ausübung des Stimmrechts für sich oder einen Dritten Sondervorteile zum Schaden der Gesellschaft oder der anderen Aktionäre zu erlangen suchte und der Beschluss geeignet ist, diesem Zweck zu dienen. Auch das Wettbewerbsverbot der Gesellschafter aus §§ 112[662], 113[663] HGB lässt sich auf die gesellschaftsrechtliche Treuepflicht zurückführen. Eine weitere spezielle Ausprägung stellt § 311 AktG dar, der die faktische Konzernierung, nämlich die Einflussnahme des herrschenden Unternehmens auf die abhängige Gesellschaft betrifft.[664] Die Norm will jedoch eine nachteilige Einflussnahme nicht schlechthin verbieten, sondern enthält auch die Zulassung des faktischen Konzerns unter den Prämissen der § 311 Abs. 1 und Abs. 2 AktG.[665] Gleiches gilt für den in § 254 AktG geregelten Anfechtungsgrund der übermäßigen Rücklagenbildung durch Hauptversammlungsbeschluss, der den Schutz der Minderheit vor einer „Aushungerung" durch die Mehrheit bezweckt.[666] Schließlich zählt *Lutter* zu dieser Normenkategorie auch § 117 AktG, der es einflussreichen Gesellschaftern verbietet, ihren Einfluss auf Organe der Gesellschaft zu verwenden, um Mitaktionäre zu schädigen sowie § 304 AktG (Angemessener Ausgleich im Rahmen eines Gewinnabführungsvertrags) und § 305 AktG (Erfordernis einer Abfindungsvereinbarung im Rahmen eines Beherrschungs- oder ein Gewinnabführungsvertrags).[667]

---

662 BGH, Urt. v. 5.12.1983 – II ZR 242/82, BGHZ 89, 162 = NJW 1984, 1351; BGH, Urt. v. 4.12.2001 – X ZR 167/99, NJW 2002, 1046, 1047; OLG Köln, Urt. v. 10.1.2008 – 18 U 1/07, NZG 2009, 306, 307; *Haas*, in: Röhricht/Graf von Westphalen/Haas, HGB, 5. Aufl. 2019, § 112 Rn. 1; *Fleischer*, in: MünchKommHGB, 5. Aufl. 2022, § 112 Rn. 5; *Roth*, in: Hopt, HGB, 42. Aufl. 2023, § 112 Rn. 1; *Lieder*, in: Oetker, HGB, 7. Aufl. 2021, § 112 Rn. 3; *Hüffer*, FS Steindorff, 1990, S. 59, 72.

663 OLG Köln, Urt. v. 10.1.2008 – 18 U 1/07, NZG 2009, 306, 307; *Fleischer*, in: MünchKommHGB, 5. Aufl. 2022, § 113 Rn. 17, 32; *Roth*, in: Hopt, HGB, 42. Aufl. 2023, § 113 Rn. 10; *Hüffer*, FS Steindorff, 1990, S. 59, 72.

664 *Koch*, in: Hüffer/Koch, AktG, 16. Aufl. 2022, § 311 Rn. 1, 52; *Lutter*, AcP 180 (1980), 84, 114, 115; *Grigoleit*, in: ders., AktG, 2. Aufl. 2020, § 311 Rn. 7; *Habersack*, in: Emmerich/Habersack, Konzernrecht, 10. Aufl. 2022, § 311 Rn. 89.

665 *Koch*, in: Hüffer/Koch, AktG, 16. Aufl. 2022, § 311 Rn. 1.

666 LG Stuttgart, Urt. v. 28.7.2020 – 31 O 4/20 KfH, BeckRS 2020, 21592 Rz. 35 = juris; *Stilz/Schumann*, in: Spindler/Stilz, BeckOGK, AktG, § 254 2; *Lutter*, JZ 31 (1976), 225, 227 ff.; Im Hinblick auf das GmbH-Recht vgl. OLG Koblenz, Urt. v. 1.2.2018 – 6 U 442/17, GmbHR 2018, 1016, 1018; sowie *Heusel/Goette*, GmbHR 2017, 385, 390.

667 *Lutter*, JZ 31 (1976), 225, 228 ff.

TEIL 4

Begründung vormitgliedschaftlicher Treuepflichten

§1 Der gordische Knoten zwischen Mitgliedschaft und Treuepflicht

Möchte man die gesellschaftsrechtliche Treuepflicht auf den vormitgliedschaftlichen Bereich ausdehnen, stellt sich zunächst die Frage des richtigen Anknüpfungspunktes. Dieser hängt freilich davon ab, welche rechtsfunktionelle bzw. rechtsdogmatische Grundlage man zur (allgemeinen) Begründung von gesellschaftsrechtlichen Treuepflichten heranzieht. *Martin Weber* stellt in diesem Zusammenhang die vielfach vertretene Auffassung, zwischen dem Grundsatz von Treu und Glauben nach § 242 BGB und der gesellschaftsrechtlichen Treuepflicht sei scharf zu unterscheiden, in Frage.[668] Beide Rechtsinstitute würden sich aufgrund ihres „offenen" (und ausfüllungsbedürftigen) Tatbestands nämlich ähneln, wobei der gesellschaftsrechtlichen Treuepflicht auch die Funktion einer Generalklausel zukomme.[669]

Ferner sieht er die Einwirkungsmöglichkeit als Zentrum der Treuepflichtproblematik. Denn Einwirkungen auf das Gemeinschaftsverhältnis wie auf Mitgliederinteressen seien nicht nur durch pflichtwidrige Ausfüllung eingeräumter Ermessensspielräume möglich, sondern auch durch deren Überschreitung, und nicht nur durch den Missbrauch einer eingeräumten Rechtsstellung, sondern auch durch das Ausnutzen faktischer Machtstellungen, die mit dem Gemeinschaftsverhältnis in Zusammenhang stünden.[670] Dies müsse im Übrigen nicht notwendigerweise ein mitgliedschaftlich vermittelter Zusammenhang sein, auch Fremdorgane würden aufgrund ihrer gesellschaftlichen Einwirkungsmöglichkeiten ebenfalls gesteigerten Treubindungen aufgrund des Gemeinschafts- und nicht nur des Angestelltenverhältnisses unterliegen. Für andere Nichtgesellschafter könne das aus ähnlichen, gesellschaftsbezogenen Einwirkungsgefahren entspringenden Gründen ebenso gelten, wie dies z.B. der Fall eines ausnahmsweise auch

---

668 *Weber*, Vormitgliedschaftliche Treubindungen, 1999, S. 133; Zur Untersuchung von *Martin Weber*, bereits im Vorstadium einer Mitgliedschaft gesellschaftsrechtliche Treubindungen anzunehmen, auch *Dembski*, Gesellschaftsrechtliche Treubindungen, 2009, S. 130 ff.

669 *Weber*, Vormitgliedschaftliche Treubindungen, 1999, 136, 137; Ausführlich zu dieser Thematik *Reidt*, Die mitgliedschaftliche Treupflicht als gesellschaftsrechtliche Generalklausel, 2021.

670 *Weber*, Vormitgliedschaftliche Treubindungen, 1999, 146, 147 mit Verweis auf das „ITT"-Urteil.

auf Unterbeteiligte durchschlagenden treugebundenen Wettbewerbsverbots zeige.[671]

Ferner geht er auf Fallkonstellationen ein, in denen Nichtmitglieder auf Grund eines qualifizierten Gesellschaftsbezugs in die Wirkung gesellschaftlicher Treubindungen miteinbezogen werden und somit gesellschaftsrechtliche Treubindungen begründet werden können. Als größere Gruppe dieser Fallkonstellation nennt er dabei Treubindungen im Rahmen mittelbarer Beteiligungsverhältnisse, die das Gegenstück zur Erstreckung mitgliedschaftlicher Treuepflichten in den außergesellschaftlichen Bereich darstellen würden. In beiden Fällen der Treuepflichterstreckung sei ein qualifizierter Gesellschafterbezug erforderlich, um derartige Treubindungslagen zu legitimieren.[672] Bei der Erstreckung der mitgliedschaftlichen Treuepflicht auf den außergesellschaftlichen Bereich, z.B. bei Wettbewerbsverboten oder Drittforderungen, beruhe der gesellschaftliche Bezug auf Einwirkungsmöglichkeiten des Gesellschafters auf die Gesellschaft, die nicht mehr mitgliedschaftlich in dem Sinne vermittelt seien, dass sie unmittelbar auf einen Gebrauch von Mitgliedschaftsrechten zurückgeführt werden können. Bei Treubindungen im Verhältnis zu mittelbar Beteiligten resultiere der gesellschaftliche Bezug dagegen aus dem Gebrauch mitgliedschaftlicher Rechte, nämlich der mitgliedschaftlichen Stellung des unmittelbar Beteiligten.[673]

Neben der Erstreckung von Treuepflichten auf den außergesellschaftlichen Bereich soll unter bestimmten (engen) Voraussetzungen auch eine vorauswirkende Treubindung künftiger Gesellschafter in Betracht kommen – ein rechtsfortbildend zu entwickelnder Treubindungsbereich also, bei dem im Hinblick auf die künftige Mitgliedschaft gesellschaftsrechtliche Verhaltenspflichten in gewissem Umfang bereits auf (Noch-)Nichtmitglieder ausstrahlen.[674] In beiden Fällen würden „Dritte" – i.S.v. Mitgliedern in ihrer außergesellschaftlichen Stellung oder Nichtmitglieder – aus gesellschaftlichen Gründen heraus nicht mehr (ausschließlich) als Dritte angesehen.[675]

---

671 *Weber*, Vormitgliedschaftliche Treubindungen, 1999, S. 147.
672 *Weber*, Vormitgliedschaftliche Treubindungen, 1999, S. 154.
673 *Weber*, Vormitgliedschaftliche Treubindungen, 1999, S. 154.
674 *Weber*, Vormitgliedschaftliche Treubindungen, 1999, S. 177.
675 *Weber*, Vormitgliedschaftliche Treubindungen, 1999, S. 178.

§2 Erstreckung von Treuepflichten auf den außergesellschaftlichen Bereich

Neben drittorganschaftlichen (z.B. Fremdorganschaft sowie die Handelndenhaftung nach § 11 Abs. 2 GmbHG, § 41 Abs. 1 S. 2 AktG) und nachmitgliedschaftlichen Verhaltensbindungen[676] (z.B. aufgrund von nachvertraglichen Wettbewerbsverboten) seien hierzu auch quasideliktische (z.B. die aktienrechtliche Haftungsklausel nach § 117 AktG und die Gründerhaftung nach §§ 46 ff. AktG bzw. § 9a GmbHG, bei der auch Hintermänner als „Dritte" erfasst werden), quasigesellschafterliche sowie vormitgliedschaftliche Verhaltensbindungen zu zählen.[677]

Unter den quasigesellschafterlichen Verhaltensbindungen[678] werden dabei Treuepflichten aufgrund von Nichtmitgliedern zustehenden Einwirkungsmöglichkeiten (z.B. aufgrund von Gesellschafterabsprachen) verstanden, die nicht rein schuldrechtlichen, sondern auch gesellschaftsrechtlichen Ursprungs sind.[679] Dies zeigten bereits der fehlerhafte Beitritt in und der fehlerhafte Austritt aus einer Personengesellschaft, auf welche die Anwendbarkeit der Lehre von der fehlerhaften Gesellschaft[680] anerkannt ist.[681] So wird der fehlerhaft Beigetretene für die Vergangenheit als Gesellschafter behandelt und auch dem fehlerhaft Ausgeschlossenen steht im Innenverhältnis das Recht zu, bei Wiedereintritt so gestellt zu werden, als habe er seine gesellschafterliche Stellung nie verloren.[682]

Ein weiterer Fall der quasigesellschafterlichen Bindung sind die Bindung von Legitimationsaktionären (i.S.v. § 129 Abs. 3 AktG) und Stimmrechtsbevollmächtigten (vgl. § 47 Abs. 3 GmbHG, § 134 Abs. 3 AktG) als Dritte,

---

676 Zur nachmitgliedschaftlichen Treuepflicht ausführlich *Dembski*, Gesellschaftsrechtliche Treubindungen, 2009, S. 137 ff.

677 *Weber*, Vormitgliedschaftliche Treubindungen, 1999, S. 183 ff.

678 Vgl. hierzu auch BGH, Urt. v. 29.9.2015 – II ZR 403/13, BGHZ 207, 54 = NJW 2015, 3789; *Lubberich*, DNotZ 2016, 416 ff.

679 *Weber*, Vormitgliedschaftliche Treubindungen, 1999, S. 183, 184.

680 Allgemein hierzu *Heidel*, in: Dauner-Lieb/Langen, BGB, 4. Aufl. 2021, § 705 Rn. 223 ff.

681 *Schöne*, in: Hau/Poseck, BeckOK, BGB, § 705 Rn. 94, 95.

682 *Schöne*, in: Hau/Poseck, BeckOK, BGB, § 705 Rn. 94, 95; *Weber*, Vormitgliedschaftliche Treubindungen, 1999, S. 186 unter Bezugnahme auf *K. Schmidt*, Gesellschaftsrecht, § 6 IV 2 b, S. 140.

da diesen Einwirkungsmöglichkeiten auf die Geschicke der Gesellschaft zukommen.[683]

Ebenso gilt dies – aufgrund der Einflussmöglichkeiten des mittelbar Beteiligten – bei mittelbaren Beteiligungen (so insbesondere bei (atypischen) Unterbeteiligungs- und Treuhandverhältnissen[684] sowie bei der (atypischen) stillen Gesellschaft[685]).[686]

Schließlich können auch in den Fällen der Betriebsaufspaltung und im mehrstufigen Konzern (bei wirtschaftlicher Betrachtungsweise)[687], durch die Kapitalerhaltungsvorschriften (Finanzierungsverantwortung des Sicherungsnehmers als Dritten)[688], durch Stimmrechtsbündelung bei einem Nichtgesellschafter als Stimmrechtsvertreter,[689] beim Auskauf von Anfechtungsklagen (eines Minderheitsgesellschafters durch einen eigennutzorientierten Nichtgesellschafter)[690] sowie bei Wandel- und Optionsrechten (aufgrund eines Zugriffsrechts)[691] in ähnlicher Weise Treuebindungen bestehen.

Unter besonders qualifizierten Voraussetzungen komme auch unter Aktienzeichnern eine Treuepflichtverletzung in Betracht, insoweit sich der Gesichtspunkt des außergesellschaftlichen Schadens als (vor-)mitgliedschaftlich vermittelter überwinden lasse.[692] Ebenso könnten im Zusammenhang

---

683 *Jaeger*, in: Oppenländer/Trölitzsch, HdB GmbH-Geschäftsführung, 3. Aufl. 2020, Kap. 7, § 19 Rn. 66; *Liebscher*, in: Reichert, GmbH & Co. KG, 8. Aufl. 2021, Kap. 5, § 17 Rn. 142 ff; *Weber*, Vormitgliedschaftliche Treubindungen, 1999, S. 187–190.

684 Vgl. BGH, Urt. v. 29.9.2015 – II ZR 403/13, BGHZ 207, 54 = NJW 2015, 3789.

685 *Wedemann*, in: Oetker, HGB, 7. Aufl. 2021, § 230 Rn. 92–94; *Gehrlein*, in: Joost/Strohn, HGB, 4. Aufl. 2020, § 230 Rn. 42, 43.

686 Vgl. zur mittelbaren Vinkulierung *Weller/Reichert*, in: MünchKommGmbHG, 4. Aufl. 2022, § 15 Rn. 379; *Weber*, Vormitgliedschaftliche Treubindungen, 1999, S. 191 ff.

687 *Habersack*, in: Emmerich/Habersack, Konzernrecht, 10. Aufl. 2022, Anh. § 318 Rn. 28; *Liebscher*, in: MünchKommGmbHG, 4. Aufl. 2022, Anh. § 13 Rn. 433 ff.; *Weber*, Vormitgliedschaftliche Treubindungen, 1999, S. 199 f.

688 Vgl. BGH, Urt. v. 14.12.1959 – II ZR 187/57, BGHZ 31, 258 = NJW 1960, 285; Zur Finanzierungsverantwortung des Treugebers *Grage*, RNotZ 2005, 251-276, 267; *Weber*, Vormitgliedschaftliche Treubindungen, 1999, S. 201 f.

689 Zum Streitstand vgl. *Arnold*, in: MünchKommAktG, 5. Aufl. 2022, § 135 Rn. 156 ff; *Weber*, Vormitgliedschaftliche Treubindungen, 1999, S. 203 f.

690 *Weber*, Vormitgliedschaftliche Treubindungen, 1999, S. 205 f.

691 *Weber*, Vormitgliedschaftliche Treubindungen, 1999, S. 207 ff.

692 *Weber*, Vormitgliedschaftliche Treubindungen, 1999, S. 212.

mit gesellschaftsschädigenden Finanzierungsstrategien beim Management Buy-Out vormitgliedschaftliche Treubindungen relevant sein.[693]

§3 Erstreckung von Treuepflichten auf (Noch-) Nichtmitglieder

I. Das allgemeine Zivilrecht mit vor- und nachwirkenden Treuepflichten

Die Vorstellung, dass Treuepflichten in Vertragsverhältnissen nachwirken können suggeriere zum einen, dass es eine Zäsur gebe, über die Treuepflichten trotz Vertragsbeendigung hinauswirken und dass das „Nachwirken" eine Ausnahme zu der Regel sei, dass eine Pflichtenbindung nur temporär bestehe.[694]

Dass dies nicht ohne weiteres gelten könne, zeige bereits das Beispiel des Rücktritts vom Vertrag. Nach § 346 Abs. 1 BGB wandelt sich in einem solchen Fall der Vertrag in ein Rückgewährschuldverhältnis mit gegenseitigen Rechten und Pflichten um.[695] Auch bei Beendigung „ungestörter" Vertragsverhältnisse entstünden lediglich keine neuen Hauptpflichten – bestehende müssen jedoch weiterhin erfüllt werden. Gleiches gilt für Nebenpflichten, insbesondere Schutzpflichten, die nicht nur „nachwirken", sondern von der Vertragsanbahnung bis ins Abwicklungsstadium fortwirken.[696] Nebenpflichten können allerdings unterschiedlich (intensiv)[697] ausdifferenziert sein: unselbständige[698] und selbständige[699] Nebenpflichten, von der Hauptpflicht

---

693 *Weber*, Vormitgliedschaftliche Treubindungen, 1999, S. 212 f.

694 *Weber*, Vormitgliedschaftliche Treubindungen, 1999, S. 216.

695 *Schall*, in: BeckOGK, BGB, § 346 Rn. 153 ff.; *Hager*, in: Dauner-Lieb/Langen, BGB, 4. Aufl. 2021, § 346 Rn. 14; *Weber*, Vormitgliedschaftliche Treubindungen, 1999, S. 216.

696 Vgl. *Ernst*, in: MünchKommBGB, 9. Aufl. 2022, § 280 Rn. 16; *Bachmann*, in: MünchKommBGB, 9. Aufl. 2022, § 241 Rn. 53 f.; *Weber*, Vormitgliedschaftliche Treubindungen, 1999, S. 216.

697 Vgl. z.B. *Kneller*, in: Hau/Poseck, BeckOK, BGB, § 654 Rn. 18.

698 Vgl. z.B. *Pauli*, in: Bengel/Reimann, HdB Testamentsvollstreckung, 7. Aufl. 2020, § 6 Rn. 249.

699 *Bachmann*, in: MünchKommBGB, 9. Aufl. 2022, § 241 Rn. 68.

akzessorische und nicht akzessorische Nebenpflichten,[700] Nebenpflichten, die durch das Vertragsverhältnis überhaupt erst ausgelöst werden usw. Diese Pflichtenbündel können dabei weitgehend willensunabhängig bestehen und einen äußeren Vertragsrahmen bilden, in den der voluntative Vertragskern mit wechselseitiger Ausstrahlungswirkung eingebettet ist. Ob man die einzelnen (Neben-)Pflichten nun als Treuepflichten oder anders bezeichnet, sei meist nur noch eine Frage der Terminologie.[701]

Diese Überlegungen könnten nun in ähnlicher Weise auf den vorvertraglichen Bereich übertragen werden – jedoch nicht spiegelbildlich, da im vorvertraglichen Bereich der spätere Vertrag noch gar nicht existiere.[702]

II. Vorvertragliche Haftung aus culpa in contrahendo

Für eine vorvertragliche Haftung aus culpa in contrahendo (c.i.c) wird das Bestehen einer Sonderverbindung vorausgesetzt,[703] wobei eigenständig entwickelte Pflichten dieses Feld abstecken.[704] Der durch die c.i.c. gewährte Vertrauensschutz soll dabei zwar unabhängig vom späteren Vertrag bestehen, zur Abgrenzung von rein deliktischen Haftungsfällen aber auch nicht völlig losgelöst von diesem sein.[705] Statt eines Mittelwegs zwischen Vertrag und Delikt präferiert es *Weber* vielmehr von einem Kontinuum zwischen allgemein deliktischer und bereichsspezifisch vertraglicher Sphäre auszugehen.[706] Es sei der gesamte Vertragsanbahnungsprozess[707] zu berücksichtigen, der die Anforderungen an vorvertragliche Aufklärungs- und Sorgfaltspflichten

---

[700] Vgl. z.B. *Reichold*, in: Kiel/Lunk/Oetker, MHdB Arbeitsrecht, 5. Aufl. 2021, § 53 Rn. 12.

[701] *Weber*, Vormitgliedschaftliche Treubindungen, 1999, S. 217; Vgl. auch *Reichold*, in: Kiel/Lunk/Oetker, MHdB Arbeitsrecht, 5. Aufl. 2021, § 53 Rn. 1.

[702] *Weber*, Vormitgliedschaftliche Treubindungen, 1999, S. 218.

[703] *Emmerich*, in: MünchKommBGB, 9. Aufl. 2022, § 311 Rn. 40; *Dieckmann*, in: Grunewald/Maier-Reimer/Westermann, Erman BGB, 16. Aufl. 2020, § 311 Rn. 23; Vgl. *Keilmann*, JA 2005, 500, 501; *Bachmann*, in: MünchKommBGB, 9. Aufl. 2022, § 241 Rn. 4; *Mansel*, in: Stürner, Jauernig BGB, 18. Aufl. 2021, § 241 Rn. 1.

[704] Vgl. *Stadler*, in: Stürner, Jauernig BGB, 18. Aufl. 2021, § 311 Rn. 36; *Emmerich*, in: MünchKommBGB, 9. Aufl. 2022, § 311 Rn. 50, 60 ff.

[705] *Weber*, Vormitgliedschaftliche Treubindungen, 1999, S. 219; *Stadler*, in: Stürner, Jauernig BGB, 18. Aufl. 2021, § 311 Rn. 35.

[706] *Weber*, Vormitgliedschaftliche Treubindungen, 1999, S. 219, 220.

[707] Vgl. auch *Becker*, in: Dauner-Lieb/Langen, BGB, 4. Aufl. 2021, § 311 Rn. 42 ff.

bestimme.[708] Vor diesem Hintergrund spiele der Zeitpunkt, zu dem das zu sanktionierende dolose Verhalten auftritt – also ob von Anfang an oder erst während der Vertragsverhandlungen – keine Rolle (Haftung für die Begründung falscher oder die Aufrechterhaltung unbegründet gewordener Abschlusserwartungen).[709] Gleiches gelte, wenn sich ein redliches in ein (von der Vertragsfreiheit nicht erfasstes) unredliches Verhalten umschwinge. Abzugrenzen hiervon seien jedoch Fälle, in denen der Vertragspartner ohne Schädigungsabsicht vom Vertragsabschluss „innerlich aussteigt" (Haftung für aufklärungsverschuldensfreien Verhandlungsabbruch[710]). Hier würden die allgemeinen Rücksichts- und Sorgfaltsanforderungen von den Erwartungen der Gegenseite abhängen, die im Vertragsanbahnungsprozess zunehmend größer und erkennbarer werden.[711] Der Vorwurf ist dabei anders als im ersten Fall nicht das dolose Verhalten, sondern das treuwidrige Hinwegsetzen über (mindestens mit-)veranlasste Erwartungen. Da jedoch die gegenseitige Entschließungs- und Vertragsfreiheit zu berücksichtigen sei, orientiere sich die prozessabhängige Pflichtenlage an dieser Gegenseitigkeit. Der jeweils erreichte Stand dieses Prozesses spiegele sich wiederum in dem (objektiv) erkennbaren Erwartungshorizont der anderen Vertragsseite wider.[712]

III. Vorvertragliche Haftung im Gesellschaftsrecht aus vorauswirkender Treuepflicht

1. Die prozessuale Betrachtungsweise des Mitgliedschaftserwerbs

Zunächst sei zwischen originärem und derivativem Mitgliedschaftserwerb und Anteilshandel keine strikte Trennung vorzunehmen, wie dies das Schema

---

708 *Weber*, Vormitgliedschaftliche Treubindungen, 1999, S. 219, 220.

709 *Weber*, Vormitgliedschaftliche Treubindungen, 1999, 224, 225; Vgl. auch *Lorenz*, JuS 2015, 398, 399; für den Abbruch von Verhandlungen bei formbedürftigen Verträgen BGH, Urt. v. 29.3.1996 – V ZR 332/94, NJW 1996, 1884.

710 Zur Fallgruppe der abgebrochenen Vertragsverhandlungen siehe auch *Dauner-Lieb*, in: Ernst/Zimmermann, Zivilrechtswissenschaft und Schuldrechtsreform, 2001, S. 305, 318 f.

711 *Weber*, Vormitgliedschaftliche Treubindungen, 1999, S. 225; Vgl. auch *Becker*, in: Dauner-Lieb/Langen, BGB, 4. Aufl. 2021, § 311 Rn. 55; *Emmerich*, in: MünchKommBGB, 9. Aufl. 2022, § 311 Rn. 193 ff.

712 *Weber*, Vormitgliedschaftliche Treubindungen, 1999, S. 225; Vgl. auch *Becker*, in: Dauner-Lieb/Langen, BGB, 4. Aufl. 2021, § 311 Rn. 55.

der strikten Sphärentrennung zwischen Gesellschafts- und allgemeinem Zivilrecht vorgebe; vielmehr sei auch hier an die prozessuale Betrachtungsweise des werdenden Vertrags anzuschließen.[713] Denn beide Rechtsgebiete seien auf unterschiedlichste Art verzahnt, was im Hinblick auf den Mitgliedschaftserwerb und den Mitgliederwechsel im Bereich der Personengesellschaft besonders deutlich werde[714] (z.B. Gesellschaftereintritt im Todesfall, Anteilsübertragung kraft Zustimmung aller Gesellschafter, Zustimmungsanfechtung, Rechtsmängelhaftung nach endgültiger Versagung der Zustimmung bei unabhängig davon weiterhin wirksamen Verpflichtungsgeschäften).[715]

2. Haftung aus c.i.c. aus dem Gesichtspunkt der Vertragsanbahnung

Knüpft man nun an eine prozessuale Betrachtungsweise an, stelle sich die Alternative einer zivilrechtlichen oder (prozessorientierten) gesellschaftsrechtlichen Sichtweise.[716] Für ersteres spreche bereits die Handhabbarkeit über die c.i.c. als ausgefeiltes Instrument: gehen dem Beteiligungserwerb Vertragsverhandlungen voraus, treffen den Erwerber – wie jeden Kaufinteressenten sonst auch – zunächst die Pflichten einer redlichen Verhandlungsführung [717](vgl. hierzu bereits oben, unter § 3 Teil 4:§ 3II). Wählt man diesen Weg, finden auch die Fortentwicklungen des Rechtsinstituts der c.i.c. Anwendung,[718] also z.B. die Haftung unter Verhandlungs-, Verschuldens-[719] oder Vertrauensverzichts[720]. Diese genannten Fortentwicklungen beruhen dabei auf funktionalen (also sach- statt personengebundenen) Gesichtspunkten, die Anwendungsbreite und -tiefe der c.i.c. bestimmen. Funktionale

---

[713] *Weber*, Vormitgliedschaftliche Treubindungen, 1999, S. 226.

[714] *Weber*, Vormitgliedschaftliche Treubindungen, 1999, S. 228.

[715] *Weber*, Vormitgliedschaftliche Treubindungen, 1999, S. 226-230.

[716] *Weber*, Vormitgliedschaftliche Treubindungen, 1999, S. 230.

[717] Vgl. auch AG München, Urt. v. 18.10.2012 - 423 C 14869/12 = BeckRS 2013, 4660; LAG München, Urt. v. 08.04.2008 - 6 Sa 678/07 = BeckRS 2009, 67690; *Lehmann*, ZEuP 2009, 693, 706.

[718] *Weber*, Vormitgliedschaftliche Treubindungen, 1999, 230, 231.

[719] Vgl. BGH, Urt. v. 16.11.1967 – III ZR 12/67, BGHZ 49, 79 = NJW 1968, 547; BGH, Urt. v. 22.2.1973 – VII ZR 119/71, BGHZ 60, 221 = NJW 1973, 752; BGH, Urt. v. 26.3.1981 – VII ZR 185/80, NJW 1981, 1673; BGH, Urt. v. 23.9.1982 – III ZR 196/80, NJW 1983, 442; BGH, Urt. v. 8.11.1984 – VII ZR 51/84, NJW 1985, 1466.

[720] Vgl. BGH, Urt. v. 22.3.1982 – II ZR 114/81, BGHZ 83, 222 = NJW 1982, 1514.

Gesichtspunkte seien es auch, die in gesellschaftsrechtsbezogenen Fällen, nämlich insbesondere solche der Gründerhaftung, deutlich im Vordergrund stünden[721] (z.B. Prospekthaftung, Haftung des Geschäftsführers einer nicht eingetragenen GmbH, der neue Gesellschafter über wesentliche Umstände täuscht, Haftung für unterlassene Hinweise auf eine zweifelhafte Kreditwürdigkeit bei Geschäftsabschlüssen mit Dritten, Haftung gegenüber Mitgründern, weil ein bestimmtes Gründerverhalten die Gründung selbst gefährdet). Schließlich könnte über die Heranziehung funktionaler Gesichtspunkte die Anwendung der c.i.c. im vormitgliedschaftlich marktbezogenen Bereich des Anteilshandels wesentlich breitflächiger erfolgen.[722]

3. Gesellschaftsrechtsspezifische Grenzen vorvertraglicher Haftung

Dennoch sei auch eine unter dieser Betrachtungsweise (u.a. mit Drittschutzwirkungen) „hochgerüstete" c.i.c. schon vom Ansatz her nicht auf die doppelte Ausrichtung spezifisch gesellschaftsvertraglicher Bindungen eingerichtet.[723] Würde man über Drittschutzwirkungen Rücksichtnahmepflichten des (Noch-)Mitglieds (Veräußerer) auf das (Noch-)Nichtmitglied (Erwerber) verlagern, so wäre dies eine quasigesellschafterliche Bindung Dritter, für die der c.i.c. eigene „Erstreckungskompetenzen" fehlen. Da es hier außerdem nicht um das vorvertragliche Stadium eines Rechtskaufs, sondern um das vormitgliedschaftliche Stadium eines Gesellschaftsvertrags geht, sei ein Rückgriff nur auf gesellschafterliche Pflichtenbindungen möglich. Allein im Bereich der Vertragsverhandlung bzw. Vertragsanbahnung sei eine Überschneidung von vorvertraglichen und vormitgliedschaftlichen Verhaltenspflichten gegeben.[724]

Dieser Auffassung ist beizutreten. Unter Geltung des § 311 Abs. 2, 3 BGB werden für das deutsche materielle Recht – viele andere europäische Rechtsordnungen kennen diese Rechtsfigur als solche nicht – vier Fallgruppen herausgearbeitet: (1) Aufklärungs- und Beratungspflichten, (2) Abbruch von Vertragsverhandlungen, (3) Eigenhaftung von Vertretern und Sachwaltern,

---

[721] *Weber*, Vormitgliedschaftliche Treubindungen, 1999, S. 182.
[722] *Weber*, Vormitgliedschaftliche Treubindungen, 1999, S. 231.
[723] *Weber*, Vormitgliedschaftliche Treubindungen, 1999, S. 232.
[724] *Weber*, Vormitgliedschaftliche Treubindungen, 1999, S. 232.

(4) Obhuts- und Erhaltungspflichten.[725] Im Hinblick auf das Zustandekommen gesellschaftsrechtlicher Verhältnisse ist dabei richtigerweise zwischen vertragsrechtlichen und originär gesellschaftsrechtlichen Elementen bzw. Prozessen zu differenzieren. Sofern es – wie von *Weber* dargestellt – um die vertragsrechtliche Komponente, also die Vertragsanbahnung geht, erscheint ein Rückgriff auf die c.i.c. sinnvoll und fügt sich in die Fallgruppenbildung ein. Denn schließlich macht es im Hinblick auf allgemeine zivilrechtliche Grundsätze keinen Unterschied, ob es etwa um die Anbahnung eines Kaufvertrages oder eben um die Anbahnung eines Gesellschaftsvertrages geht. In beiden Fällen sind vorvertragliche Pflichtverletzungen denkbar. Freilich sind die in dem Vertragsanbahnungsprozess bestehenden Pflichten qualitativ anderer Natur als die Pflichten nach Beendigung dieses Prozesses. Denn mit Aufnahme in den Verband beginnen unstreitig die gesellschaftsrechtlichen Treuepflichten, die von ihrem Wesen her insoweit ein „Plus" gegenüber vorvertraglichen Pflichten darstellen, als sie Loyalität- und Zweckförderungspflichten begründen (hierzu siehe bereits Teil 3:§ 3). Vergleichbar ist dies mit der Eingehung der Ehe und Aufnahme in die Familie des jeweils anderen. Im vorehelichen Bereich wird man (jedenfalls ethisch) Rücksichtnahmepflichten annehmen können, die sich mit der Eheschließung derart verdichten, dass die Ehegatten gem. § 1353 Abs. 1 S. 2 BGB einander zur ehelichen Lebensgemeinschaft verpflichtet sind und füreinander die Verantwortung tragen.[726] Diese Pflichten auf den vorehelichen Bereich über die c.i.c. auszudehnen wird kaum gelingen, da dies zum einen nicht zu den soeben genannten Fallgruppen passt und zum anderen zu einer quasiehelichen Bindung führen würde, mithin die Funktion der c.i.c. überstrapaziert. Auf der Hand liegt es jedoch auch, dass bei ethischer Betrachtung die eheliche Treuepflicht – etwa nicht fremd zu gehen – auch im Eheanbahnungsprozess gilt, also „vorwirkt", aber nicht von der c.i.c. erfasst werden kann. Ähnlich haben auch gesellschaftsrechtliche Treuepflichten einen ethischen Charakter (mit normativer Anknüpfung in § 242 BGB, s. hierzu Teil 3:§ 2III.), der allein aus der (vor-)mitgliedschaftlichen Stellung heraus, jedoch nicht mithilfe der c.i.c. erfasst werden kann.

---

[725] *Junker*, in: MünchKommBGB, 8. Aufl. 2021, Art. 12 Rom II-VO Rn. 14 ff.; *Stadler*, in: Stürner, Jauernig BGB, 18. Aufl. 2021, § 311 Rn. 60 ff.

[726] Dies sogar in einem solchen Maße, dass die eheliche Vertragsfreiheit zur Vereinbarung einer Gütertrennung ihre teleologische Grenze im Ausgleich ehebedingter Nachteile finden kann, so *Dauner-Lieb*, AcP 201 (2010), 580, 591 ff.

Anderenfalls entstünden – wie im Fall vom Shortseller-Aktivismus – Haftungslücken, da Vertragspartner der Gesellschafter wegen der Zwischenschaltung unterschiedlicher Intermediäre in der Regel nicht der Shortseller ist; hier hilft die c.i.c. also kaum weiter (siehe Teil 1:§ 1VI. und Teil 2:§ 2I.).

4. Quasigesellschafterliche Bindung von (Noch-) Nichtgesellschaftern

Da also richtigerweise nur ein Rückgriff auf gesellschafterliche Pflichtenbindungen möglich ist, komme es maßgeblich auf die Einwirkungskontrolle und Steuerung von Einwirkungsgefahren an, „die von Nichtmitgliedern infolge einer (im Einzelnen ganz unterschiedlichen) gesellschaftsbezogenen Stellung ausgehen".[727] Das Korrelat hierzu sei – wenn der Dritte wie ein Gesellschafter auf Gesellschaft und Gesellschafter einwirken kann – dessen quasigesellschafterliche Bindung. Dieser Grundgedanke rechtfertige weiterführend eine gesellschaftsrechtliche Steuerung von Gefahrenpotentialen, die direkt und personenidentisch *als* künftige intendierte Mitgliedschaft verlaufen.[728]

a) Sichere Erwartung einer künftigen Mitgliedschaft

Dies treffe zunächst für Situationen zu, in denen eine zukünftige Mitgliedschaft nahezu sicher sei und sowohl die Gesellschaft, die Gesellschafter als auch die Verwaltung vernünftigerweise darauf vorbereitet seien, weil der Erwerb der Mitgliedschaft zu einem bedeutenden Anteil führe. Dabei sei eine weitgehende Vergleichbarkeit mit den aufklärungsverschuldensfreien Fällen des Verhandlungsabbruchs gegeben. [729] Die Einflussnahmemöglichkeiten seien hierbei – anders als bei bloßen Kreditgebern oder Lieferanten – durch die (intendierte) künftige Mitgliedschaft, mithin durch einen spezifisch gesellschaftsrechtlichen Bezug, vermittelt.[730] Durch ein prozessuales Verständnis der Mitgliedschaft könne ferner eine Schnittmenge zwischen Mitgliedschaft und Nichtmitgliedschaft hergestellt werden, indem – im Hinblick auf vormitgliedschaftliche Bindungen – folgende Überlegungen vom Ende an den Anfang der Mitgliedschaft übertragen werden: Zum einen sei

---

[727] *Weber*, Vormitgliedschaftliche Treubindungen, 1999, S. 233.
[728] *Weber*, Vormitgliedschaftliche Treubindungen, 1999, S. 234.
[729] *Weber*, Vormitgliedschaftliche Treubindungen, 1999, S. 234.
[730] *Weber*, Vormitgliedschaftliche Treubindungen, 1999, S. 235.

ein ausscheidender Gesellschafter von dem Zeitpunkt an, in dem das Ende seiner Mitgliedschaft feststehe, in seinen legitimen Interessen „an der Mitsprache in den Angelegenheiten der Gesellschaft auf solche Entscheidungen begrenzt, die für (ihn) noch von wirtschaftlicher Bedeutung“ seien.[731] Zum anderen komme in der Übergangsphase vom Nochmitglied zum Nichtmitglied eine treugebundene Zustimmungspflicht zu bestimmten Maßnahmen in Betracht.[732]

Da es schließlich nur auf die oben näher bezeichneten Einwirkungsmöglichkeiten und nicht auf die tatsächliche Stellung (z.B. fehlerhafter Mitgliedschaftserwerb, vgl. oben Teil 4:§ 2) ankomme, sei eine vormitgliedschaftliche Bindung auch dann gerechtfertigt, wenn es zur künftigen Mitgliedschaft doch nicht komme – Anknüpfungspunkt der Einwirkungsmöglichkeiten sei nämlich nicht die künftige Mitgliedschaft selbst, sondern die sichere Erwartung einer solchen.[733]

b) Einseitiges Zugriffsrecht

Entsprechendes müsse für solche Fälle gelten, in denen die künftige Mitgliedschaft zwar nicht per se so gut wie sicher sei, mit ihr jedoch aufgrund eines einseitigen Zugriffsrechts immer gerechnet werden müsse (so bei Options- und Wandlungsrechten).[734]

c) Mitgliedschaftserwerb im Wege öffentlicher Übernahmeangebote

Eine den einseitigen Zugriffsrechten in Grenzen vergleichbare Lage schaffe darüber hinaus der Mitgliedschaftserwerb im Wege öffentlicher Übernahmeangebote, bei denen der Übergang der Mitgliedschaft mit einem Schlag eintrete und insofern ganz ähnliche Einwirkungsgefahren berge.[735]

d) Individuelle Vertragsverhandlungen

Schließlich soll auch bei zwischen Mitglied und Nichtmitglied erfolgenden Vertragsverhandlungen – losgelöst von einer Erweiterung der c.i.c. über Drittschutzkonstruktionen – eine vormitgliedschaftliche Bindung in

---

731 BGH, Urt. v. 24.5.1993 – II ZR 73/92, WM 1993, 1371, 1372 = NJW 1993, 2100.
732 BGH, Urt. v. 26.10.1983 – II ZR 87/83, BGHZ 88, 320, 328 = NJW 1984, 489.
733 *Weber*, Vormitgliedschaftliche Treubindungen, 1999, S. 235, 236.
734 *Weber*, Vormitgliedschaftliche Treubindungen, 1999, S. 236.
735 *Weber*, Vormitgliedschaftliche Treubindungen, 1999, S. 236.

Betracht kommen, wenn über das eigentliche Verhandlungsvertrauen hinaus treugebunden auch Interessen von Gesellschaft und Mitgesellschaftern zu berücksichtigen seien. Dies umso stärker, je deutlicher sich eine künftige Mitgliedschaft abzeichne.[736] Das Pflichtenbündel könne dabei, wie bei der c.i.c., sehr unterschiedlich ausgeprägt sein und von ausgesprochen quasi-deliktischen bis hin zu typisch gesellschaftsrechtlichen Pflichten reichen.[737]

Außerdem stünden viele der sich in den oben genannten Fallkonstellationen ergebenden Fragen – ebenso wie die Qualifikationsmerkmale, die über das Bestehen und die Intensität der vormitgliedschaftlichen Treubindungen entscheiden – in direktem Zusammenhang. All diesen Fallkonstellationen liege dabei die Korrelation vormitgliedschaftlicher Verhaltensanforderungen und typisch vormitgliedschaftlicher Einwirkungsgefahren zugrunde. Aus diesem einheitlichen Ansatz seien die einzelnen Verhaltenspflichten weiter auszudifferenzieren.[738]

e) Übertragung auf Shortseller-Aktivisten

Diese Grundsätze vorausgeschickt, ist auch die Bindung von Shortsellern an die vormitgliedschaftliche Treuepflicht zu bejahen. Maßgebliches Kriterium für eine solche Beurteilung sind dabei die Einwirkungskontrolle sowie die Einflussnahmemöglichkeiten. Diese sind jedoch nicht zwingend bereits aufgrund der sicheren Erwartung einer künftigen Mitgliedschaft vermittelt. Zwar ist es üblich, dass Shortseller zunächst im Rahmen eines Wertpapierdarlehens Aktien „leihen", sie veräußern und nach einem intendierten Kursverfall zu einem günstigeren Preis „zurück" erwerben, also wieder Gesellschafter werden. Zwingend ist dies aufgrund der Möglichkeit einer Lokalisierungszusage nach Art. 12 Abs. 1 lit. c) LeerverkaufsVO jedoch nicht (s. hierzu bereits Teil 1:§ 1V.1.), sodass die Mitgliedschaft in solchen Fällen nicht sicher erwartet werden kann. Kommt es wegen der Lokalisierungszusage zu keinem Zeitpunkt zu einem (Durchgangs-)Eigentumserwerb, scheidet insgesamt die Vorwirkung gesellschaftsrechtlicher Treuepflichten aus.[739] In den übrigen Fällen hingegen kann durchaus von einer sicher bevorstehenden Mitgliedschaft

---

736 *Weber*, Vormitgliedschaftliche Treubindungen, 1999, S. 237.

737 *Weber*, Vormitgliedschaftliche Treubindungen, 1999, S. 237.

738 *Weber*, Vormitgliedschaftliche Treubindungen, 1999, S. 237.

739 So zutreffend *Schäfer*, in: Assmann/Schütze/Buck-Heeb, Hdb-KapAnlR, 5. Aufl. 2020, 2. Teil, 6. Kap., § 21 Rn. 28.

gesprochen bzw. eine neue Fallgruppe gebildet und etwa als *quasigesellschafterliche Bindung wegen schädigenden Mitgliedschaftskarussells* bezeichnet werden. Gemeint ist, dass der Schädiger nur deshalb Gesellschafter (z.B. durch Aktienleihe), dann Nichtgesellschafter (durch Veräußerung der Aktien) und dann wieder Gesellschafter (durch Rückerwerb der Aktien) wird (daher der Begriff „Karussell"), um dem Zielunternehmen zu seinen eigenen Gunsten einen Schaden zuzufügen. Um nichts anderes geht es beim Shortseller-Aktivismus. Der Shortseller-Aktivist entledigt sich allein deshalb seiner Gesellschafterstellung, um durch negative Berichte einen Kursverfall herbeizuführen, um sodann wieder Gesellschafter zu werden und sich durch seinen Gewinn über alle anderen Aktionäre zu stellen. Diesen letzten Schritt muss er auch gehen, da er ansonsten ein Negativgeschäft auslöst. Bei Gesamtbetrachtung haben Shortseller-Aktivisten im Zeitpunkt der schädigenden Handlung also eine Stellung als Nichtmehrmitglied (wegen Veräußerung der Aktien) sowie als Noch-Nichtmitglied (wegen des erst bevorstehenden Rückerwerbs). Diese beiden Status vermitteln letztlich die erforderliche Einwirkungskontrolle bzw. Einflussnahmemöglichkeiten, die als Korrelat vormitgliedschaftliche Treuepflichten rechtfertigen. Wenn sowohl für den nachmitgliedschaftlichen Bereich[740] (vgl. Teil 4:§ 3I.) als auch für den vormitgliedschaftlichen Bereich (vgl. Teil 4:§ 3II.) einzelne Treuepflichten bejaht werden, muss dies erst recht und umso stärker gelten, wenn eine Doppelstellung bzw. Überschneidung beider Bereiche besteht.

§4 Zusammenfassung

Die Ausführungen in diesem Teil der Arbeit zeigen, dass bereits die Herleitung der „allgemeinen" gesellschaftsrechtlichen Treuepflicht uneinheitlich erfolgt und daher viel (theoretischen) Diskussionsstoff bietet. Dass es eine Treuepflicht im Gesellschaftsrecht gibt, ist jedoch allgemein anerkannt. Insofern ist eine weitergehende Diskussion um die Erstreckung der Treuepflicht auf den vormitgliedschaftlichen Bereich naheliegend und gerechtfertigt. Nichtsdestotrotz fehlt es – mit Ausnahme von *Martin Webers* Habilitationsschrift – an ausreichenden und vertieften wissenschaftlichen Auseinandersetzungen mit diesem Thema. Dabei bietet das moderne Zeitalter hinreichende

---

[740] Hierzu auch *Dembski*, Gesellschaftsrechtliche Treubindungen, 2009, S. 223 ff.

Möglichkeiten für die Anknüpfung an eine vormitgliedschaftliche Treuepflicht. Insbesondere die Ereignisse in den letzten Jahren rund um das Thema des Shortsteller-Aktivismus zeigen, dass große Unternehmen durch negative Berichterstattung in den Ruin getrieben werden können und Shortseller hiervon profitieren. Sofern hierin kein Fall der Marktmanipulation vorliegt, scheitert häufig eine Haftung. Nach Auffassung des Verfassers ist jedoch *Martin Weber* bei der Anerkennung vormitgliedschaftlicher Treuepflichten zu folgen und um eine weitere Fallgruppe, der *quasigesellschafterlichen Bindung wegen schädigenden Mitgliedschaftskarussells* zu ergänzen. Diese Bindung stellt vornehmlich das Korrelat zu der Einwirkungskontrolle und den Einflussnahmemöglichkeiten der Shortseller-Aktivisten dar.

TEIL 5

Resümee, Ergebnisse und Überlegungen de lege ferenda

In der pulsierenden Welt des Aktienhandels machen sich aktivistische Shortseller die Raffinesse von Leerverkäufen zunutze, um Differenzgewinne zu erzielen. Sie orchestrieren geschickt den Preisunterschied zwischen ursprünglich verkauften und später zurückgekauften Aktien, indem sie gezielt negative Berichte veröffentlichen. Wenn diese Berichte sich als ungenau herausstellen und lediglich darauf abzielen, den Aktienkurs stürzen zu lassen, wird dieses Manöver als Shortseller-Attacke bezeichnet.

In der Praxis beschaffen sich Shortseller die leer zu verkaufenden Aktien in der Regel im Wege der Aktienleihe, d.h. einem Wertpapiersachdarlehen i.S.d. §§ 607 ff. BGB. Sie werden mithin rechtlich Eigentümer. Wirtschaftlicher Eigentümer hingegen bleibt der Verleiher (Broker). Dieses Arrangement qualifiziert bereits als Leerverkauf. Dabei ist bemerkenswert, wie solche Shortseller-Attacken oft zu erheblichen Kursverlusten führen, die sowohl für das Zielunternehmen als auch für die Aktionäre schädlich sein können.

Inmitten dieses turbulenten Aktienmarktes erhebt sich für diejenigen, die durch den Kursdifferenzschaden – der ggf. im Wege der Schätzung nach § 287 ZPO zu ermitteln ist – ins Straucheln geraten, eine drängende Frage: Wie findet man festen Boden in Form einer effektiven Schadensersatzgrundlage? Allgemeinvertragliche und vertragsähnliche Pfade bieten hier keine Lösung. Denn zwischen den Shortsellern und Aktienkäufern webt sich ein Netzwerk von Brokern (Intermediäre), die in vielfältigen Rollen von Einkauf über Verkauf bis hin zur Vermittlung kommissionsmäßig agieren.

Ebenso wenig bietet die LeerverkaufsVO oder die MMVO klare Haftungsvorschriften. Und auch das WpHG schafft in dieser Angelegenheit keine Abhilfe.

Während deliktische Ansprüche aus § 823 Abs. 1 BGB wegen der Schutzlosigkeit bloßen Vermögens nicht in Betracht kommen, scheitern Ansprüche aus § 823 Abs. 2 BGB an dem Schutzgesetzcharakter kapitalmarktrechtlicher Vorschriften. Eine Haftung aus § 826 BGB zeigt sich nur bei extremen Szenarien als tragfähig.

Im gesellschaftsrechtlichen Kontext stößt eine Haftung aus § 280 Abs. 1 BGB – Verletzung der mitgliedschaftlichen Treuepflicht – an ihre Grenzen, weil Shortseller im Zeitpunkt der schädigenden Handlung (Veröffentlichung und Verbreitung des negativen Research Reports) nicht Gesellschafter sind.

In Betracht kommt jedoch die Verschiebung der Zeitachse dieser gesellschaftsrechtlichen Treuepflicht auf den Zeitpunkt der Veröffentlichung des

Research Reports. Dieser Ansatz kann als „vormitgliedschaftliche Treuepflicht" bezeichnet werden, der die die Tür zu einer Haftung der Shortseller aus § 280 Abs. 1 BGB öffnet. Dies hat zudem den großen Vorteil, dass das Vertretenmüssen der Treuepflichtverletzung vermutet wird, § 280 Abs. 1 Satz 2 BGB.

Die Möglichkeit einer solchen Ausdehnung hängt zunächst stark von der dogmatischen Grundlage der gesellschaftsrechtlichen Treuepflicht ab. Während die Meinungen hier sehr auseinander gehen, ist der Verfasser der festen Überzeugung, dass diese in § 242 BGB verankert ist. Der „Aktivierungsgrund" ist dabei die Einwirkungsmöglichkeit des Gesellschafters (ja, fast schon ein Zauberwort), die praktisch in dem Gesellschaftsverhältnis „ruht".

Dieses schlummernde Potential wiederum ist der Schlüssel zur Vorverlagerung der gesellschaftsrechtlichen Treuepflicht. Denn in den Fällen des Leerverkaufs mittels Wertpapierleihe steht die Gesellschafterstellung sicher bevor, da sich der Shortseller früher oder später mit den betreffenden Aktien wieder eindecken muss, um seiner Lieferverpflichtung aus dem Sachdarlehen nachkommen zu können. Die Vorwirkung als Korrelat zu den Einwirkungsmöglichkeiten des Shortsellers muss auch gerade deshalb gelten, weil sich der Shortseller-Aktivist nur deshalb seiner zuvor begründeten Gesellschafterstellung – kurzfristig – entledigt, um zu seinen Gunsten der Zielgesellschaft und den Aktionären einen Schaden zuzufügen. Dies kann in Ergänzung zu den von *Martin Weber* gebildeten Fallgruppen als *quasigesellschafterliche Bindung wegen schädigenden Mitgliedschaftskarussells* zusammengefasst werden.

Wegen der mit diesem Institut zu erwartenden Unsicherheiten, bietet sich zur Schließung einer Haftungslücke jedoch die systematische Einfügung eines § 54 WpHG an, der etwa wie folgt lauten könnte:

> **„§ 54 Schadensersatz für feindliche Leerverkäufe**
> Schadensersatzpflichtig macht sich, wer vorsätzlich oder leichtfertig eine Aktie oder einen öffentlichen Schuldtitel leer verkauft und hierdurch einem Marktteilnehmer einen Schaden zufügt, insbesondere indem er zuvor über das Unternehmen negative Berichte mit dem Ziel des kurzfristigen Kursverfalls veröffentlicht hat oder ihm eine solche Veröffentlichung zuzurechnen ist. Dies gilt nicht, wenn der Kursverfall auch ohne die Veröffentlichung eingetreten wäre."

Ein kleiner Wunsch zum Schluss: Wenn nur der Verordnungsgeber selbst eine Haftungsnorm in die LeerverkaufsVO einbringen könnte! Das wäre ein Schritt in die richtige Richtung.

Literaturverzeichnis

Acker, Georg, Die Wertpapierleihe – Grundlagen, Abwicklung, Risiken, 2. Auflage, Wiesbaden 1995 (zit. *Acker*, Die Wertpapierleihe, 2. Aufl. 1995).

Arnold, Michael, Beteiligung von Investmentgesellschaften und Hedgefonds an börsennotierten Gesellschaften, ZHR 2021, S. 281–318.

Arntz, Marthe-Marie, Die Haftung von Ratingagenturen gegenüber fehlerhaft bewerteten Staaten und Unternehmen, BKR 2012, S. 89–95.

Assmann, Heinz-Dieter/Schneider, Uwe H./Mülbert, Peter O. (Hrsg.), Wertpapierhandelsrecht, 7. Auflage, Köln 2019 (zit. *Bearbeiter*, in: Assmann/Schneider/Mülbert, Wertpapierhandelsrecht, 7. Aufl. 2019).

Assmann, Heinz-Dieter/Schütze, Rolf A./Buck-Heeb, Petra (Hrsg.), Handbuch des Kapitalanlagerechts, 5. Auflage, München 2020 (zit. *Bearbeiter*, in: Assmann/Schütze/Buck-Heeb, Hdb-KapAnlR, 5. Aufl. 2020).

Assmann, Heinz-Dieter/Wallach, Edgar/Zetzsche, Dirk A. (Hrsg.), Kapitalanlagegesetzbuch, Kommentar, 2. Auflage, Köln 2023 (zit. *Bearbeiter*, in: Assmann/Wallach/Zetzsche, KAGB, 2. Aufl. 2023).

Bayram, Milan/Meier, Dominik, Marktmanipulation durch Leerverkaufsattacken, BKR 2018, S. 55–61.

Beck'sches Steuer- und Bilanzrechtslexikon, 62. Edition, München 2023 (zit. *Bearbeiter*, in: Beck'sches Steuer- und Bilanzrechtslexikon, 62. Ed., 2023).

Beneke, Moritz/Thelen, Martin, Die Schutzgesetzqualität des Insiderhandelsverbots gem. Art. 14 Marktmissbrauchsverordnung, BKR 2017, S. 12–20.

Bengel, Manfred/Reimann, Wolfgang (Hrsg.), Handbuch der Testamentsvollstreckung, 7. Auflage, München 2020 (zit. *Bearbeiter*, in: Bengel/Reimann, HdB Testamentsvollstreckung, 7. Aufl. 2020).

Berger, Klaus Peter/Ryborz, Stefan, Die Haftung von Ratingagenturen zwischen Kompensation und Verhaltenssteuerung, WM 2014, S. 2241–2249.

Berger, Klaus Peter/Stemper, Marthe-Marie, Haftung von Ratingagenturen gegenüber Anlegern, AG 2010, S. 2289–2295.

Brellochs, Michael, Leerverkaufsangriffe – Anmerkungen aus Sicht der Praxis, ZGR 2020, S. 319–331.

Bruns, Jan-Willem, Leerverkäufe und missbräuchliche Gestaltungen, DStR 2010, S. 2061–2066.

Budzikiewicz, Christine; Weller, Marc-Phillipe; Wurmnest, Wolfgang (Hrsg.), beck-online.GROSSKOMMENTAR - Internationales Gesellschaftsrecht, Stand: 01.11.2022, München (zit. *Bearbeiter*, in: BeckOGK, IPR,).

Bunz, Thomas, Vorbereitungs- und Reaktionsmöglichkeiten börsennotierter Unternehmen auf Shareholder Activism, NZG 2014, S. 1049–1053.

Canaris, Claus-Wilhelm, Ansprüche wegen positiver Vertragsverletzung und Schutzwirkung für Dritte bei nichtigen Verträgen, JZ 1965, S. 475–482.

Canaris, Claus-Wilhelm, Bankvertragsrecht, Sonderausgabe von Band II, 3. Teil, Handelsgesetzbuch, Großkommentar, 2. Auflage, Berlin 1981 (zit. *Canaris*, Bankvertragsrecht, 2. Aufl. 1981).

Commandeur, Marcus, Short Attacken aktivistischer Leerverkäufer – Rechtliche Bewertung und Abwehrmöglichkeiten für betroffene Unternehmen, AG 2020, S. 575–583.

Dauner-Lieb, Barbara, Verbraucherschutz durch Ausbildung eines Sonderprivatrechts für Verbraucher. Systemkonforme Weiterentwicklung oder Schrittmacher der Systemveränderung? Zugl. Dissertation, Tübingen 1982/1983, Berlin 1983 (zit. *Dauner-Lieb*, Verbraucherschutz, 1983).

Dauner-Lieb, Barbara, Ein neues Fundament für die BGB-Gesellschaft, DStR 2001, S. 356–361.

Dauner-Lieb, Barbara, Kodifikation von Richterrecht, in: Ernst, Wolfgang/ Zimmermann, Reinhard (Hrsg.), Zivilrechtswissenschaft und Schuldrechtsreform, Tübingen 2001, S. 305–328 (zit. *Dauner-Lieb*, in: Ernst/Zimmermann, Zivilrechtswissenschaft und Schuldrechtsreform, 2001).

Dauner-Lieb, Barbara, Gütertrennung zwischen Privatautonomie und Inhaltskontrolle – Ein Zwischenruf, AcP 201 (2010), S. 580–609.

Dauner-Lieb, Barbara, Vertragsgestaltung zwischen zwingendem Recht und richterlicher Inhaltskontrolle, in: Schmoeckel, Mathias/Kanzleiter, Rainer (Hrsg.), Vertragsschluss – Vertragstreue – Vertragskontrolle,

Baden-Baden 2010, S. 49–64 (zit. *Dauner-Lieb*, in: Schmoeckel/ Kanzleiter, Vertragsschluss – Vertragstreue – Vertragskontrolle, 2010).

Dauner-Lieb, Barbara/Langen, Werner (Hrsg.), BGB, Schuldrecht, Band 2: §§ 241–853, 4. Auflage, Baden-Baden 2021 (zit. *Bearbeiter*, in: Dauner-Lieb/Langen, BGB, 4. Aufl. 2021).

Dembski, Jan, Gesellschaftsrechtliche Treubindungen von Nichtmitgliedern, insbesondere nachmitgliedschaftliche Treupflichten, zugl. Dissertation, Berlin 2009 (zit. *Dembski*, Gesellschaftsrechtliche Treubindungen, 2009).

Döding, Karl, Aktivistische Aktionäre bei öffentlichen Übernahmen, ZGR 2021, S. 956–986.

Ellenberger, Jürgen/Bunte, Hermann-Josef (Hrsg.), Bankrechts-Handbuch, 6. Auflage, München 2022 (zit. *Bearbeiter*, in: Ellenberger/Bunte, BankR-Hdb, 6. Aufl. 2022).

Emmerich, Volker/Habersack, Mathias (Hrsg.), Aktien- und GmbH-Konzernrecht, 10. Auflage, München 2022 (zit. *Bearbeiter*, in: Emmerich/Habersack, Konzernrecht, 10. Aufl. 2022).

Engert, Andreas, Hedgefonds als aktivistische Aktionäre, ZIP 2006, S. 2105–2113.

Epping, Volker/Hilgruber, Christian (Hrsg.), Beck'scher Online-Kommentar Grundgesetz, 54. Edition, Stand: 15.02.2023, München (zit. *Bearbeiter*, in: Epping/Hilgruber, BeckOK, GG,).

Fezer, Karl-Heinz/Büscher, Wolfgang/Obergfell, Eva Inés (Hrsg.), Kommentar zum Gesetz gegen den unlauteren Wettbewerb (UWG), Band 1, 3. Auflage, München 2016 (zit. *Bearbeiter*, in: Fezer/Büscher/Obergfell, UWG, 3. Aufl. 2016).

Fuchs, Andreas (Hrsg.), Wertpapierhandelsgesetz (WpHG), 2. Auflage, München 2016 (zit. *Bearbeiter*, in: Fuchs, WpHG, 2. Aufl. 2016).

Gesell, Harald, Wertpapierleihe und Repurchase Agreement im deutschen Recht, zugl. Dissertation, Köln 1995 (zit. *Gesell*, Wertpapierleihe, 1995).

Grage, Katja, Ausgewählte Aspekte der Verwaltungstreuhand an Geschäftsanteilen, RNotZ 2005, 251–276.

Graßl, Bernd/Nikoleyczik, Tobias, Shareholder Activism und Investor Activism – Typische Handlungsweisen aktivistischer Aktionäre und

Investoren, angemessene Vorbereitung und mögliche Reaktion der Zielgesellschaft, AG 2017, 49–60.

Grigoleit, Hans Christoph (Hrsg.), Aktiengesetz Kommentar, 2. Auflage, München 2020 (zit. *Bearbeiter*, in: Grigoleit, AktG, 2. Aufl. 2020).

Grundmann, Stefan, Bankenunion und Privatrecht. Spannungspunkte, Einflusslinien, Beispiele, ZHR 179 (2015), S. 563–600.

Grunewald, Barbara, Neue Regeln zum Insiderhandel, ZBB 1990, S. 128–132.

Grunewald, Barbara/Maier-Reimer, Georg/Westermann, Harm Peter (Hrsg.), Erman BGB, 16. Auflage, Köln 2020 (zit. *Bearbeiter*, in: Grunewald/Maier-Reimer/Westermann, Erman BGB, 16. Aufl. 2020).

Gsell, Beate; Krüger, Wolfgang; Lorenz, Stephan; Reymann, Christoph (GesamtHrsg.), beck-online.GROSSKOMMENTAR zum Zivilrecht, München (zit. *Bearbeiter*, in: BeckOGK, BGB,).

Häberle, Peter (Hrsg.), *Erbs, Goerg/Kohlhaas, Max*, Beck'sche Kurzkommentare Band 17, Strafrechtliche Nebengesetze, 240. EL., München 2022 (zit. *Bearbeiter*, in: Häberle, Erbs/Kohlhaas, Strafrechtliche Nebengesetze, 2022).

Habersack, Mathias, Rechtsfragen des Emittenten-Ratings, ZHR 169 (2005), S. 185–211.

Habersack, Mathias/Mülbert, Peter O./Schlitt, Michael (Hrsg.), Handbuch der Kapitalmarktinformation, 3. Auflage, München 2020 (zit. *Bearbeiter*, in: Habersack/Mülbert/Schlitt, Hdb. der Kapitalmarktinformation, 3. Aufl. 2020).

Handelsgesetzbuch Großkommentar, begründet von Hermann Staub, Band II, 1. Halbband §§ 105–144, 3. Auflage, Berlin/New York 1973 (zit. *Bearbeiter*, in: Großkomm. HGB, 3. Aufl. 1973).

Hau, Wolfgang/Poseck, Roman (Hrsg.), Beck'scher Online-Kommentar, BGB, 64. Edition, Stand: 01.11.2022, München (zit. *Bearbeiter*, in: Hau/Poseck, BeckOK, BGB,).

Häublein, Martin/Hoffmann-Theinert, Roland (Hrsg.), Beck'scher Online-Kommentar Handelsgesetzbuch, 39. Edition, Stand: 15.01.2023, München (zit. *Bearbeiter*, in: Häublein/Hoffmann-Theinert, BeckOK, HGB,).

Häuser, Franz, Unbestimmte »Maßstäbe« als Begründungselement richterlicher Entscheidungen – Dargestellt anhand von Entscheidungen des II. Zivilsenats des Bundesgerichtshofs zum Recht der Personalgesellschaften, zugl. Dissertation, Berlin 1978 (zit. *Häuser*, Unbestimmte »Maßstäbe« als Begründungselement richterlicher Entscheidungen, 1978).

Heidel, Thomas (Hrsg.), Aktienrecht und Kapitalmarktrecht, 5. Auflage, Baden-Baden 2020 (zit. *Bearbeiter*, in: Heidel, AktR, 5. Aufl. 2020).

Heidinger, Andreas/Leible, Stefan/Schmidt, Jessica (Hrsg.), Kommentar zum Gesetz betreffend die Gesellschaften mit beschränkter Haftung (GmbH-Gesetz), bis zur 2. Aufl. herausgegeben von Lutz Michalski, Band 1, 3. Auflage, München 2017 (zit. *Bearbeiter*, in: Heidinger/Leible/Schmidt, Michalski, GmbHG, 3. Aufl. 2017).

Hennrichs, Joachim, Treupflichten im Aktienrecht – zugleich Überlegungen zur Konkretisierung der Generalklausel des § 242 BGB sowie zur Eigenhaftung des Stimmrechtsvertreters, AcP 195 (1995), S. 221–273.

Hennrichs, Joachim, Haftungsrechtliche Aspekte des Ratings, in: Festschrift für Walther Hadding zum 70. Geburtstag, Berlin 2004, S. 875–891 (zit. *Hennrichs*, FS Hadding, 2004).

Henssler, Martin/Strohn, Lutz (Hrsg.), Beck'sche Kurz-Kommentare, Gesellschaftsrecht, Band 62, 5. Auflage, München 2021 (zit. *Bearbeiter*, in: Henssler/Strohn, Gesellschaftsrecht, 5. Aufl. 2021).

Henze, Hartwig, Die Treupflicht im Aktienrecht, BB 1996, S. 489–499.

Heusel, Matthias/Goette, Maximilian, Zum Gewinnausschüttungsanspruch bei Pattsituationen in der GmbH, GmbHR 2017, S. 385–392.

Hirte, Heribert/Möllers, Thomas M.J. (Hrsg.), Kölner Kommentar zum WpHG, 2. Auflage, Köln 2014 (zit. *Bearbeiter*, in: Hirte/Möllers, KölnKomm, WpHG, 2. Aufl. 2014).

Hölters, Wolfgang/Weber, Markus (Hrsg.), Aktiengesetz, 4. Auflage, München 2022 (zit. *Bearbeiter*, in: Hölters/Weber, AktG, 4. Aufl. 2022).

Holzborn, Timo/Eberhard, Foelsch, Schadensersatzpflichten von Aktiengesellschaften und deren Management bei Anlegerverlusten – Ein Überblick, NJW 2003, S. 932–940.

Hopt, Handelsgesetzbuch – mit GmbH & Co., Handelsklauseln, Bank- und Kapitalmarktrecht, Transportrecht (ohne Seerecht), Beck'sche Kurz-Kommentare, Band 9, 42. Auflage, München 2023 (zit. *Bearbeiter*, in: Hopt, HGB, 42. Aufl. 2023).

Huber, Peter M./Voßkuhle, Andreas (Hrsg.), von Mangoldt/Klein/Starck, Grundgesetz Kommentar, 7. Auflage, München 2018 (zit. *Bearbeiter*, in: Huber/Voßkuhle, GG, 7. Aufl. 2018).

Hueck, Alfred, Der Treuegedanke im modernen Privatrecht, München/Nördlingen 1947 (zit. *Hueck*, Der Treuegedanke im modernen Privatrecht, 1947).

Hueck, Alfred, Das Recht der offenen Handelsgesellschaft – Systematisch dargestellt, 3. Auflage, Berlin/Boston 1964 (zit. *Hueck*, Das Recht der OHG, 3. Aufl. 1964).

Hüffer, Uwe, Zur gesellschaftsrechtlichen Treupflicht als richterrechtlicher Generalklausel, in: Festschrift für Ernst Steindorff, Berlin 1990, S. 59–78 (zit. *Hüffer*, FS Steindorff, 1990).

Hüffer, Uwe/Koch, Jens (Hrsg.), Beck'sche Kurz-Kommentare, Aktiengesetz, Band 53, 16. Auflage, München 2022 (zit. *Bearbeiter*, in: Hüffer/Koch, AktG, 16. Aufl. 2022).

Immenga, Ulrich, Bindung von Rechtsmacht durch Treuepflichten, in: Festschrift 100 Jahre GmbH-Gesetz, Köln 1992, S. 189–208 (zit. *Immenga*, FS 100 Jahre GmbHG, 1992).

Jarass, Hans/Pieroth, Bodo (Hrsg.), Grundgesetz für die Bundesrepublik Deutschland, 17. Auflage, München 2022 (zit. *Bearbeiter*, in: Jarass/Pieroth, GG, 17. Aufl. 2022).

Joost, Detlev/Strohn, Lutz (Hrsg.), Handelsgesetzbuch, Band 1, 2, 4. Auflage, München 2020 (zit. *Bearbeiter*, in: Joost/Strohn, HGB, 4. Aufl. 2020).

Keilmann, Annette, Vorsicht! – Zum Gehalt des § 311 II, III BGB, JA 2005, S. 500–503.

Kiel, Heinrich/Lunk, Stefan/Oetker, Hartmut (Hrsg.), Münchener Handbuch zum Arbeitsrecht, Band 1: Individualarbeitsrecht I, 5. Auflage, München 2021 (zit. *Bearbeiter*, in: Kiel/Lunk/Oetker, MHdB Arbeitsrecht, 5. Aufl. 2021).

Kindler, Peter, Die Treuepflichtklausel in der Satzung der Aktiengesellschaft, in: Festschrift für Sebastian Spiegelberger zum 70. Geburtstag, Bonn 2009, S. 778–790 (zit. *Kindler*, FS Spiegelberger, 2009).

Klöhn, Lars, Wertpapierhandelsrecht diesseits und jenseits des Informationsparadigmas – Am Beispiel des „verständigen Anlegers“ im

Sinne des deutschen und europäischen Insiderrechts –, ZHR 177 (2013), S. 349–387.

Klöhn, Lars, Marktbetrug (Fraud on the Market). Voraussetzungen und Beweis der haftungsbegründenden Kausalität beim Anspruch auf Ersatz des Differenzschadens wegen fehlerhafter Information des Sekundärmarkts, ZHR 178 (2014), S. 671–714.

Klöhn, Lars (Hrsg.), Marktmissbrauchsverordnung – Verordnung (EU) Nr. 596/2014 über Marktmissbrauch, München/Wien 2018 (zit. *Bearbeiter*, in: Klöhn, MMVO, 1. Aufl. 2018).

Köhler, Helmut/Bornkamm, Joachim/Feddersen, Jörn/Alexander, Christian (Hrsg.), Beck'sche Kurz-Kommentare, Gesetz gegen den unlauteren Wettbewerb, Band 13a, 41. Auflage, München 2023 (zit. *Bearbeiter*, in: Köhler/Bornkamm/Feddersen/Alexander, UWG, 41. Aufl. 2023).

Kort, Michael, Zur Treuepflicht des Aktionärs, ZIP 1990, S. 294–297.

Kort, Michael, Martin Weber, Vormitgliedschaftliche Treubindungen, ZHR 164 (2000), S. 444–452.

Lange, Dirk-Fabian, Die Regulierung von Aktienleerverkäufen in der Europäischen Union und in den USA unter Berücksichtigung der ökonomischen Auswirkungen von Leerverkäufen auf die Aktienmärkte sowie unter Einbeziehung rechtshistorischer Aspekte, zugl. Dissertation, Berlin 2016 (zit. *Lange*, Regulierung von Aktienleerverkäufen, 2016).

Larenz, Karl, Lehrbuch des Schuldrechts, Band 1: Allgemeiner Teil, Lehrbuch, 14. Auflage, München 1987 (zit. *Larenz*, Schuldrecht AT, 14. Aufl. 1987).

Laurer, Thomas, Der Leerverkauf von Aktien: Abgrenzung, Formen und aufsichtsrechtliche Implikationen, Kreditwesen 2008, S. 980–984.

Lehmann, Matthias, Die Zukunft der culpa in contrahendo im Europäischen Privatrecht, ZEuP 2009, S. 693–715.

Leitner, Werner/Rosenau, Henning (Hrsg.), NomosKommentar, Wirtschafts- und Steuerstrafrecht, 2. Auflage, Baden-Baden 2022 (zit. *Bearbeiter*, in: Leitner/Rosenau, NK-WSS, 2. Aufl. 2022).

Link, Simon Patrick, Shareholder und Investor Activism – Rechtsfragen der aktuellen Praxis, ZGR 2021, S. 904–955.

Lorenz, Stephan, Grundwissen – Zivilrecht: Culpa in contrahendo (§ 311 II, III BGB), JuS 2015, S. 398–401.

Lorenz, Stephan, Grundwissen – Zivilrecht: Deliktsrecht – Haftung aus § 823 II BGB, JuS 2020, S. 12–14.

Loschelder, Michael/Danckwerts, Rolf (Hrsg.), Handbuch des Wettbewerbsrechts, 5. Auflage, München 2019 (zit. *Bearbeiter*, in: Loschelder/Danckwerts, UWG-HdB, 5. Aufl. 2019).

Lubberich, Fin, Sanierungsbeiträge und Innenausgleich in der Treuhand-KG: Ausgleichsansprüche gegen Mit-Treugeber – Zugleich Anmerkungen zum Urt. des BGH v. 29. 9. 2015 - II ZR 403/13 –, DNotZ 2016, S. 416–423.

Lutter, Marcus, Zur Treuepflicht des Großaktionärs, JZ 31 (1976), S. 225–233.

Lutter, Marcus, Theorie der Mitgliedschaft: - Prolegomena zu einem Allgemeinen Teil des Korporationsrechts, AcP 180 (1980), S. 84–159.

Lutter, Marcus, Die Treupflicht des Aktionärs – Bemerkungen zur Linotype-Entscheidung des BGH, ZHR 153 (1989), S. 446–471.

Marsch-Barner, Reinhard, Treuepflichten zwischen Aktionären und Verhaltenspflichten bei der Stimmrechtsbündelung – Prinzipienbildung und Differenzierung in der Praxis, ZHR 157 (1993), S. 172–191.

Melzer, Philipp, Zum Begriff des Finanztermingeschäfts, BKR 2003, S. 366–372.

Mertens, Hans-Joachim, Die Geschäftsführungshaftung in der GmbH und das ITT-Urteil, in: Festschrift für Robert Fischer, Berlin/New York 1979, S. 461–475 (zit. *Mertens*, FS Fischer, 1979).

Meyer, Andreas, Haftung für Research Reports und Wohlverhaltensregeln für Analysten, AG 2003, S. 610–622.

Meyer, Andreas/Veil, Rüdiger/Rönnau, Thomas (Hrsg.), Handbuch zum Marktmissbrauchsrecht, 2. Auflage, München 2023 (zit. *Bearbeiter*, in: Meyer/Veil/Rönnau, Hdb. Marktmissbrauchsrecht, 2. Aufl. 2023).

Michaelis, LArs Oliver, Der Grundsatz der Verhältnismäßigkeit – Gebrauchsanweisung für die Waage der Justitia, JA 2021, S. 573–579.

Mittermeier, Martin, Grundlagen und Regulierungsperspektiven von Leerverkäufen, ZBB 2010, S. 139–149.

Möllers, Thomas M.J., Selbstregulierung der Presse und fehlerhafte Finanzanalysen von Journalisten, AfP 2010, S. 107–112.

Möllers, Thomas M.J., Marktmanipulationen durch Leerverkaufsattacken und irreführende Finanzanalysen, NZG 2018, S. 649–658.

Möllers, Thomas M.J./Cyglakow, Kristina, Audiatur et altera pars – man höre die andere Seite – als Rechtspflicht von Finanzanalysten, JZ 73 (2018), S. 1131–1138.

Muddy Waters Research, Muddy Waters is Short in Ströer (SAX:GR) 2016 (zit. *Muddy Waters Research*, Short in Ströer (SAX:GR), 2016).

Mülbert, Peter O., Anlegerschutz und Finanzmarktregulierung – Grundlagen –, ZHR 177 (2013), S. 160–211.

Mülbert, Peter O., Rechtsschutzlücken bei Short Seller-Attacken – und wenn ja, welche?, ZHR 182 (2018), S. 105–113.

Mülbert, Peter O./Früh, Andreas/Seyfried, Thorsten (Hrsg.), Bankrecht und Kapitalmarktrecht, begründet von Prof. Dr. Siegfried Kümpel, 6. Auflage, Köln 2022 (zit. *Bearbeiter*, in: Mülbert/Früh/Seyfried, Bank- und KapitalmarktR, 6. Aufl. 2022).

Mülbert, Peter O./Sajnovits, Alexander, Das künftige Regime für Leerverkäufe und Credit Default Swaps nach der VO (EU) Nr. 236/2012, ZBB 2012, S. 266–285.

Mülbert, Peter O./Sajnovits, Alexander, Short-Seller-Attacken 2.0: der Fall Wirecard, BKR 2019, S. 313–322.

Münchener Kommentar zum Aktiengesetz, Band 1, 5. Auflage, München 2019 (zit. *Bearbeiter*, in: MünchKommAktG, 5. Aufl. 2019).

Münchener Kommentar zum Aktiengesetz, Band 3, 5. Auflage, München 2022 (zit. *Bearbeiter*, in: MünchKommAktG, 5. Aufl. 2022).

Münchener Kommentar zum Aktiengesetz, Band 4, 5. Auflage, München 2021 (zit. *Bearbeiter*, in: MünchKommAktG, 5. Aufl. 2021).

Münchener Kommentar zum Aktiengesetz, Band 5, 5. Auflage, München 2020 (zit. *Bearbeiter*, in: MünchKommAktG, 5. Aufl. 2020).

Münchener Kommentar zum Bürgerlichen Gesetzbuch, Band 1, 9. Auflage, München 2021 (zit. *Bearbeiter*, in: MünchKommBGB, 9. Aufl. 2021).

Münchener Kommentar zum Bürgerlichen Gesetzbuch, Band 13, 8. Auflage, München 2021 (zit. *Bearbeiter*, in: MünchKommBGB, 8. Aufl. 2021).

Münchener Kommentar zum Bürgerlichen Gesetzbuch, Band 2, 9. Auflage, München 2022 (zit. *Bearbeiter*, in: MünchKommBGB, 9. Aufl. 2022).

Münchener Kommentar zum Bürgerlichen Gesetzbuch, Band 3, 9. Auflage, München 2022 (zit. *Bearbeiter*, in: MünchKommBGB, 9. Aufl. 2022).

Münchener Kommentar zum Bürgerlichen Gesetzbuch, Band 5, 9. Auflage, München 2023 (zit. *Bearbeiter*, in: MünchKommBGB, 9. Aufl. 2023).

Münchener Kommentar zum Bürgerlichen Gesetzbuch, Band 6, 9. Auflage, München 2023 (zit. *Bearbeiter*, in: MünchKommBGB, 9. Aufl. 2023).

Münchener Kommentar zum Bürgerlichen Gesetzbuch, Band 7, 8. Auflage, München 2020 (zit. *Bearbeiter*, in: MünchKommBGB, 8. Aufl. 2020).

Münchener Kommentar zum GmbHG, Band 1, 4. Auflage, München 2022 (zit. *Bearbeiter*, in: MünchKommGmbHG, 4. Aufl. 2022).

Münchener Kommentar zum Handelsgesetzbuch, Band 2, 5. Auflage, München 2022 (zit. *Bearbeiter*, in: MünchKommHGB, 5. Aufl. 2022).

Münchener Kommentar zum Handelsgesetzbuch, Band 6, 4. Auflage, München 2019 (zit. *Bearbeiter*, in: MünchKommHGB, 4. Aufl. 2019).

Münchener Kommentar zum Lauterkeitsrecht, Band 1, 3. Auflage, München 2020 (zit. *Bearbeiter*, in: MünchKommUWG, 3. Aufl. 2020).

Münchener Kommentar zum Lauterkeitsrecht, Band 2, 3. Auflage, München 2022 (zit. *Bearbeiter*, in: MünchKommUWG, 3. Aufl. 2022).

Noack, Ulrich/Servatius, Wolfgang/Haas, Ulrich (Hrsg.), Beck'sche Kurz-Kommentare, Gesetz betreffend die Gesellschaften mit beschränkter Haftung, Band 20, 22. Auflage, München 2022 (zit. *Bearbeiter*, in: Noack/Servatius/Haas, GmbHG, 22. Aufl. 2022).

Oechsler, Jürgen, Die Geschäftsleiteraußenhaftung nach § 826 BGB bei missbräuchlicher Ausnutzung eines Wissensvorsprungs, AG 2018, S. 388–392.

Oertmann, Paul, Interesse und Begriff in der Rechtswissenschaft, Leipzig 1931 (zit. *Oertmann*, Interesse und Begriff in der Rechtswissenschaft, 1931).

Oetker, Hartmut (Hrsg.), Handelsgesetzbuch, 7. Auflage, München 2021 (zit. *Bearbeiter*, in: Oetker, HGB, 7. Aufl. 2021).

Oppenländer, Frank/Trölitzsch (Hrsg.), Praxishandbuch der GmbH-Geschäftsführung, 3. Auflage, München 2020 (zit. *Bearbeiter*, in: Oppenländer/Trölitzsch, HdB GmbH-Geschäftsführung, 3. Aufl. 2020).

Park, Tido (Hrsg.), Handkommentar Kapitalmarktstrafrecht – Straftaten, Ordnungswidrigkeiten, Finanzaufsicht, Compliance, 5. Auflage, Baden-Baden 2020 (zit. *Bearbeiter*, in: Park, Kapitalmarktstrafrecht, 5. Aufl. 2020).

Paschke, Marian, Treupflichten im Recht der juristischen Personen, in: Festschrift für Rolf Serick, Heidelberg 1992, S. 313–328 (zit. *Paschke*, FS Serick, 1992).

Patzner, Andreas/Döser, Achim/Kempf, Ludger J. (Hrsg.), Investmentrecht – Kapitalanlagegesetzbuch, Investmentsteuergesetz, 3. Auflage, Baden-Baden 2017 (zit. *Bearbeiter*, in: Patzner/Döser/Kempf, Investmentrecht, 3. Aufl. 2017).

Poelzig, Dörte, Eine Untersuchung anhand des Marktmanipulationsverbots unter Berücksichtigung der Entwicklungen im europäischen Kartellrecht, ZGR 2015, S. 801–848.

Poelzig, Dörte, Durchsetzung und Sanktionierung des neuen Marktmissbrauchsrechts, NZG 2016, S. 492–502.

Poelzig, Dörte, Shortseller-Attacken im Aufsichts- und Zivilrecht, ZHR 184 (2020), S. 697–760.

Prinz, Ulrich; *Kahle, Holger*, Beck'sches Handbuch der Personengesellschaften, Gesellschaftrecht – Steuerrecht, 5. Auflage, München 2020 (zit. *Bearbeiter*, in: Beck'sches Handbuch der Personengesellschaften, 5. Aufl. 2020).

Reichert, Jochem (Hrsg.), GmbH & Co. KG, 8. Auflage, München 2021 (zit. *Bearbeiter*, in: Reichert, GmbH & Co. KG, 8. Aufl. 2021).

Reidt, Matthias, Die mitgliedschaftliche Treupflicht als gesellschaftsrechtliche Generalklausel – Funktion – Konkretisierung – Abdingbarkeit, zugl. Dissertation, Köln 2021 (zit. *Reidt*, Die mitgliedschaftliche Treupflicht als gesellschaftsrechtliche Generalklausel, 2021).

Reif, Sebastian/Walter, Tim, Die gesellschaftsrechtliche Treuepflicht, JuS 2021, S. 630–635.

Riederer, Martin/Weick-Ludewig, Verena, Leerverkäufe durch die Parteien einer Wertpapierleihe - Schließt ein funktionales Verständnis des Leerverkaufs aus, dass verliehene Wertpapiere doppelt zur Deckung von Leerverkäufen verwendet werden? -, WM 2016, S. 1005–1013.

Rödel, Thomas, Rechtsfolgen einer verlustbringenden Anlage des Stiftungsvermögens in Aktien, NZG 2004, S. 754–759.

Röhricht, Volker/Graf von Westphalen, Friedrich/Haas, Ulrich (Hrsg.), Handelsgesetzbuch Kommentar, 5. Auflage, Köln 2019 (zit. *Bearbeiter*, in: Röhricht/Graf von Westphalen/Haas, HGB, 5. Aufl. 2019).

Rottnauer, Achim E., Gesellschaftsrechtliche Treupflichten bei Holdingbildung durch Anteilseinbringung – Kommentar zu OLG Stuttgart, NZG 2000, 159, NZG 2001, S. 115–121.

Schiessl, Maximilian, Empfehlungen an Publikumsgesellschaften für den Umgang mit Hedgefonds, ZIP 2009, S. 689–697.

Schlimbach, Friedrich, Leerverkäufe – Die Regulierung des gedeckten und ungedeckten Leerverkaufs in der Europäischen Union, zugl. Dissertation, Tübingen 2015 (zit. *Schlimbach*, Leerverkäufe, 2015).

Schmidt, Karsten, Gesellschaftsrecht, 4. Auflage, Köln 2002 (zit. *Schmidt*, Gesellschaftsrecht, 4. Aufl. 2002).

Schmiedel, Burkhard, Rezension zu: Wohlmann, Herbert: Die Treuepflicht des Aktionärs, ZHR 134 (1970), S. 173–183.

Schmies, Christian, Die Regulierung von Hedgefonds, zugl. Dissertation, Baden-Baden 2010 (zit. *Schmies*, Die Regulierung von Hedgefonds, 2010).

Schmolke, Klaus Ulrich, Institutionelle Anleger und Corporate Governance – Traditionelle institutionelle Investoren vs. Hedgefonds, ZGR 2007, S. 701–744.

Schmolke, Klaus Ulrich, Die Haftung für fehlerhafte Sekundärmarktinformationen nach dem „IKB"-Urteil des BGH, ZBB 2012, S. 165–178.

Schmolke, Klaus Ulrich, Das Verbot der Marktmanipulation nach dem neuen Marktmissbrauchsregime – Ziele, Kennzeichen und Problemlagen der Neuregelung in Art. 12 f., 15 MAR, AG 2016, S. 434–445.

Schmolke, Klaus Ulrich, „Leerverkaufsattacken" und Marktmissbrauch, ZGR 2020, S. 291–318.

Schockenhoff, Martin, Schutzlos gegen Short-Seller-Attacken?, WM 2020, S. 1349–1356.

Schockenhoff, Martin/Culmann, Johannes, Shareholder Activism in Deutschland, ZIP 2015, S. 297–307.

Schockenhoff, Martin/Culmann, Johannes, Rechtsschutz gegen Leerverkäufer? – Überlegungen zur Schadenersatzhaftung von Leerverkäufern gegenüber Zielunternehmen und ihren Aktionären bei gezielter Herbeiführung eines Kurssturzes, AG 2016, S. 517–529.

Schröder, Christian, Handbuch Kapitalmarktstrafrecht, 4. Auflage, Köln 2020 (zit. *Schröder*, HdB Kapitalmarktstrafrecht, 4. Aufl. 2020).

Schulze, Reiner/Janssen, André/Kadelbach, Stefan (Hrsg.), Europarecht – Handbuch für die deutsche Rechtspraxis, 4. Auflage, Baden-Baden 2020 (zit. *Bearbeiter*, in: Schulze/Janssen/Kadelbach, Europarecht, 4. Aufl. 2020).

Schüppen, Matthias/Schaub, Bernhard (Hrsg.), Münchener Anwaltshandbuch Aktienrecht, 3. Auflage, München 2018 (zit. *Bearbeiter*, in: Schüppen/Schaub, MünchAnwalts-Hdb AktR, 3. Aufl. 2018).

Schwark, Eberhard/Zimmer, Daniel (Hrsg.), Kapitalmarktrechts-Kommentar: Börsengesetz mit Börsenzulassungsverordnung, Wertpapierprospektgesetz, Wertpapierhandelsgesetz, Wertpapiererwerbs- und Übernahmegesetz, Europäische Marktmissbrauchsverordnung, 5. Auflage, München 2020 (zit. *Bearbeiter*, in: Schwark/Zimmer, Kapitalmarktrecht, 5. Aufl. 2020).

Schwarz, Gübter Christian, Kapitalmarktrecht – Ein Überblick, DStR 2003, 1930–1934.

Schwarz, Kyrill-Alexander, Meinungsfreiheit und Persönlichkeitsschutz, JA 2017, S. 241–244.

Seibt, Christoph H./Buck-Heeb, Petra/Harnos, Rafael (Hrsg.), Beck'scher Online-Kommentar, Wertpapierhandelsrecht, 6. Edition, Stand: 15.11.2022, München (zit. *Bearbeiter*, in: Seibt/Buck-Heeb/Harnos, BeckOK, WpHG,).

Spindler, Gerald/Stilz, Eberhard (Hrsg.), *Henssler, Martin* (Gesamthrsg.), beck-online.GROSSKOMMENTAR zum Handels- und Gesellschaftsrecht, Stand: 01.10.2022, München (zit. *Bearbeiter*, in: Spindler/Stilz, BeckOGK, AktG,).

Staudinger, Julius von (Begr.), Kommentar zum Bürgerlichen Gesetzbuch, Buch 2 Recht der Schuldverhältnisse §§ 241–243 (Treu und Glauben), Neubearbeitung, Berlin 2019 (zit. *Bearbeiter*, in: Staudinger, 2019).

Staudinger, Julius von (Begr.), Kommentar zum Bürgerlichen Gesetzbuch, Buch 2 Recht der Schuldverhältnisse, §§ 826–829; ProdHaftG (Vorsätzliche sittenwidrige Schädigung, Unzurechnungsfähigkeit und Produkthaftung), Neubearbeitung, Berlin 2021 (zit. *Bearbeiter*, in: Staudinger, 2021).

Stelling, Lars, Anlegerschutz im Gesellschaftsrecht – Die Bedeutung der gesellschaftsrechtlichen Treuepflicht beim Aktienhandel unter besonderer Berücksichtigung des Leerverkaufs -, zugl. Dissertation, Erlangen/Nürnberg 2014 (zit. *Stelling*, Anlegerschutz, 2014).

Stürner, Rolf (Hrsg.), Jauernig, Bürgerliches Gesetzbuch, 18. Auflage, München 2021 (zit. *Bearbeiter*, in: Stürner, Jauernig BGB, 18. Aufl. 2021).

Thaeter, Ralf/Guski, Roman, Shareholder Activism: Gesellschaftsrechtliche Schranken aktiven Aktionärsverhaltens, AG 2007, S. 301–308.

Theß, Sebastian, Referendarexamensklausur – Öffentliches Recht: Grundrechte – Blog-Berichterstattung über das Zittern der Bundeskanzlerin, JuS 2021, S. 247–252.

Timm, Wolfram, Treuepflichten im Aktienrecht, WM 1991, S. 481–494.

Tritschler, Paul, Die Regulierung von Leerverkäufen als Folge der Finanzkrise – Übertriebener Aktionismus oder angemessene Maßnahme zur Stabilisierung des Finanzsystems? Zugl. Dissertation, Frankfurt a.M. 2015 (zit. *Tritschler*, Die Regulierung von Leerverkäufen, 2015).

Trüg, Gerson, Ist der Leerverkauf strafbar?, NJW 2009, S. 3202–3206.

Trüg, Gerson, Finanzkrise, Wirtschaftsstrafrecht und Moral – am Beispiel der Leerverkäufe, in: Kempf, Eberhard/Lüderssen, Klaus/ Volk, Klaus (Hrsg.), Die Finanzkrise, das Wirtschaftsstrafrecht und die Moral, Berlin 2010, S. 290–326 (zit. *Trüg*, Die Finanzkrise, das Wirtschaftsstrafrecht und die Moral, 2010).

Tyrolt, Jochen/Bingel, Adrian, Short Selling – Neue Vorschriften zur Regulierung von Leerverkäufen, BB 2010, S. 1419–1426.

Uhlmann, Christian, Interessenkonflikte bei Wirtschaftsprüfern und Ratingagenturen. Zugleich ein Beitrag zur Gatekeeper-liability de lege lata et ferenda, ZHR 185 (2021), S. 669–722.

Veil, Rüdiger/Templer, Lena, GameStop, Reddit und die Hedgefonds – Betrachtungen aus der Perspektive des europäischen Kapitalmarktrechts, ZIP 2021, S. 981–989.

Verse, Dirk A., Organwalterhaftung und Gesetzesverstoß – Überlegungen zur Außenhaftung der Organwalter bei Verletzung von Schutzgesetzen (§ 823 Abs. 2 BGB), ZHR 170 (2006), S. 398–421.

Weber, Klaus (Hrsg.), Weber, Rechtswörterbuch, 29. Edition, München 2022 (zit. *Bearbeiter*, in: Weber, Rechtswörterbuch, 2022).

Weber, Martin, Vormitgliedschaftliche Treubindungen – Begründung, Reichweite und Vorauswirkung gesellschaftsrechtlicher Treuepflichten, zugl. Habilitation, München 1999 (zit. *Weber*, Vormitgliedschaftliche Treubindungen, 1999).

Weber, Martin, Die Entwicklung des Kapitalmarktrechts im Jahre 2008, NJW 2009, S. 33–39.

Weber, Ralph, Entwicklung und Ausdehnung des § 242 BGB zum königlichen Paragraphen, JuS 1992, S. 631–636.

Weick-Ludewig, Verena/Sajnovits, Alexander, Der Leerverkaufsbegriff nach der Verordnung (EU) Nr. 236/2012 (EU-LVVO) – Unter besonderer Berücksichtigung der Möglichkeit einer gespaltenen Auslegung von europäischem Verordnungsrecht und nationalem Ordnungswidrigkeitenrecht – (Verordnung (EU) Nr. 236/2012), WM 2014, S. 1521–1528.

Wendelstein, Christoph, Private Kreditvergabe über p2p-Lending-Plattformen als Herausforderung für das Internationale Privatrecht, GPR 2021, S. 220–230.

Wentz, Jasper, Shortseller-Attacken – ökonomische und juristische Bewertung eines ambivalenten Geschäftsmodells, WM 2019, S. 196–204.

Wiedemann, Herbert, Unternehmerische Verantwortlichkeit und formale Unternehmensziele in einer zukünftigen Unternehmensverfassung. Eine rechtsvergleichende und rechtspolitische Studie, in: Wirtschaftsfragen der Gegenwart – Festschrift für Hans Carl Barz zum 65. Geburtstag, Berlin/New York 1974, S. 561–577 (zit. *Wiedemann*, FS Barz, 1974).

Wiedemann, Herbert, Gesellschaftsrecht: Band I, Grundlagen, München 1980 (zit. *Wiedemann*, Gesellschaftsrecht I, 1980).

Wiedemann, Herbert, Anmerkung zu BGH, Urt. v. 1.2.1988 - II ZR 57/87, JZ 1989, S. 447–449.

Wiedemann, Herbert, Zu den Treuepflichten im Gesellschaftsrecht, in: Festschrift für Theodor Heinsius zum 65. Geburtstag am 25. September 1991, Berlin/New York 1991, S. 949–966 (zit. *Wiedemann*, FS Heinsius, 1991).

Wilken, Oliver/Bertus, Jana, Professionelle Leerverkaufsattacken – rechtliche Grundlagen und Grenzen, BB 2019, S. 2754–2760.

Winter, Martin, Mitgliedschaftliche Treubindungen im GmbH-Recht – Rechtsformspezifische Aspekte eines allgemeinen gesellschaftsrechtlichen Prinzips, zugl. Dissertation, Heidelberg 1986/1987, München 1988 (zit. *Winter*, Mitgliedschaftliche Treubindungen, 1988).

Zerey, Jean-Claude (Hrsg.), Finanzderivate – Rechtshandbuch, 4. Auflage, Baden-Baden/Wien/Zürich/Basel/Genf 2016 (zit. *Bearbeiter*, in: Zerey, Finanzderivate, 4. Aufl. 2016).

Zimmer, Daniel/Beisken, Thomas A., Die Regulierung von Leerverkäufen de lege lata und de lege ferenda, WM 2010, S. 485–491.

Zimmermann, Martin, Das Aktiendarlehen – Die Zuordnung von Aktionärsrechten im Spannungsfeld von Zivil-, Gesellschafts- und Kapitalmarktrecht, zugl. Habilitation, Tübingen 2014 (zit. *Zimmermann*, Das Aktiendarlehen, 2014).

Ziouvas, Dimitrris, Das neue Recht gegen Kurs- und Marktpreismanipulation im 4. Finanzmarktförderungsgesetz, ZGR 2003, S. 113–146.

Zöllner, Wolfgang, Die Schranken mitgliedschaftlicher Stimmrechtsmacht bei den privatrechtlichen Personenverbänden, zugl. Habilitation, München 1963 (zit. *Zöllner*, Die Schranken mitgliedschaftlicher Stimmrechtsmacht, 1963).

www.ingramcontent.com/pod-product-compliance
Ingram Content Group UK Ltd.
Pitfield, Milton Keynes, MK11 3LW, UK
UKHW021131041026
8980IPUK00034B/1690

9 783631 933343